U1021459

大学语文

下册

主编　刘蔼萍

副主编　李珊珊　乔安琪　孟心

重庆大学出版社

目录

第七章　感时入怀　/ 203

和晋陵陆丞早春游望　/ 205
曲江二首　/ 206
秋词　/ 207
苦昼短　/ 208
浣溪沙·一向年光有限身　/ 210
秋声赋　/ 212
江南的冬景　/ 214
拓展阅读　/ 218
　旅夜书怀　/ 218
　无题　/ 220
　谢新恩·冉冉秋光留不住　/ 221
　鹊踏枝·谁道闲情抛掷久　/ 222
　雪梅香·景萧索　/ 223
　青玉案·凌波不过横塘路　/ 224
推荐阅读　/ 225

第八章　写景咏物　/ 227

橘颂　/ 229
饮酒　/ 233
在狱咏蝉　/ 234
观猎　/ 236
望海潮·东南形胜　/ 238

六月二十七日望湖楼醉书 /240
拓展阅读 /242
春雪 /242
小雨 /243
双双燕·咏燕 /244
沁园春·叠嶂西驰 /246
天香·龙涎香 /248
醉落魄·咏鹰 /250
推荐阅读 /252

第九章　怀古咏史 /253

咏史 /255
与诸子登岘山 /256
越中览古 /257
咏怀古迹五首（选二） /257
咸阳城东楼 /260
晚泊牛渚 /262
拓展阅读 /264
将赴吴兴登乐游原一绝 /264
望海潮·梅英疏淡 /264
西河·金陵怀古 /266
水龙吟·过南剑双溪楼 /267
山坡羊·潼关怀古 /268
桨声灯影里的秦淮河 /269
推荐阅读 /274

第十章　命运悲歌　/ 275

被缚的普罗米修斯（节选）　/ 277
奥狄浦斯王（节选）　/ 282
美狄亚（节选）　/ 287
雷雨（节选）　/ 294
拓展阅读　/ 298
　　报仇神（节选）　/ 298
　　麦克白（节选）　/ 308
推荐阅读　/ 314

第十一章　俗世情爱　/ 315

将仲子（郑风）　/ 317
上邪　/ 318
伤逝　/ 319
金锁记　/ 334
致橡树　/ 369
拓展阅读　/ 371
　　崔莺莺待月西厢记　/ 371
　　杜十娘怒沉百宝箱（节选）　/ 377
　　如果这就是爱情　/ 391
　　我怎么能够把你来比作夏天?　/ 393
推荐阅读　/ 394

第七章　感时入怀

浮云一别后，流水十年间。

——[唐]韦应物《淮上喜会梁川故人》

我们对时节、故园都有着深重的情怀，伤春、咏春、悲秋、赞秋、宦游、士不遇，无一不牵动着我们敏感的内心，身世遭遇、人生理想、仕途坎坷、孤苦寂寞都融于四时之变，装点起历代文学样貌。失意的英雄、旷达的墨客、落魄的文人、思归的游子都不由自主地把自己和时令结合在一起，留下无数“以愁见工”“以悲为美”的佳作。孤独的心态往往更能催生出无与伦比的凄美境界，一行行文字背后凝聚着赤子情怀，一个个意象中诉说着万千感慨，热血的华夏人带着历史的宿命，让生命一次次热烈地轮回。

和晋陵陆丞早春游望[1]

杜审言

独有宦游人[2]，偏惊物候新[3]。云霞出海曙，梅柳渡江春。淑气催黄鸟[4]。晴光转绿蘋[5]。忽闻歌古调[6]，归思欲沾巾[7]。

选自《全唐诗》，［清］彭定求编，
中华书局 1960 年版

注释

［1］和：指用诗应答。晋陵：今江苏省常州市。
［2］宦游人：离家做官的人。
［3］物候：指自然界的气象和季节变化。
［4］淑气：和暖的春气。
［5］绿蘋（pín）：浮萍。
［6］古调：指陆丞写的诗，即题目中的《早春游望》。
［7］巾：一作"襟"。

导读

杜审言（约 645—约 708 年），字必简，河南巩县（今河南省巩义市）人，晋征南将军杜预的远裔，"诗圣"杜甫的祖父，与李峤、崔融、苏味道被称为"文章四友"，是唐代"近体诗"的奠基人之一，作品多朴素自然。其五言律诗，格律谨严。原有集，已散佚，后人辑有《杜审言诗集》。

这是一首和诗，写诗人宦游他乡，春光满地不能归省的伤情。采用拟人手法，写江南早春，历历如画。对仗工整，结构细密，字字锤炼。体例上韵脚分明，平仄和谐，对仗工整，已是成熟的律诗作品。

曲江二首[1]

杜甫

其一

一片花飞减却春[2]，风飘万点正愁人[3]。且看欲尽花经眼[4]，莫厌伤多酒入唇[5]。江上小堂巢翡翠[6]，苑边高塚卧麒麟[7]。细推物理须行乐[8]，何用浮名绊此身[9]。

其二

朝回日日典春衣[10]，每日江头尽醉归。酒债寻常行处有[11]，人生七十古来稀。穿花蛱蝶深深见[12]，点水蜻蜓款款飞[13]。传语风光共流转[14]，暂时相赏莫相违[15]。

选自《杜诗详注》，[唐]杜甫著，[清]仇兆鳌注，中华书局1979年版

注释

[1] 曲江：河名，在陕西西安市东南郊，唐朝时候是游赏的好地方。
[2] 减却春：减掉春色。
[3] 万点：形容落花之多。
[4] 且：暂且。经眼：从眼前经过。
[5] 伤：伤感，忧伤。
[6] 巢翡翠：翡翠鸟筑巢。
[7] 苑：指曲江胜境之一芙蓉苑。塚：坟墓。
[8] 推：推究。物理：事物的道理。
[9] 浮：虚名。名：一作“荣”，谢灵运诗“拙讷谢浮名”。《杜臆》：名乃名位之名，官居拾遗而不能尽职，特浮名耳。
[10] 朝回：上朝回来。典：押当。
[11] 债：欠人的钱。行处：到处。
[12] 深深：在花丛深处；又可解释为“浓密的样子”。见：现。
[13] 款款：形容徐缓的样子。传语：传话给。

[14] 风光：春光。
[15] 违：违背，错过。

导读

这首诗写于乾元元年（758 年），其时京城虽然收复，但兵革未息。作者眼见唐朝因政治腐败而酿成的祸乱，心境十分复杂，游曲江正值暮春，故借写曲江景物的荒凉败坏以哀时，诗歌极见伤春、伤国、伤民之情。

秋词

刘禹锡

其一

自古逢秋悲寂寥[1]，我言秋日胜春朝[2]。晴空一鹤排云上[3]，便引诗情到碧霄[4]。

其二

山明水净夜来霜，数树深红出浅黄[5]。试上高楼清入骨[6]，岂如春色嗾人狂[7]。

选自《刘禹锡集》，［唐］刘禹锡撰，卞孝萱校订，中华书局 1990 年版

注释

[1] 悲寂寥：悲叹萧条空寂。宋玉《九辩》有“悲哉，秋之为气也”“寂寥兮，收潦而水清”等句。
[2] 春朝：春初朝。朝，有早晨的意思，这里指的是刚开始。
[3] 晴：一作“横”。排云：推开白云。排，推开，有冲破的意思。

[4] 诗情：作诗的情绪、兴致。碧霄：青天。
[5] 深红：指红叶。浅黄：指枯叶。
[6] 入骨：犹刺骨。
[7] 嗾（sǒu）：使唤狗时发出的声音。这里是“使”的意思。

导读

刘禹锡（772—842 年），字梦得，洛阳人。他诗文俱佳，有“诗豪”之称，与柳宗元并称“刘柳”，与白居易合称“刘白”，有《陋室铭》《竹枝词》《杨柳枝词》《乌衣巷》等名篇。存世有《刘宾客集》。

这首诗是作者第一次被贬郎州（今湖南常德）时写的，诗人对秋的感受与众不同，一反文学史中悲秋的情调，以奔放的热情、生动的画面，热情赞美秋日风光的美好，表达了他的乐观情绪和昂扬奋发的进取精神。

苦昼短

李贺

飞光飞光[1]，劝尔一杯酒[2]。吾不识青天高，黄地厚[3]，惟见月寒日暖，来煎人寿[4]。食熊则肥[5]，食蛙则瘦[6]。神君何在[7]，太一安有[8]？天东有若木[9]，下置衔烛龙[10]。吾将斩龙足，嚼龙肉，使之朝不得回[11]，夜不得伏。自然老者不死，少者不哭。何为服黄金，吞白玉[12]？谁是任公子[13]，云中骑白驴[14]？刘彻茂陵多滞骨[15]，嬴政梓棺费鲍鱼[16]。

选自《李贺诗歌集注》，［唐］李贺，［清］王琦等注；
上海古籍出版社 1978 年版

注释

[1] 光：飞逝的光阴。南朝梁沈约《宿东园》诗：“飞光忽我遒，岂止岁云暮。”
[2] “劝尔”句：语出《世说新语·雅量》：“晋代孝武帝司马曜时，天上

出现长星（即彗星），司马曜有一次举杯对长星说：‘劝尔一杯酒，自古哪有万岁天子？’”

[3] 青天、黄地：语出《易·坤》：“夫玄黄者，天地之杂色也，天玄而地黄。”

[4] 煎人寿：消损人的寿命。煎，煎熬，消磨。

[5] “食熊”句：古人以熊掌和熊白（熊背上的脂肪）为珍肴，富贵者才能食之。

[6] 蛙：代指贫穷者吃的粗劣食品。

[7] 神君：汉时有长陵女子，死后被奉为神，称神君。汉武帝病时曾向她乞求长生（参看《史记·封禅书》）。

[8] 太一：天帝的别名，是天神中的尊贵者。战国宋玉《高唐赋》：“醮诸神，礼太一。”安：哪里。

[9] 若木：古代神话传说中的树名，东方日出之地有神木名扶桑，西方日落处有若木。屈原《离骚》：“折若木以拂日兮。”王逸注：“若木在昆仑西极，其华照下地。”

[10] 衔烛龙：传说中的神龙，住在天之西北，衔烛而游，能照亮幽冥无日之国。屈原《天问》：“日安不到？烛龙何照？”王逸注：“天之西北有幽冥无日之国，有龙衔烛而照之。”这里借指为太阳驾车之六龙。

[11] 不得：不能。回：巡回。

[12] 服黄金、吞白玉：道教认为服食金玉可以长寿。《抱朴子·内篇·仙药》：“《玉经》曰：服金者寿如金，服玉者寿如玉。”

[13] 是：一作“似”。任公子：传说中骑驴升天的仙人，其事迹无考。

[14] 白：一作“碧”。

[15] 刘彻：汉武帝，信神仙，求长生，死后葬处名茂陵。《汉武帝内传》：“王母云：刘彻好道，然神慢形秽，骨无津液，恐非仙才也。”滞骨：残遗的白骨。

[16] 嬴政：秦始皇。《史记·秦始皇本纪》：“始皇崩于沙丘平台。丞相斯为上崩在外，恐诸公子及天下有变，乃秘之，不发丧。棺载辒凉车中……会暑，上辒车臭。乃诏从官，令车载一石鲍鱼，以乱其臭。”梓棺：古制天子的棺材用梓木做成，故名。鲍鱼：盐渍鱼，其味腥臭。

导读

此诗作于元和年间（806—820年）。当时，唐宪宗李纯“好神仙，求方士”（《资治通鉴》），为了追求长生不老之药，竟然到了委任方士为台州刺史的荒唐地步。皇帝如此，上行下效，求仙服药、追求长生，成了从皇帝到大臣的普遍风气，李贺此诗即为讽喻此事而作。

浣溪沙

晏殊

一向年光有限身[1]，等闲离别易销魂[2]，酒筵歌席莫辞频[3]。　满目山河空念远，落花风雨更伤春，不如怜取眼前人[4]。

选自《二晏词笺注》，［宋］晏殊、晏几道，张草纫笺注，上海古籍出版社 2008 年版

注释

［1］一向：一晌，片刻，一会儿。年光：时光。有限身：有限的生命。

［2］等闲：平常，随便，无端。销魂：极度悲伤，极度快乐。

［3］莫辞频：不要因为次数多而推辞。频，频繁。

［4］怜取眼前人：元稹《会真记》载崔莺莺诗："还将旧来意，怜取眼前人。"怜，珍惜，怜爱。取，语助词。

导读

这是一首伤别之作，叹人生有限，抒写离情别绪，所表现的及时行乐的思想，反映出词人的无奈与洒脱。全词章法结构上下关合：下阕"满目"句照应上阕次句，因离别而念远；"落花"句照应上阕首句，因慨叹人生短暂而伤春。结句借用《会真记》中的诗句，即转即收。全词取景阔大，笔力雄厚，深沉而温婉，别具一格。

《山径春行图》，［南宋］马远，
绢本，设色，27.4cm×43.1cm，台北故宫博物院藏

秋声赋

欧阳修

欧阳子方夜读书[1]，闻有声自西南来者，悚然而听之[2]，曰：异哉！初淅沥以萧飒[3]，忽奔腾而砰湃[4]，如波涛夜惊，风雨骤至。其触于物也，鏦鏦铮铮[5]，金铁皆鸣。又如赴敌之兵，衔枚疾走[6]，不闻号令，但闻人马之行声[7]。余谓童子："此何声也？汝出视之。"童子曰："星月皎洁，明河在天[8]，四无人声，声在树间。"

余曰："噫嘻悲哉[9]！此秋声也，胡为而来哉？盖夫秋之为状也[10]：其色惨淡[11]，烟霏云敛[12]；其容清明，天高日晶[13]；其气慄冽[14]，砭人肌骨[15]；其意萧条，山川寂寥[16]。故其为声也，凄凄切切，呼号愤发。丰草绿缛而争茂[17]，佳木葱茏而可悦[18]，草拂之而色变，木遭之而叶脱。其所以摧败零落者，乃其一气之余烈[19]。夫秋，刑官也[20]，于时为阴[21]；又兵象也[22]，于行为金[23]。是谓天地之义气[24]，常以肃杀而为心。天之于物，春生秋实。故其在乐也，商声主西方之音[25]，夷则为七月之律[26]。商，伤也，物既老而悲伤；夷，戮也，物过盛而当杀。"

"嗟乎！草木无情，有时飘零。人为动物，惟物之灵，百忧感其心[27]，万事劳其形，有动于中，必摇其精。而况思其力之所不及，忧其智之所不能，宜其渥然丹者为槁木[28]，黟然黑者为星星[29]。奈何以非金石之质，欲与草木而争荣？念谁为之戕贼[30]，亦何恨乎秋声[31]！"

童子莫对，垂头而睡。但闻四壁虫声唧唧，如助余之叹息。

选自《欧阳修全集》，[宋]欧阳修著，李逸安点校；中华书局 2001 年版

注释

[1] 欧阳子：作者自称。方：正在。

[2] 悚然：惊惧的样子。

[3] 初淅沥以萧飒：起初是淅淅沥沥的细雨带着萧飒的风声。淅沥，形容轻微的声音如风声、雨声、落叶声等。以，表并列，而。萧飒，形容风吹树木的声音。

[4] 砰湃：同“澎湃”，波涛汹涌的声音。

[5] 鏦鏦铮铮：金属相击的声音。

[6] 衔枚：古时行军或袭击敌军时，让士兵衔枚以防出声。枚，形似竹筷，衔于口中，两端有带，系于脖上。

[7] 但：只。

[8] 明河：天河。

[9] 噫嘻：感叹词。

[10] 盖夫：发语词。秋之为状：秋天所表现出来的意气容貌。状，情状，指下文所说的“其色”“其容”“其气”“其意”。

[11] 惨淡：黯然无色。

[12] 烟霏：烟气浓重。霏，散扬。云敛：云雾密聚。敛，收，聚。

[13] 日晶：日光明亮。晶，亮。

[14] 慄冽：寒冷。

[15] 砭：古代用来治病的石针，这里引用为刺的意思。

[16] 寂寥：冷落。

[17] 绿缛：碧绿繁茂。

[18] 葱茏：草木青翠茂盛的样子。

[19] 一气：指秋气。余烈：余威。

[20] 刑官：执掌刑狱的官。《周礼》把官职与天、地、春、夏、秋、冬相配，称为六官。秋天肃杀万物，所以司寇为秋官，执掌刑法，称刑官。

[21] 于时为阴：古人以阴阳配合四时，春夏为阳，秋冬为阴。

[22] 又兵象也：《礼记·月令》载“孟秋之月”，“天子乃命将帅，选士厉兵，简练桀俊，专任有功，以征不义。”古代征伐，多在秋天，故云。

[23] 于行为金：古人把五行分配于四季，认为四季是五行“相生”的结果，秋天属金。五行，金、木、水、火、土。

[24] 天地之义气：《礼记·乡饮酒义》说，天地肃杀之气，从西南方开始，到西北方极盛。“此天地之义气也。”由西南方至西北方，正是秋的方位。

[25] 商声主西方之音：古代将乐声分为宫、商、角、徵、羽五声，并分配于四时，角属春，徵属夏，商属秋，羽属冬，宫属中央。同时，五声和五行相配，商声属金，主西方之音。

[26] 夷则为七月之律：《礼记·月令》以十二律（黄钟、大吕、太簇、夹钟、姑洗、仲吕、蕤宾、林钟、夷则、南吕、无射、应钟）分配十二月，七月为夷则。

[27] 感：通“憾”，动摇。

[28] 渥然丹者：红润的容貌，这里指年轻人。槁木：枯木，这里指衰老。

[29] 黟然：黑色的样子。星星：点点白色。

[30] 戕贼：残害。

[31] 亦何恨乎秋声：人的衰颓是被忧思折磨的结果，与秋声并无关系。

导读

这篇赋是散文赋中的名篇。作者把无形的秋声写得可见可闻。文章开头用形象的比喻描写秋夜西风渐起、触物有声，再写星月皎洁、四无人声一烘托，一幅萧瑟幽深的画面便呈现在读者面前；最后以“四壁虫声唧唧”收尾，也能紧扣季节特色。中间两大段用赋体的传统铺陈手法，渲染秋天的肃杀和对人的影响，发挥了清心寡欲的老庄哲学，反映出作者思想中消极的一面；但一反文人悲秋的老调，也有可取之处。

江南的冬景

郁达夫

凡在北国过过冬天的人，总都知道围炉煮茗，或吃煊羊肉，剥花生米，饮白干的滋味。而有地炉、暖炕等设备的人家，不管它们外面是雪深几尺，或风大若雷，而躲在屋里过活的两三个月的生活，却是一年之中最有劲的一段蛰居异境；老年人不必说，就是顶喜欢活动的小孩子们，总也是个个在怀恋的，因为当这中间，有的是萝卜、雅儿梨等水果的闲食，还有大年夜，正月初一元宵等热闹的节期。

但在江南，可又不同；冬至过后，大江以南的树叶，也不至于脱尽。寒风——西北风——间或吹来，至多也不过冷了一日两日。到得灰云扫尽，落叶满街，晨霜白得像黑女脸上的脂粉似的清早，太阳一上屋檐，鸟雀便又在吱叫，泥地里便又放出水蒸气来，老翁小孩就又可以上门前的隙地里去坐着曝背谈天，营屋外的生涯了；这一种江南的冬景，岂不也可爱得很么？

我生长江南，儿时所受的江南冬日的印象，铭刻特深；虽则渐入中年，又爱上了晚秋，以为秋天正是读读书，写写字的人的最惠节季，但对于江南的冬景，总觉得是可以抵得过北方夏夜的一种特殊情调，说得摩登些，便是一种明朗的情调。

我也曾到过闽粤，在那里过冬天，和暖原极和暖，有时候到了阴历的年边，说不定还不得不拿出纱衫来着；走过野人的篱落，更还看得见许多杂七杂八的秋花！一番阵雨雷鸣过后，凉冷一点，至多也只好换上一件夹衣，在闽粤之间，皮袍棉袄是绝对用不着的；这一种极南的气候异状，并不是我所说的江南的冬景，只能叫它作南国的长春，是春或秋的延长。

江南的地质丰腴而润泽，所以含得住热气，养得住植物；因而长江一带，芦花可以到冬至而不败，红叶亦有时候会保持得三个月以上的生命。像钱塘江两岸的乌桕树，则红叶落后，还有雪白的桕子着在枝头，一点一丛，用照相机照将出来，可以乱梅花之真。草色顶多成了赭色，根边总带点绿意，非但野火烧不尽，就是寒风也吹不倒的。若遇到风和日暖的午后，你一个人肯上冬郊去走走，则青天碧落之下，你不但感不到岁时的肃杀，并且还可以饱觉着一种莫名其妙的含蓄在那里的生气；“若是冬天来了，春天也总马上会来”的诗人的名句，只有在江南的山野里，最容易体会得出。

说起了寒郊的散步，实在是江南的冬日，所给与江南居住者的一种特异的恩惠；在北方的冰天雪地里生长的人，是终他的一生，也决不会有享受这一种清福的机会的。我不知道德国的冬天，比起我们江浙来如何，但从许多作家的喜欢以 Spaziergang 一字来做他们的创作题目的一点看来，大约是德国南部地方，四季的变迁，总也和我们的江南差仿不多。譬如说十九世纪的那位乡土诗人洛在格（Peter Rosegger，1843—1918）罢，他用这一个“散步”做题目的文章尤其写得多，而所写的情形，却又是大半可以拿到中国江浙的山区地方来适用的。

江南河港交流，且又地滨大海，湖沼特多，故空气里时含水分；到得冬天，不时也会下着微雨，而这微雨寒村里的冬霖景象，又是一种说不出的悠闲境界。你试想想，秋收过后，河流边三五家人家会聚在一道的一个小村子里，门对长桥，窗临远阜，这中间又多是树枝衩桠的杂木树林；在这一幅冬日农村的图上，再洒上一层细得同粉也似的白雨，加上一层淡得几不成墨的背景，你说还够不够悠闲？若再要点些景致进去，则门前可以泊一只乌篷小船，茅屋里可以添几个喧哗的酒客，天垂暮了，还可以加一味红黄，在茅屋窗中画上一圈暗示着灯光的月晕。人到了这一个境界，自然会得胸襟洒脱起来，终至于得失俱亡，死生不问了；我们总该还记得唐朝那位诗人做的"暮雨潇潇江上村"的一首绝句吧？诗人到此，连对绿林豪客都客气起来了，这不是江南冬景的迷人又是什么？

一提到雨，也就必然的要想到雪；"晚来天欲雪，能饮一杯无？"自然是江南日暮的雪景。"寒沙梅影路，微雪酒香村"，则雪月梅的冬宵三友，会合在一道，在调戏酒姑娘了。"柴门村犬吠，风雪夜归人"，是江南雪夜，更深人静后的景况。"前村深雪里，昨夜一枝开"，又到了第二天的早晨，和狗一样喜欢弄雪的村童来报告村景了。诗人的诗句，也许不尽是在江南所写，而做这几句诗的诗人，也许不尽是江南人，但假了这几句诗来描写江南的雪景，岂不直截了当，比我这一枝愚劣的笔所写的散文更美丽得多？

有几年，在江南也许会没有雨没有雪的过一个冬，到了春间阴历的正月底或二月初再冷一冷下一点春雪的；去年（一九三四）的冬天是如此，今年的冬天恐怕也不得不然，以节气推算起来，大约大冷的日子，将在一九三六年的二月尽头，最多也总不过是七八天的样子。象这样的冬天，乡下人叫作旱冬，对于麦的收成或者好些，但是人口却要受到损伤；旱得久了，白喉、流行性感冒等疾病自然容易上身，可是想恣意享受江南的冬景的人，在这一种冬天，倒只会得感到快活一点，因为晴和的日子多了，上郊外去闲步逍遥的机会自然也多；日本人叫作 Hiking，德国人叫作 Spaziergang 狂者，所最欢迎的也就是这样的冬天。

窗外的天气晴朗得象晚秋一样；晴空的高爽，日光的洋溢，引诱得使你在房间里坐不住，空言不如实践，这一种无聊的杂文，我也不再想写下去了，还是拿起手杖，搁下纸笔，上湖上去散散步罢！

一九三五年十二月一日

（原载 1936 年 1 月 1 日《文学》月刊第 6 卷第 1 号）

导读

本文创作于 1935 年，是郁达夫南迁杭州之后写下的散文名篇。共写了曝背谈天图、冬郊植被图、寒村微雨图、江南雪景图、冬日散步图。作者从不同角度，刻画了不同时间、不同场合、不同天气下的江南的冬景，午后的温暖，蕴藏生机的大地，雨中的迷蒙，雾中的情趣等，表现了作者对江南冬景的钟爱。文章比较明显地体现了郁达夫散文的美学特征：行文如行云流水，自然有致，笔随意转，舒卷自如，胸怀磊落，诚挚坦白，抒情性强。

思考与讨论

1. 晏殊《浣溪沙 · 一向年光有限身》中“满目山河空念远，落花风雨更伤春”与另一首《浣溪沙》中的“无可奈何花落去，似曾相识燕归来”都是历来为人称道的名句，请分别从景物选取与情感抒发的特点上说说它们的不同之处。

2. 离家在外的人容易对物候的变化感到触目惊心，你有这种感受吗？请试着写一写。

拓展阅读

旅夜书怀[1]

杜甫

细草微风岸[2]，危樯独夜舟[3]。星垂平野阔[4]，月涌大江流[5]。名岂文章著[6]，官应老病休[7]。飘飘何所似[8]，天地一沙鸥。

选自《杜诗详注》，［唐］杜甫著，［清］仇兆鳌注，中华书局 1979 年版

注释

［1］书怀：书写胸中意绪。

［2］岸：指江岸边。

［3］危樯：高高的船桅杆。独夜舟：是说自己孤零零的一个人夜泊江边。

［4］星垂平野阔：星空低垂，原野显得格外广阔。

［5］月涌：月亮倒映，随水流涌。大江：指长江。

［6］名：名声。文章著：因文章而著名。

［7］官应老病休：官倒是因为年老多病而被罢退。应，认为是，是。

［8］飘飘：飞翔的样子，这里借沙鸥以写人的漂泊，含有“飘零”“漂泊”的意思。

导读

这首诗写旅途风情，更感伤老年多病、漂泊无依的心境。首联写江夜近景，刻画了孤舟月夜的寂寞境界。颔联写远景，雄浑阔大，“星垂”烘托出原野之广阔，“月涌”渲染出江流的气势，以乐景写哀情，反衬出他孤苦伶仃的形象和颠连无告的凄怆心情。颈联正话反说，抒发休官的忧愤。诗人的名声因文章而显赫，告病辞官，皆是由于远大的政治抱负长期被压抑而不能施展，尾联诗人以沙鸥自比，转徙江湖，声声哀叹，感人至深。全诗前二联点明“旅夜”，后二联紧扣“书怀”，景中有情，融情于景，内容深刻，格调清丽，结构谨严，是杜甫诗歌中的经典作品。

《松溪泛月图》，［南宋］夏圭，
团扇，绢本，设色，24.7cm × 25.2cm，北京故宫博物院藏

无题

李商隐

飒飒东南细雨来[1]，芙蓉塘外有轻雷[2]。金蟾啮锁烧香入[3]，玉虎牵丝汲井回[4]。贾氏窥帘韩掾少，宓妃留枕魏王才[5]。春心莫共花争发，一寸相思一寸灰[6]！

选自《李商隐诗歌集解》，刘学锴、余恕诚著，中华书局 1988 版

注释

[1] 南：一作“风”。

[2] 芙蓉塘：荷塘。

[3] 金蟾：金蛤蟆。古时在锁头上的装饰。啮：咬。

[4] 玉虎：用玉石作装饰的井上辘轳，形如虎状。丝：指井索。

[5] “贾氏”二句：晋韩寿貌美，司空南充招为掾，贾女于窗格中见韩寿而悦之，遂通情。贾女又以晋帝赐贾充之西域异香赠寿。韩掾少，为了韩寿的年轻俊美。掾，僚属。少，年轻。宓妃，指洛神，传说为伏（宓）羲之女。留枕，这里指幽会。魏王，这里指曹植。

[6] 春心：指相思之情。

导读

这首诗写一位深锁幽闺的女子追求爱情而幻灭的绝望之情。以“春心”喻爱情的向往，是平常的比喻；但把“春心”与“花争发”联系起来，不仅赋予“春心”以美好的形象，而且显示了它的自然合理性。“相思”本是抽象的概念，诗人由香销成灰联想出“一寸相思一寸灰”的奇句，化抽象为具象，用强烈对照的方式显示了美好事物之毁灭，使这首诗具有一种动人心弦的悲剧美。

谢新恩

李煜

冉冉秋光留不住[1]，满阶红叶暮[2]。又是过重阳[3]，台榭登临处[4]，茱萸香坠[5]。　紫菊气飘庭户[6]，晚烟笼细雨[7]。嗈嗈新雁咽寒声[8]，愁恨年年长相似。

选自《南唐二主词校订》，［南唐］李璟，［南唐］李煜撰，［宋］无名氏辑，王仲闻校订，中华书局 2007 年版

注释

［1］冉冉：慢慢地、渐渐地，这里形容时光渐渐地流逝。秋光：秋天的时光。

［2］红叶：枫、槭等树的叶子到秋天都变成了红色，统称红叶。这里指飘落的枯叶。

［3］重阳：节日名。古人以九为阳数，因此农历九月初九称为“重九”或“重阳”。魏晋以后，习俗为这一天登高游宴。

［4］台榭：台和榭，也泛指楼台等建筑物。台，高而上平的建筑物，供观察眺望用。榭，建筑在高土台上的敞屋，多为游观之所。

［5］茱萸：植物名，香味浓烈，可入药。中国古代有在重阳节佩戴茱萸以去邪辟恶的风俗。香坠：装有香料的坠子。坠，一种从上下挂的装饰品。

［6］“紫菊”句：紫菊的香气飘散在庭户中。

［7］笼：笼罩。

［8］嗈（yōng）嗈：鸟的和鸣声。咽：呜咽。寒声：战栗、悲凉的声音。

导读

李煜（937—978 年），初名从嘉，字重光，号钟隐、莲峰居士，祖籍彭城（今江苏徐州），南唐元宗李璟第六子，南唐最后一位国君。李煜精书法、工绘画、通音律，诗文均有一定造诣，以词的成就最高，尤其是其亡国后词作更是题材广阔，含意深沉，在晚唐五代词中别树一帜，对后世词坛影响深远。

这首词采用以景见情的方式从重阳习俗写作者的秋愁。这种方式铺垫充分、自然流畅，如大浪远来，初见微澜，至岸方崩石裂云，有石破天惊之感。

鹊踏枝

冯延巳

谁道闲情抛掷久[1]？每到春来，惆怅还依旧。日日花前常病酒[2]，不辞镜里朱颜瘦[3]。　河畔青芜堤上柳[4]，为问新愁，何事年年有？独立小桥风满袖，平林新月人归后[5]。

选自《阳春集》，［南唐］冯延巳撰，谷玉校点，上海古籍出版社1985年版

注释

［1］闲情：闲愁、春愁。
［2］病酒：饮酒过量引起身体不适。
［3］不辞：不避、不怕。朱颜：青春红润的面色。
［4］青芜：青草。
［5］平林：平原上的树林。新月：阴历每月初出的弯形月亮。

导读

冯延巳（903—960年），又名延嗣，字正中，五代广陵（今江苏省扬州市）人，仕于南唐烈祖、中主二朝，三度入相，官终太子太傅，卒谥忠肃。他的词多写闲情逸致，文人的气息很浓，对北宋初期的词人有比较大的影响。王国维《人间词话》卷上说：“冯正中词虽不失五代风格，而堂庑特大，开北宋一代风气。”其词集名《阳春集》。

这是一首表达孤寂惆怅的言情词。全词所写的乃是心中一种常存永在的惆怅、忧愁，而且充满了独自一人承担的孤寂、凄冷之感，不仅传达了一种感情的意境，而且表现出强烈而鲜明的个性，意蕴深远，感发幽微。

雪梅香

柳永

景萧索，危楼独立面晴空。动悲秋情绪，当时宋玉应同[1]。渔市孤烟袅寒碧，水村残叶舞愁红。楚天阔，浪浸斜阳，千里溶溶。　临风。想佳丽，别后愁颜，镇敛眉峰[2]。可惜当年，顿乖雨迹云踪[3]。雅态妍姿正欢洽，落花流水忽西东。无憀恨、相思意，尽分付征鸿[4]。

选自《乐章集校注》，［宋］柳永著，薛瑞生校注，中华书局 1994 年版

注释

［1］“动悲秋”二句：宋玉《九辩》首句为：“悲哉，秋之为气也。”后人常将悲秋情绪与宋玉相联系。

［2］镇敛眉峰：双眉紧锁的样子。

［3］雨迹云踪：男女欢爱。宋玉《高唐赋》中写楚王与巫山神女欢会，神女称自己“旦为朝云，暮为行雨”。

［4］分付征鸿：托付给征鸿，即凭书信相互问候。

导读

天圣二年（1024 年），柳永第四次落第，愤而离开京师，与情人（或为虫娘）离别，由水路南下，浪迹楚天，秋风萧瑟之时，通过对登高望远之所见的描写，展示其触景伤感，愁肠百转，怀乡恋情。

青玉案

贺铸

凌波不过横塘路[1]，但目送、芳尘去[2]。锦瑟华年谁与度[3]？月桥花院[4]，琐窗朱户[5]，只有春知处[6]。　飞云冉冉蘅皋暮[7]，彩笔新题断肠句[8]。若问闲情都几许[9]？一川烟草[10]，满城风絮，梅子黄时雨[11]。

选自《东山词》，［宋］贺铸撰，钟振振校点，上海古籍出版社 1988 年版

注释

［1］凌波：形容女子步态轻盈。三国魏曹植《洛神赋》："凌波微步，罗袜生尘。"

［2］芳尘去：指美人已去。

［3］锦瑟华年：指美好的青春时期。锦瑟，饰有彩纹的瑟。

［4］月桥：一作"月台"，赏月的平台。花院：一作"仙馆"，花木环绕的房子。

［5］琐窗：雕绘连琐花纹的窗子。朱户：朱红的大门。

［6］只：一作"惟"。

［7］飞：一作"碧"。冉冉：指云彩缓缓流动。蘅皋（héng gāo）：长着香草的沼泽中的高地。

［8］彩笔：比喻有写作的才华。断肠句：伤感的诗句。

［9］若问：一说"试问"。闲情：一说"闲愁"。都几许：总计为多少。

［10］一川：遍地，一片。

［11］梅子黄时雨：江南一带初夏梅熟时多连绵之雨，俗称"梅雨"。

导读

贺铸（1052—1125 年），字方回，自号庆湖遗老。能诗文，尤长于词。其词内容、风格较为丰富多样，兼有豪放、婉约二派之长，长于锤炼语言并善融化前人成句，用韵特严，富有节奏感和音乐美。

此词上阕写路遇佳人而不知所往的怅惘情景，也含蓄地流露其沉沦下僚、怀才不遇的感慨；下阕写因思慕而引起的无限愁思，表现了幽居寂寞积郁难

抒之情绪。全词虚写相思之情，实抒悒悒不得志的“闲愁”。立意新奇，想象丰富，历来广为传诵。

思考与讨论

1. 试析杜甫诗歌与时代的关系。

2. “伤春悲秋”是中国文学的传统，外国文学中是否也有这样的情况呢？能否以具体的作品为例简单说明一下。

推荐阅读

宋玉《九辩》

潘岳《秋兴赋》

张若虚《春江花月夜》

杜甫《秋兴八首》

晏殊《浣溪沙·一曲新词酒一杯》

张先《天仙子·水调数声持酒听》

清·吴绛雪《春夏秋冬》

朱自清《匆匆》

第八章　写景咏物

有我之境，以我观物，故物我皆著我之色彩。

无我之境，以物观物，故不知何者为我，何者为物。

——王国维《人间词话》

古人喜欢睹物吟诗，梅被赋予清傲高洁，兰象征典雅清幽，竹包蕴着谦虚气节，菊牵系着名利淡泊，自然万物，山川河岳中透露着浓浓的生命感悟。花鸟虫鱼都可以成为我们感知抒怀的对象，然而物非物，物是诗人笔下的审美对象，须做到不滞于物，挖掘内在，探寻所言之志。

每一种物都有着自己的文化意蕴和精神内涵，咏物必有所寄托，刘勰在《文心雕龙》中说“吟咏所发，意惟深远”，故此物要言志，物要抒情，物要明理，但要浑然天成，因情咏物才动人真挚。物随心移，有感而发，抓住物之特点，贴切固佳，亦要超脱变化。愿每一物，都不被辜负。

橘颂

屈原

后皇嘉树[1]，橘徕服兮[2]。受命不迁[3]，生南国兮。深固难徙，更壹志兮[4]。绿叶素荣[5]，纷其可喜兮。曾枝剡棘[6]，圆果抟兮[7]。青黄杂糅，文章烂兮[8]。精色内白[9]，类任道兮[10]。纷缊宜修[11]，姱而不丑兮[12]。嗟尔幼志[13]，有以异兮。独立不迁，岂不可喜兮！深固难徙，廓其无求兮[14]。苏世独立[15]，横而不流兮[16]。闭心自慎[17]，终不失过兮[18]。秉德无私[19]，参天地兮。愿岁并谢[20]，与长友兮。淑离不淫[21]，梗其有理兮[22]。年岁虽少[23]，可师长兮[24]。行比伯夷，置以为像兮[25]。

选自《楚辞集注》，[宋]朱熹撰，蒋立甫校点，
上海古籍出版社 2001 年版

注释

[1] 后皇：后土、皇天，指地和天。嘉：美，善。

[2] 橘徕服兮：适宜南方水土。徕，通“来”。服，习惯。

[3] 受命：受天地之命，即禀性、天性。

[4] 壹志：志向专一。壹，专一。

[5] 素荣：白色花。

[6] 曾枝：繁枝。剡（yǎn）棘：尖利的刺。

[7] 抟（tuán）：通“团”，圆圆的；又一说，同“圜”（huán），环绕，楚地方言。

[8] 文章：花纹色彩。烂：斑斓，明亮。

[9] 精色：鲜明的皮色。

[10] 类任道兮：就像抱着大道一样。类，像。任，抱。

[11] 纷缊宜修：长得繁茂，修饰得体。

[12] 姱（kuā）：美好。

[13] 嗟：赞叹词。

[14] 廓：胸怀开阔。

[15] 苏世独立：独立于世，保持清醒。苏，苏醒，指的是对浊世有所觉悟。

[16] 横而不流：横立水中，不随波逐流。

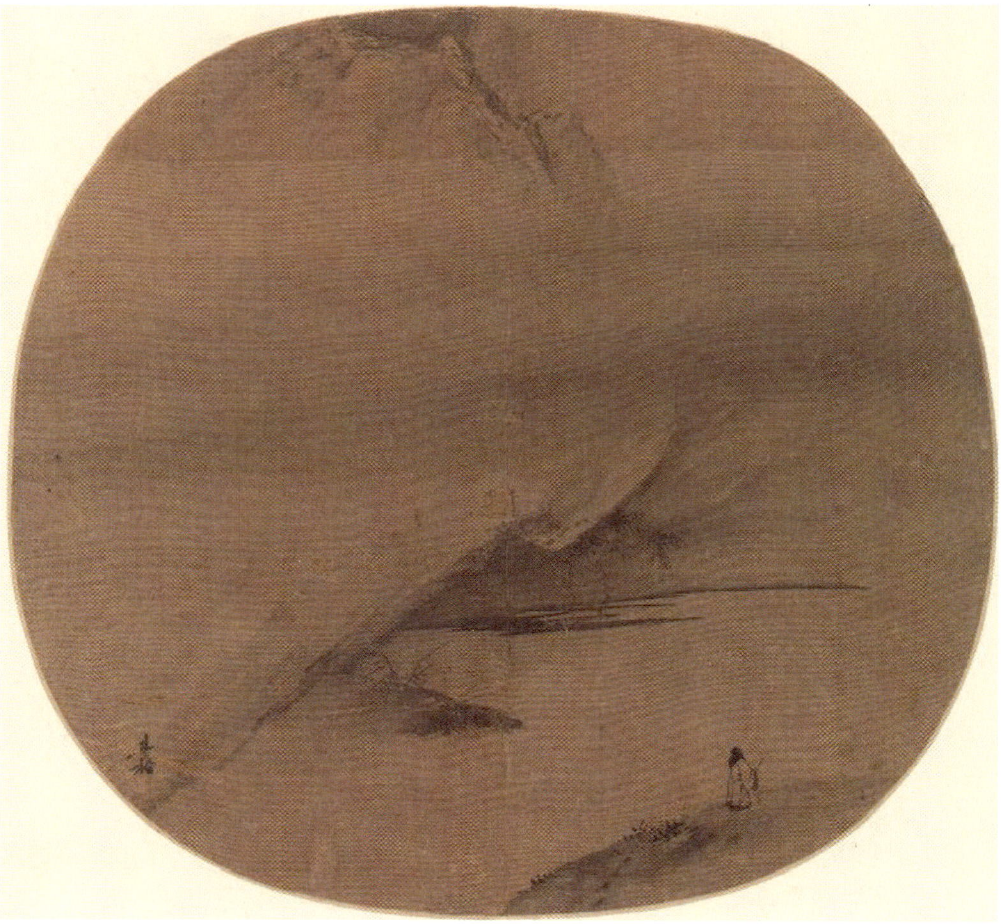

《泽畔行吟图》，［南宋］梁楷，绢本，水墨，22.9cm x 24.3cm，
大都会博物馆藏

[17] 闭心：安静下来，戒惧警惕。
[18] 失过：过失。
[19] 秉德：保持好品德。
[20] 愿岁并谢：誓同生死。岁，年岁。谢，死。
[21] 淑离：美丽而善良自守。离，通“丽”。
[22] 梗：正直。
[23] 少：年少。
[24] 师长：动词，为人师长。
[25] 置：植。像：榜样。

导读

屈原，名平，字原，战国时楚人，他是楚王同姓贵族，曾任左徒、三闾大夫等官职，学识丰富，具有远大政治理想，主张任用贤能，修明法度，抵抗秦国侵略，曾经协助怀王图议国事，处理内政，应对诸侯，甚得信任，后为同僚上官大夫所谗，被怀王疏远。顷襄王时，更因令尹子兰之忌，被流放。最后他因国家政事日益混乱，迫近危亡，悲愤忧郁，自投汨罗江而死。

屈原是我国最早的伟大诗人，“骚体”的创始者，作品有《离骚》《九歌》《天问》《九章》等。他的作品强烈地反映了他坚决与黑暗现实抗争的性格和热爱祖国的精神。作品中运用了大量神话传说和奇妙的比喻，想象丰富，文辞绚烂，是古代积极浪漫主义诗歌的典范。

《橘颂》是一首托物言志的咏物诗，表面上歌颂橘树，实际是诗人对自己理想和人格的表白。全诗可分为两部分，前十六句为第一部分，缘情咏物，重在描述橘树俊逸动人的外美，以描写为主；后半部分缘物抒情，转入对橘树内在精神的热情讴歌，以抒情为主。两部分各有侧重，而又互相勾连，融为一体。诗人以四言的形式，用拟人的手法塑造了橘树的美好形象，从各个侧面描绘和赞颂橘树，借以表达自己追求美好品质和理想的坚定意志。

《东篱高士图》，［宋］梁楷，绢本，71.5 cm × 36.7 cm，
台北故宫博物院藏

饮酒

陶渊明

余闲居寡欢，兼比夜已长[1]，偶有名酒，无夕不饮。顾影独尽[2]，忽焉复醉[3]。既醉之后，辄题数句自娱[4]；纸墨遂多，辞无诠次[5]。聊命故人书之[6]，以为欢笑尔[7]。

其二

积善云有报[8]，夷叔在西山[9]。善恶苟不应[10]，何事空立言[11]？九十行带索，饥寒况当年[12]。不赖固穷节[13]，百世当谁传。

其四

栖栖失群鸟[14]，日暮犹独飞。徘徊无定止[15]，夜夜声转悲。厉响思清远[16]，去来何依依[17]。因值孤生松[18]，敛翮遥来归[19]。劲风无荣木，此荫独不衰。托身已得所，千载不相违。

选自《陶渊明集校笺》，［晋］陶潜著，龚斌校笺，
上海古籍出版社 1996 年版

注释

［1］兼：加之，并且。比：近来。夜已长：秋冬之季，逐渐昼短夜长，到冬至达最大限度。

［2］顾影：看着自己的身影。独尽：独自干杯。

［3］忽焉：很快地。

［4］辄：就，总是。

［5］诠（quán）次：选择和编次。

［6］聊：姑且。故人：老朋友。书：抄写。

［7］尔："而已"的合音，罢了。

［8］云有报：说是有报应，指善报。

［9］夷叔：伯夷、叔齐，商朝孤竹君的两个儿子。孤竹君死后，兄弟二人因都不肯继位为君而一起出逃。周灭商后，二人耻食周粟，隐于首阳山，

采薇（野菜）而食，最后饿死。

[10] 苟：如果。

[11] 何事：为什么。立言：树立格言。

[12] 况：甚，更加。当年：指壮年。

[13] 固穷节：固守穷困的节操。

[14] 栖栖：心神不安的样子。

[15] 定止：固定的栖息处。止，居留。

[16] 厉响：谓鸣声激越。

[17] 依依：依恋不舍的样子。

[18] 值：遇。

[19] 敛翮（hé）：收起翅膀，即停飞。

导读

《饮酒》诗共 20 首，不是一时所作。内容借饮酒抒写情怀，寄寓很深的感慨。

其二讨论的是报应问题。魏晋时期，战乱频发，百姓流离失所，作者表示要固守清贫之志，在深婉曲折的诗意之中，也透露出诗人愤激不平的情绪。

其四是借鸟自比。前六句极言孤鸟的失意，鸟既失群，自然栖惶不安，加之在暮色苍茫中独自飞翔，令人倍感凄凉。再说它徘徊无定，是目之所见；续说它鸣声转悲，是耳之所闻，最后又从其鸣声而推测其心之所思，层叠写来，将孤鸟无地可容身的窘迫处境写得淋漓尽致。下六句写鸟的得其所，表明了自己对现实的不满与对远离尘嚣的田园生活的歌颂。这首诗前后构成了强烈的对照，令诗意更加鲜明，达到了极为感人的效果。

在狱咏蝉

骆宾王

西陆蝉声唱[1]，南冠客思侵[2]。那堪玄鬓影[3]，来对白头吟[4]。露

《写生珍禽图》（局部），［五代十国］黄荃，手卷，绢本，
设色，41.5 cm × 70.8 cm，北京故宫博物院藏

重飞难进[5]，风多响易沉[6]。无人信高洁[7]，谁为表予心[8]。

选自《初唐四杰诗选》，[唐]王勃、杨炯、卢照邻、骆宾王著，倪木兴选注，人民文学出版社 2001 年版

注释

[1] 西陆：指秋天。《隋书・天文志》：“日循黄道东行一日一夜行一度，三百六十五日有奇而周天。行东陆谓之春，行南陆谓之夏，行西陆谓之秋，行北陆谓之冬。”

[2] 南冠：楚冠，这里是囚徒的意思。据《左传・成公九年》，楚钟仪戴着南冠被囚于晋国军府事。侵：一作“深”。

[3] 那堪：一作“不堪”。玄鬓：指蝉的黑色翅膀，代指蝉。

[4] 白头吟：乐府曲名。这里反借用其字面，“白头”与“吟”不相连。白头，诗人自指，这一年诗人已过六十，故云“白头”。吟，指蝉鸣。

[5] 露重：秋露浓重。飞难进：是说蝉难以高飞。

[6] 响：指蝉声。沉：沉没，掩盖。

[7] 高洁：清高洁白。古人认为蝉栖高饮露，是高洁之物。作者因以自喻。

[8] 予心：我的心。

导读

骆宾王（约 619—约 687 年），字观光，婺州义乌（今浙江义乌）人。初唐诗人，与王勃、杨炯、卢照邻合称“初唐四杰”。有《骆临海集》十卷。

这首诗写于仪凤三年（678 年）秋。当时骆宾王被诬入狱，诗中作者借蝉自喻，用比兴手法寄托自己遭馋被诬的悲愤心情，感情充沛，取譬明切，用典自然，由物及人，由人到物，达到了物我一体的境界，是咏物诗中的名作。

观猎[1]

王维

风劲角弓鸣[2]，将军猎渭城[3]。草枯鹰眼疾[4]，雪尽马蹄轻。忽过新

丰市[5]，还归细柳营[6]。回看射雕处，千里暮云平[7]。

选自《王维集校注》，［唐］王维撰，陈铁民校注，
中华书局，1997 年版

注释

［1］诗题一作《猎骑》。猎：狩猎。

［2］劲：强劲。角弓：用兽角装饰的硬弓，使用动物的角、筋等材料制作的传统复合弓。

［3］渭城：秦时咸阳城，汉改称渭城，在今西安市西北，渭水北岸。

［4］鹰：指猎鹰。眼疾：目光敏锐。

［5］新丰市：故址在今陕西省临潼县东北，是古代盛产美酒的地方。

［6］细柳营：在今陕西省长安县，是汉代名将周亚夫屯军之地。《史记·绛侯周勃世家》："亚夫为将军，军细柳以备胡。"借此指打猎将军所居军营。

［7］暮云平：傍晚的云层与大地连成一片。

导读

王维（701—761 年，一说 699—761 年），字摩诘，号摩诘居士，河东蒲州（今山西运城）人，世称"王右丞"，精通诗、书、画、音乐等，与孟浩然合称"王孟"。存诗 400 余首，善于用自然而又精练、准确、富于特征性的语言塑造出完美鲜明的形象，把晋、宋以来描写自然景物的诗歌艺术推进了一步。

这首《观猎》，以一个"猎"字贯穿全篇，生动鲜明地描绘出了一组将军冬日狩猎图。此诗气概豪迈，造句精工，章法严整，运用先声夺人、侧面烘托和活用典故等艺术手段来刻画人物，从而使诗的形象鲜明生动、意境恢宏而含蓄。此诗写的虽是日常的狩猎活动，但却栩栩如生地刻画出将军的骁勇英姿、感染力。

望海潮

柳永

东南形胜，江吴都会[1]，钱塘自古繁华[2]。烟柳画桥，风帘翠幕，参差十万人家[3]。云树绕堤沙，怒涛卷霜雪，天堑无涯。市列珠玑[4]，户盈罗绮竞豪奢。

重湖叠巘清嘉[5]。有三秋桂子[6]，十里荷花。羌管弄晴[7]，菱歌泛夜，嬉嬉钓叟莲娃。千骑拥高牙[8]。乘醉听箫鼓、吟赏烟霞。异日图将好景，归去凤池夸[9]。

选自《乐章集校注》，［宋］柳永著，薛瑞生校注，中华书局 1994 年版

注释

［1］江吴：一作“三吴”，即吴兴、吴郡、会稽三郡，这里泛指今江苏南部和浙江的部分地区。

［2］钱塘：今浙江杭州，古时候的吴国的一个郡。

［3］参差（cēn cī）：高下不齐貌。

［4］珠玑：珠是珍珠，玑是一种不圆的珠子。这里泛指珍贵的商品。

［5］重湖：以白堤为界，西湖分为里湖和外湖，所以也叫重湖。巘（yǎn）：大山上之小山。

［6］三秋：指秋季第三月，即农历九月。

［7］羌管：羌笛，羌族之簧管乐器。

［8］高牙：高纛之牙旗。牙旗，将军之旌，竿上以象牙饰之，故云牙旗。这里指高官孙何。

［9］凤池：全称凤凰池，原指皇宫禁苑中的池沼。此处指朝廷。

导读

作品主要描写杭州的富庶与美丽。上阕描写杭州的自然风光和都市的繁华，下阕写西湖，展现杭州人民和平宁静的生活景象。全词以点带面，明暗交叉，铺叙晓畅，形容得体，一反柳永惯常的风格，以大开大阖、波澜起伏的笔法，浓墨重彩地铺叙展现了杭州的繁荣、壮丽景象。此词慢声长调和所抒之情起伏相应，音律协调，情致婉转，是柳永的一首传世佳作。

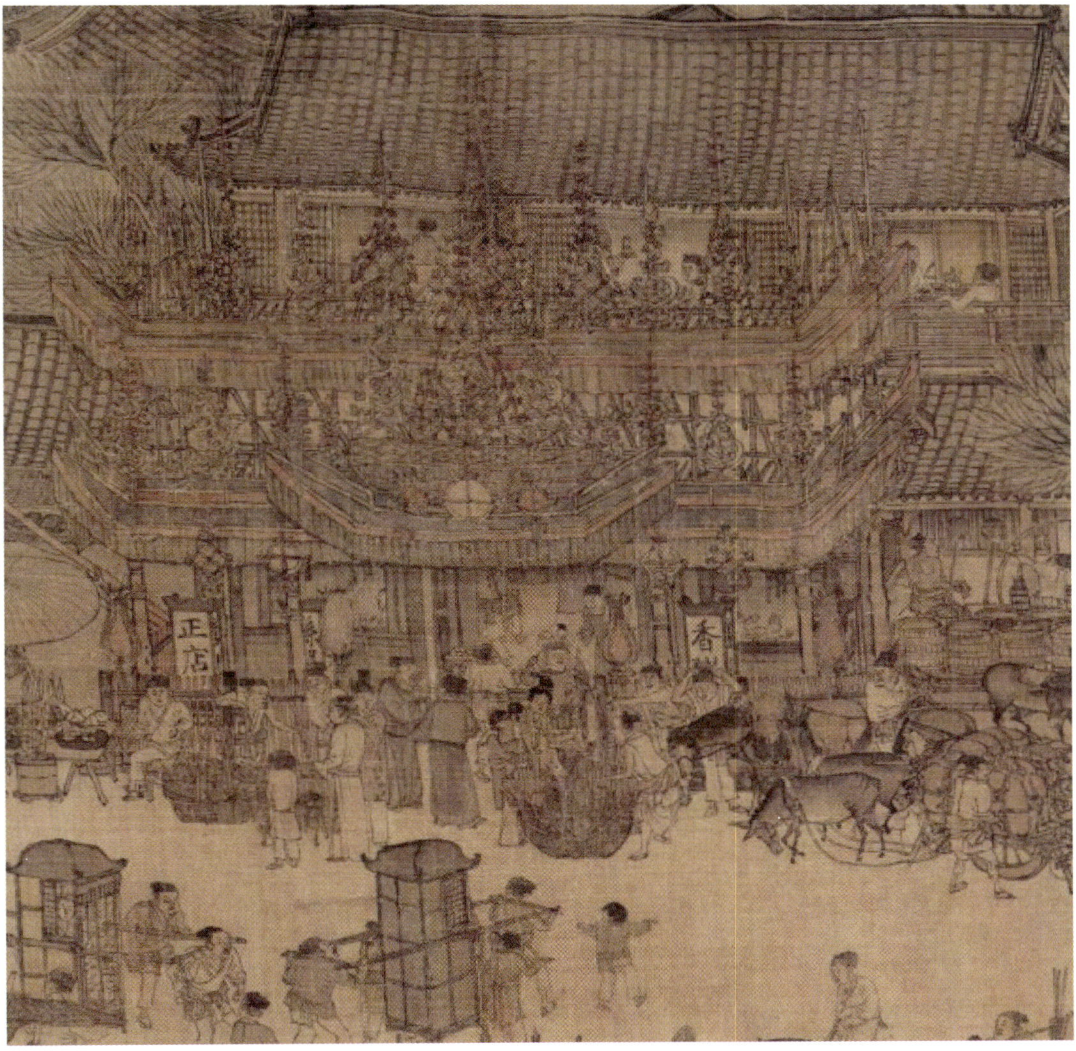

《清明上河图》（局部），［北宋］张择端，绢本，24.8 cm × 528.7 cm，
北京故宫博物院藏

六月二十七日望湖楼醉书[1]

苏轼

其一

黑云翻墨未遮山，白雨跳珠乱入船。卷地风来忽吹散[2]，望湖楼下水如天。

选自《苏轼诗集》，［宋］苏轼著，［清］王文诰辑注，孔凡礼点校，中华书局 1982 年版

注释

［1］六月二十七日：指宋神宗熙宁五年（1072 年）六月二十七日。望湖楼：古建筑名，又叫看经楼。位于杭州西湖畔，五代时吴越王钱弘俶所建。醉书：饮酒醉时写下的作品。

［2］卷地风来：指狂风席地卷来。又如，韩退之《双鸟》：“春风卷地起，百鸟皆飘浮。”

导读

本诗描绘了望湖楼的美丽雨景。乌云骤聚，大雨突降，顷刻又雨过天晴，水天一色。又是山，又是水，又是船，这就突出了泛舟西湖的特点。其次，作者用“黑云翻墨”“白雨跳珠”形成强烈的色彩对比，给人以很强的质感。再次，用“翻墨”写云的来势，用“跳珠”描绘雨点飞溅的情态，以动词前移的句式使比喻运用得灵活生动却不露痕迹。而“卷地风来忽吹散，望湖楼下水如天”两句又把天气由骤雨到晴朗前转变之快描绘得令人神清气爽，眼前陡然一亮，境界大开。

《水图》（局部），［南宋］马远，绢本，设色，26.8cmx41.6cm
北京故宫博物院藏

思考与讨论

1. 楚辞影响了后世文学的哪些作家？请你说一说。

2. 阅读宋代诗人王禹偁的《村行》，谈谈你对这首诗的看法。

马穿山径菊初黄，信马悠悠野兴长。
万壑有声含晚籁，数峰无语立斜阳。
棠梨叶落胭脂色，荞麦花开白雪香。
何事吟余忽惆怅，村桥原树似吾乡。

3. 林逋《山园小梅》中的“疏影横斜水清浅，暗香浮动月黄昏”两句历来评价甚高，你觉得它们好在哪呢？

4. 试论柳永这类“浪子”型的词人，对后世文学有哪些影响。

拓展阅读

春雪

韩愈

新年都未有芳华[1]，二月初惊见草芽[2]。白雪却嫌春色晚[3]，故穿庭树作飞花[4]。

选自《韩昌黎诗系年集释》［唐］韩愈著，钱仲联集释，
上海古籍出版社 1984 年版

注释

［1］新年：指农历正月初一。芳华：泛指芬芳的花朵。
［2］初：刚刚。惊：新奇，惊讶。
［3］嫌：嫌怨；怨恨。
［4］故：故意。

导读

韩愈（768—824 年），字退之，河南河阳（今河南省孟州市）人。郡望

河北昌黎，世称“韩昌黎”；晚年任吏部侍郎，又称“韩吏部”；因谥号“文”，又称“韩文公”。韩愈是唐代古文运动的倡导者，被后人尊为“唐宋八大家”之首，与柳宗元并称“韩柳”，有“文章巨公”和“百代文宗”之名。他提出的文道合一、气盛言宜、务去陈言、文从字顺等散文的写作理论，对后人很有指导意义。

这首诗构思新颖，联想奇妙。首句写人们在漫漫寒冬中久盼春色的焦急心情。一个“都”字，透露出这种急切的心情。第二句中，“惊”字最宜玩味，它写出了人们在焦急的期待中终于见到“春色”萌芽而新奇、惊讶、欣喜的神情，十分传神。诗句表达了这样一种感情：虽然春色姗姗来迟，但毕竟就要来了。三、四句表面是说有雪无花，实际是说白雪比人更等不住，穿树飞花作春色。这实际是诗人期盼春天，富有浓烈的浪漫主义色彩。

小雨

杨万里

雨来细细复疏疏，纵不能多不肯无。似妒诗人山入眼，千峰故隔一帘珠。

选自《杨万里集笺校》，［宋］杨万里撰，
辛更儒笺校，中华书局 2007 年版

导读

杨万里（1127—1206 年），字廷秀，号诚斋。吉州吉水（今江西省吉水县黄桥镇湴塘村）人。南宋著名文学家、爱国诗人，与陆游、尤袤、范成大并称“南宋中兴四大诗人”，被誉为“一代诗宗”。因宋光宗曾为其亲书“诚斋”二字，故学者称其为“诚斋先生”。

这首诗约作于宋孝宗乾道年间（1067—1068 年），是一次旅途中遇小雨有感而作。写小雨，仿佛不经思考，脱口而出，语言明快而诗意曲折。雨本是没有情的东西，诗人偏要赋予它与人相同的感情，于是使诗充满了新鲜感。

双双燕·咏燕

史达祖

过春社了[1]，度帘幕中间[2]，去年尘冷。差池欲住[3]，试入旧巢相并[4]。还相雕梁藻井[5]。又软语[6]、商量不定。飘然快拂花梢，翠尾分开红影[7]。　芳径[8]，芹泥雨润[9]。爱贴地争飞，竞夸轻俊。红楼归晚[10]，看足柳昏花暝[11]。应自栖香正稳[12]，便忘了、天涯芳信[13]。愁损翠黛双蛾[14]，日日画阑独凭[15]。

选自《梅溪词》，［宋］史达祖撰，方智范校点，上海古籍出版社1988年版

注释

［1］春社：古代春天的社日，以祭祀土神。在立春后第五个戊日。

［2］度：穿过。帘幕：古时富贵人家多张挂于院宇。

［3］差池：燕子飞行时，有先有后，尾翼舒张貌。

［4］相：端看、仔细看。

［5］雕梁：雕有或绘有图案的屋梁。藻井：用彩色图案装饰的天花板，形状似井栏，故称藻井。

［6］软语：燕子的呢喃声。

［7］翠尾：翠色的燕尾。红影：花影。

［8］芳径：长着花草的小径。

［9］芹泥：水边长芹草的泥土。

［10］红楼：富贵人家所居处。

［11］柳昏花暝：柳色昏暗，花影迷蒙。暝，天色昏暗貌。

［12］栖香：栖息得很香甜，睡得很好。

［13］天涯芳信：给闺中人传递从远方带来的书信。古有双燕传书之说。

［14］翠黛双蛾：指闺中少妇。黛蛾，螺子黛，乃女子涂眉之颜料，其色青黑，或以代眉毛。眉细如蛾须，乃谓蛾眉。更有以眉代指美人者。

［15］画阑：雕花的栏杆。凭：倚靠。

《燕喜鱼乐图》，［清］恽寿平，绢本，设色，120.5 cm × 61.2 cm，
台北故宫博物院藏

导读

史达祖（1163—约1220年），字邦卿，号梅溪，汴（河南开封）人，南宋婉约派重要词人，其词以咏物为长，其中不乏身世之感，风格工巧，推动宋词走向基本定型，今传有《梅溪词》。

古典诗词中全篇咏燕的妙词，要首推史达祖的这首《双双燕》。作为史达祖的代表作，这首词对燕子的描写是极为精彩的。通篇不出“燕”字，而句句写燕，极妍尽态，神形毕肖，而又不觉繁复，风格工巧绮丽。刻画双燕，有环奇警迈之长，不愧为咏物词之上品。

沁园春

辛弃疾

灵山齐庵赋，时筑偃湖未成[1]。

叠嶂西驰，万马回旋，众山欲东。正惊湍直下[2]，跳珠倒溅[3]；小桥横截，缺月初弓[4]。老合投闲[5]；天教多事，检校长身十万松[6]。吾庐小，在龙蛇影外[7]，风雨声中。　争先见面重重。看爽气朝来三数峰[8]。似谢家子弟，衣冠磊落[9]；相如庭户，车骑雍容。我觉其间，雄深雅健[10]，如对文章太史公[11]。新堤路，问偃湖何日，烟水濛濛？

选自《稼轩词编年笺注（增订本）》，[宋]辛弃疾撰，邓广铭笺注，上海古籍出版社1993年版

注释

[1] 大约作于庆元二年（1196年），时稼轩罢居带湖。灵山：位于江西上饶境内。古人有“九华五老虚览胜，不及灵山秀色多”之说，足见其雄伟秀美之姿。齐庵，当在灵山，疑即词中之“吾庐”，为稼轩游山小憩

《观瀑图》，［南宋］佚名，绢本，设色，23.9 cm × 25.1 cm，
纳尔逊 - 阿特金斯艺术博物馆藏

之处。偃湖，新筑之湖，时未竣工。

[2] 惊湍（tuān）：急流，此指山上的飞泉瀑布。

[3] 跳珠：飞泉直泻时溅起的水珠。

[4] 缺月初弓：形容横截水面的小桥像一弯弓形的新月。

[5] 合：应该。投闲：指离开官场，过闲散的生活。

[6] 检校：巡查、管理。长身：高大。

[7] 龙蛇影：松树影。

[8] 爽气朝来：朝来群峰送爽，沁人心脾。

[9] 磊落：仪态俊伟而落落大方。

[10] 雄深雅健：指雄放、深邃、高雅、刚健的文章风格。

[11] 太史公：司马迁，字子长，西汉著名的史学家和文学家，曾继父职，任太史令，自称太史公。

导读

这首词通篇都是描写灵山的雄伟景色，不同于一般描写山水之作，它极少实写山水的具体形态，而是用虚笔传神写意：山似奔马、松似战士，写得龙腾虎跃，生气勃勃，实是词人斗争性格的写照。

天香·龙涎香

王沂孙

孤峤蟠烟[1]，层涛蜕月[2]，骊宫夜采铅水[3]。讯远槎风[4]，梦深薇露[5]，化作断魂心字[6]。红瓷候火[7]，还乍识、冰环玉指[8]。一缕萦帘翠影，依稀海天云气[9]。　几回殢娇半醉[10]。剪春灯、夜寒花碎[11]。更好故溪飞雪，小窗深闭[12]。荀令如今顿老[13]，总忘却、尊前旧风味。谩惜余熏，空篝素被[14]。

选自《花外集》，[宋]王沂孙撰，吴则虞笺注，
上海古籍出版社 1988 年版

注释

[1] 孤峤蟠烟：《岭南杂记》，"龙涎于香品中最贵重，出大食国西海之中，上有云气罩护，下有龙蟠洋中大石，卧而吐涎，飘浮水面，为太阳所烁，凝结而坚，轻若浮石，用以和众香，焚之，能聚香烟，缕缕不散。"孤峤就是洋中大石，蟠烟就是龙上罩护的云气。龙涎据说就是抹香鲸的肠内分泌物。

[2] 层涛蜕月：波涛映月如闪动的龙鳞。

[3] 骊宫、铅水：龙所居之处和他的涎水。黑龙称为骊龙，成语有"探骊得珠"。

[4] 讯远槎风：采香的人乘木筏（槎）随潮汛而去。讯，通"汛"。

[5] 梦深薇露：龙涎香要用蔷薇水（香料）调制，这里把龙涎作为有情之物来写，意为对故乡的离梦渗透了蔷薇水。

[6] 断魂心字：《词品》："所谓心字香者，以香末萦篆成心字也。"

[7] 红瓷候火：《香谱》说制龙涎香时要"慢火焙，稍干带润，入瓷盒窨"。

[8] 冰环玉指：香制成后的形状，有的像白玉环，有的像女子的纤纤细指。

[9] 依稀海云天气：焚香时，前面引的《岭南杂记》说龙涎香"能聚香烟，缕缕不散"，好像把故居的"海云天气"都带回来了。

[10] 殢娇：困顿娇柔。

[11] 花碎：这花是灯花。

[12] 小窗深闭句：《香谱》说焚龙涎香应在"密室无风处"，"小窗深闭"隐含了这个意思。

[13] 荀令：三国时做过尚书令的荀彧，爱焚香。凿齿《襄阳记》："荀令君至人家坐幕，三日香气不歇。"

[14] "谩惜"二句：篝是遮盖香炉的笼子。古人焚香时，常把被子放在笼上熏。作者明知无用，香已燃完，还是把被子放在笼上。

导读

王沂孙（约1230—约1290年），字圣与，又字咏道，号碧山，又号中仙，因家住玉笥山，故又号玉笥山人，南宋会稽（今浙江绍兴）人，曾任庆元路学正。其词多故国之感，以咏物见长，但意旨隐晦，辞情过于哀苦，缺少愤激之气。有《花外集》，又名《碧山乐府》。

本篇借咏龙涎香以寄托遗民亡国之痛。因所咏对象具神话色彩，故此词遣词造境以神话的奇幻情调出之。上阕从采香、制香到焚香，层层推进，逐层展开；下阕回忆当年春夜焚香饮酒，此刻却不再有如此雅兴，昭示对故国的思念。词意潜隐，寄慨甚深，低回婉转，怅惘无穷。

醉落魄·咏鹰

陈维崧

寒山几堵[1]，风低削碎中原路[2]。秋空一碧无今古[3]，醉袒貂裘[4]，略记寻呼处[5]。　男儿身手和谁赌[6]。老来猛气还轩举[7]。人间多少闲狐兔[8]。月黑沙黄，此际偏思汝[9]。

选自《陈维崧选集》，周韶九选注，上海古籍出版社 1994 年版

注释

[1] 堵：量词，座，这里指山。
[2] 削碎中原路：形容鹰掠地飞过。风低：写鹰乘风低掠。
[3] 秋空一碧：蓝天辽阔，万里无云。无今古：古今一样的意思。无，不论，不分。
[4] 袒：裸露。
[5] 略记：大约记得。寻呼：猎人呼鹰寻猎。
[6] 赌：较量输赢。
[7] 轩举：高扬，意气飞扬。
[8] 闲狐兔：比喻小人，奸佞之徒。
[9] 汝：你，这里指鹰。

导读

陈维崧（1625—1682 年），字其年，号迦陵，江南宜兴（今属江苏）人。明末清初词坛第一人，阳羡词派领袖。与吴兆骞、彭师度同被吴伟业誉为“江

《鹰鹘图页》，［宋］李献，绢本，41 cm × 33 cm，
弗利尔美术馆藏

左三凤”。与吴绮、章藻功并称“骈体三家”。

此词咏鹰，却通篇不着一“鹰”字，处处无鹰，又处处有鹰。词中没有细致地描写鹰的形貌，甚至也没有勾勒出它的轮廓，只写了它的影子，却能使人感到它的凶狠凌厉，这是本篇的独到之处。咏物写怀，借咏鹰抒发其虽年华老去而意气未衰的感慨。咏物而不拘泥于物，格调豪雄俊爽，是陈维崧词的优秀之作。

思考与讨论

1. 请你写一段咏物抒怀的文字，文体不限。

2. 月亮是中国诗人吟咏最多的意象之一，请你以“月亮”为话题，写一篇文字。

3. 唐代的咏物诗具有哪些艺术特点？试结合骆宾王《在狱咏蝉》进行分析。

推荐阅读

虞世南《蝉》
李白《远别离》
李商隐《蝉》
杜甫《房兵曹胡马诗》
李贺《将进酒》
欧阳修《采桑子·画船载酒西湖好》
张先《倾杯·吴兴》
苏轼《水龙吟·次韵章质夫杨花词》
苏轼《百步洪》
范成大《四时田园杂兴》

第九章　怀古咏史

怅望千秋一洒泪，萧条异代不同时。

——［唐］杜甫《咏怀古迹五首·其二》

相对于情感丰富的爱情诗、潇洒恬静的山水田园诗，咏史怀古诗显得更加严肃、庄重。诗人面对瀚海沉浮的命运，不由得登高远眺，凭栏追思，过去的英雄豪杰和美名佳话，一齐涌入眼前的现实之中。物是人非的惆怅、今非昔比的感慨，都能通过对历史的缅怀稍加寄托，多少年华消逝、壮志难酬之悲，早已化作几句吟唱，不着痕迹地留在历史的扉页上。文人墨客一面是遗世独立的高洁，一面是对现实的清醒，浮生的叹息留在历史遗迹里，也融在诗理情趣中。忆古事而思兴亡，引领着我们在过去的时间里兜兜转转，旧事再重提，不由得令人耳目一新，感慨万千。

咏史

左思

郁郁涧底松[1]，离离山上苗[2]。以彼径寸茎[3]，荫此百尺条[4]。世胄蹑高位[5]，英俊沉下僚[6]。地势使之然，由来非一朝。金张藉旧业[7]，七叶珥汉貂[8]。冯公岂不伟，白首不见招[9]。

选自《先秦汉魏晋南北朝诗》，逯钦立辑校，中华书局 1983 年版

注释

[1] 郁郁：严密浓绿的样子。涧：两山之间。

[2] 离离：下垂的样子。苗：初生的草木。

[3] 彼：指山上苗。径：直径。

[4] 荫：遮蔽。

[5] 世胄：世家子弟。胄，后代。蹑（niè）：履、登。

[6] 下僚：下级官员，即属员。

[7] 金：金日磾，他家自汉武帝到汉平帝，七代为内侍（见《汉书·金日磾传》）。张：张汤，他家自汉宣帝以后，有十余人为侍中、中常侍。《汉书·张汤传》云："功臣之世，唯有金氏、张氏亲近贵宠，比于外戚。"

[8] 七叶：七代。珥汉貂：汉代侍中、中常侍的帽子上，皆插貂尾。珥（ěr），插。

[9] 冯公：冯唐，他很有才能，可是年老了只能做中郎署长的小官。

导读

左思（约 250—305 年），字太冲，齐国临淄（今山东淄博）人。西晋著名文学家，自幼其貌不扬却才华出众。其《三都赋》颇被当时称颂，造成"洛阳纸贵"。其诗作有厚实的内容、雄浑的风格，突破了当时的形式主义诗风，被后世誉为"左思风力"。

《咏史》共八首，题名咏史，实际是咏怀，大都通过对古人古事的歌咏来抒写自己的抱负。本篇是原组诗的第二首，写由于门第的限制，有才能而出身寒微的人只能屈居下位，而士族子弟却依靠父兄世业窃居高位。

与诸子登岘山[1]

孟浩然

人事有代谢[2]，往来成古今[3]。江山留胜迹，我辈复登临[4]。水落鱼梁浅[5]，天寒梦泽深[6]。羊公碑尚在[7]，读罢泪沾襟。

选自《孟浩然诗集校注》，［唐］孟浩然撰，李景白校注；巴蜀书社 1988 年版

注释

［1］诸子：诗人的几个朋友。岘（xiàn）山：一名岘首山，在今湖北襄阳以南。

［2］代谢：交替变化。

［3］往来：旧的去，新的来。

［4］复登临：对羊祜曾登岘山而言。羊祜镇守襄阳时，常与友人到岘山饮酒诗赋，有江山依旧人事短暂的感伤。登临，登山观看。

［5］鱼梁：沙洲名，在襄阳鹿门山的沔水中。

［6］梦泽：云梦泽，古大泽，即今江汉平原。

［7］羊公碑：后人为纪念西晋名将羊祜而建。尚：一作“字”。

导读

孟浩然（689—740 年），名不详（一说名浩，字浩然），襄州襄阳（今湖北省襄阳市）人。少时，隐居鹿门山，四十岁时到长安应进士举，失意而归。张九龄镇荆州时，招至幕府。后病疽死。他的诗在艺术上有较高的造诣，意境清远，多自然超妙之趣，一向与王维并称，多写隐居闲适和羁旅愁思。

此诗为作者求仕不遇心情苦闷而作，诗人登临岘山，凭吊羊公碑，怀古伤今，抒发感慨，想到自己空有抱负，不觉分外悲伤，泪湿衣襟。全诗借古抒怀，融写景、抒情及记叙于一炉，用词虽平淡，但感情却十分真挚。

越中览古[1]

李白

越王勾践破吴归[2]，义士还家尽锦衣。宫女如花满春殿[3]，只今惟有鹧鸪飞。

选自《李太白全集》，［唐］李白著，［清］王琦注，中华书局1977年版

注释

［1］越中：会稽，春秋时代越国曾建都于此。故址在今浙江省绍兴市。

［2］勾践破吴：春秋时期吴、越两国争霸。公元前494年，越王勾践为吴王夫差所败，此后他卧薪尝胆20年，于公元前473年灭吴。

［3］春殿：宫殿。

导读

这是一首怀古之作。此诗首句点明题意，说明所怀古迹的具体内容；二、三两句分写战士还家、越王勾践还宫的情况；结句突然一转，说过去曾经存在过的一切如今所剩下的只是几只鹧鸪在飞。全诗通过昔时的繁盛和眼前的凄凉的对比，表现人事变化和盛衰无常的主题。

咏怀古迹五首（选二）

杜甫

其三

群山万壑赴荆门[1]，生长明妃尚有村[2]。一去紫台连朔漠[3]，独留青冢向黄昏[4]。画图省识春风面[5]，环佩空归夜月魂。千载琵琶作胡语，分明怨恨曲中论。

《明妃出塞》，［明］仇英，绢本，设色，41.4 cm × 33.8 cm，
北京故宫博物院藏

其五

诸葛大名垂宇宙[6]，宗臣遗像肃清高[7]。三分割据纡筹策[8]，万古云霄一羽毛[9]。伯仲之间见伊吕[10]，指挥若定失萧曹[11]。运移汉祚终难复[12]，志决身歼军务劳[13]。

选自《杜诗详注》，[唐]杜甫著，[清]仇兆鳌注，中华书局 1979 年版

注释

[1] 荆门：山名，在今湖北宜都西北。
[2] 明妃：王昭君。
[3] 紫台：紫宫，宫廷。朔漠：北方的沙漠。
[4] 青塚：王昭君的坟墓。
[5] 省识：略识。春风面：形容王昭君的美貌。
[6] 垂：流传。宇宙：兼指天下古今。
[7] 宗臣：为后世所敬仰的大臣。肃清高：为诸葛亮的高风亮节而肃然起敬。
[8] 纡：屈，指不得施展。筹策：谋略。
[9] 云霄一羽毛：凌霄的飞鸟，比喻诸葛亮绝世独立的智慧和品德。
[10] 伊吕：伊尹、吕尚。
[11] 萧曹：萧何、曹参。
[12] 运：运数。祚：帝位。复：恢复，挽回。
[13] 志决：志向坚定。身歼：身灭。

导读

《咏怀古迹五首》其三，诗人借咏昭君村，怀念王昭君来抒写自己的抱负。对王昭君的遭遇，诗人寄予了自己深切的同情，并赞美了王昭君虽死但魂魄还要归来的精神，从中寄托了诗人自己的身世及爱国之情。全诗叙事明确，形象突出，寓意深刻。

《咏怀古迹五首》其五，当时诗人瞻仰了武侯祠，衷心敬慕，发而为诗。由于诗人以自身肝胆情志吊古，故能涤肠荡心，浩气炽情，动人肺腑，成为

咏古名篇。诗中除了“遗像”是咏古迹外，其余均是议论，不仅议论高妙，而且写得极有情韵。层层推选，对其雄才大略进行了热烈的颂扬，对其壮志未遂叹惋不已。

咸阳城东楼[1]

许浑

一上高城万里愁，蒹葭杨柳似汀洲[2]。溪云初起日沉阁[3]，山雨欲来风满楼。鸟下绿芜秦苑夕，蝉鸣黄叶汉宫秋。行人莫问当年事[4]，故国东来渭水流[5]。

选自《全唐诗》，[清]彭定求编，
中华书局 1960 年版

注释

[1] 咸阳：今属陕西。咸阳旧城在西安市西北，汉时称长安，秦汉两朝在此建都。隋朝时向东南移二十城建新城，即唐京师长安。唐代咸阳城隔渭水与新都长安相望。

[2] 蒹葭：芦苇一类的水草。蒹，荻。葭，芦。汀洲：水边之地为汀，水中之地为洲，这里指代诗人在江南的故乡。

[3] 溪：磻溪。阁：慈福寺。

[4] 行人：过客。泛指古往今来的征人游子，也包括作者在内。当年：一作“前朝”。

[5] 故国东来渭水流：一作“渭水寒声昼夜流”，“声”一作“光”。故国，指秦汉故都咸阳。东来，指诗人（不是渭水）自东边而来。

《山雨欲来图》，［清］袁耀，立轴，绢本，设色，195.1 cm × 116.8 cm，北京故宫博物院藏

导读

许浑（约 791—约 858 年），字用晦（一作仲晦），润州丹阳（今江苏丹阳）人，晚唐最具影响力的诗人之一。他一生不作古诗，专攻律体；题材以怀古、田园诗为佳；艺术则以偶对整密、诗律纯熟为特色。唯诗中多描写水、雨之景，后人拟之与诗圣杜甫齐名，并以“许浑千首湿，杜甫一生愁”评价之。

此诗大约是许浑于唐宣宗大中三年（849 年）任监察御史时所写。此时大唐王朝已经处于风雨飘摇之际，政治非常腐败，农民起义此起彼伏。一个秋天的傍晚，诗人登上咸阳古城楼观赏风景，即兴写下了这首七律。

此诗用云、日、风、雨层层推进，又以绿芜、黄叶来渲染，勾勒出一个萧条凄凉的意境，借秦苑、汉宫的荒废，抒发了对家国衰败的无限感慨。诗人通过对景物的描写，赋予抽象的感情以形体，在呈现自然之景的同时又体现丰富的生活经验，以及对历史和现实的深刻思考。景别致而凄美，情愁苦而悲怆，意蕴藉而苍凉，境雄阔而高远，神完气足，为唐人登临诗篇之佳作。

晚泊牛渚[1]

刘禹锡

芦苇晚风起，秋江鳞甲生。残霞忽改色[2]，远雁有余声。戍鼓音响绝，渔家灯火明。无人能咏史，独自月中行。

选自《刘禹锡集》，［唐］刘禹锡撰，卞孝萱校订，
中华书局 1990 年版

注释

［1］牛渚：山名，即著名的采石矶，在今天的安徽省当涂县西北。
［2］改：朱本、全唐诗作“变”。

导读

此诗作于长庆四年（824 年），刘禹锡自夔州赴和州刺史任途中。牛渚山在今天的安徽省当涂县西北，紧临大江，是沟通大江南北的重要津渡。晋代袁宏咏史，为谢尚所重的典故就发生在这里。斯人已殁，此景尚存，历史的兴亡，人事的更替，诗人触景生情，一时间万千思绪涌上心头。全诗文字简约，风格流畅，以写景见长。风吹芦苇，水波荡漾，残霞变色，游雁哀鸣，戍鼓音绝，渔家灯明，明丽中自有凄清之致，清新中暗含萧瑟之感。借景抒情，情随景生，情与景的有机结合使其成为一篇佳作。

思考与讨论

1. 为什么说咏史怀古诗词是“古”与“今”的结合？试结合作品进行分析。
2. 请阅读欧阳修的《明妃曲和王介甫作》，谈谈你对这首诗的理解。

汉宫有佳人，天子初未识，
一朝随汉使，远嫁单于国。
绝色天下无，一失难再得，
虽能杀画工，于事竟何益？
耳目所及尚如此，万里安能制夷狄！
汉计诚已拙，女色难自夸。
明妃去时泪，洒向枝上花。
狂风日暮起，飘泊落谁家。
红颜胜人多薄命，莫怨东风当自嗟。

拓展阅读

将赴吴兴登乐游原一绝

杜牧

清时有味是无能[1]，闲爱孤云静爱僧。欲把一麾江海去[2]，乐游原上望昭陵[3]。

选自《樊川诗集注》［唐］杜牧著，［清］冯集梧注，上海古籍出版社 1962 年版

注释

［1］“清时”句：意谓当这清平无所作为之时，自己所以有此闲情。
［2］一麾：旌旗。
［3］昭陵：唐太宗的陵墓。

导读

此诗先说自己才华平庸，喜欢如孤云般自在，如和尚般清净，表达了一种闲适的生活意趣；然后写自己临上任前对长安的不舍，回望唐太宗的昭陵，表达了想出守外郡为国出力，又不忍离京的忠君爱国之情。全诗以登乐游原起兴，以望昭陵戛止，采用了“托事于物”的兴体写法，是一篇难得的佳作。

望海潮

秦观

梅英疏淡[1]，冰澌溶泄[2]，东风暗换年华。金谷俊游[3]，铜驼巷陌[4]，

新晴细履平沙。长记误随车。正絮翻蝶舞，芳思交加[5]。柳下桃蹊[6]，乱分春色到人家。　　西园夜饮鸣笳[7]。有华灯碍月，飞盖妨花。兰苑未空[8]，行人渐老，重来是事堪嗟[9]。烟暝酒旗斜[10]。但倚楼极目[11]，时见栖鸦。无奈归心，暗随流水到天涯。

选自《淮海词笺注》，［宋］秦观著，杨世明笺，四川人民出版社 1984 年版

注释

［1］梅英：梅花。
［2］冰澌：冰块。溶泄：溶解流泄。
［3］金谷：晋石崇所筑的金谷园。
［4］铜驼：即铜驼街。
［5］芳思：春天引起的情思。
［6］桃蹊：桃树下的小路。
［7］西园：即金谷园。笳：胡笳，古代西北少数民族的一种管乐器。
［8］兰苑：美丽的园林，亦指西园。
［9］嗟：慨叹。
［10］烟暝：烟霭弥漫的黄昏。
［11］极目：满目；远望。

导读

这是一首感旧之作，不止于追怀过去的游乐生活，还包含了政治失意在其中。这首词先是追怀往昔在洛阳时结伴游览名园胜迹的乐趣，继写此次重返旧地时的颓丧情绪，虽然风景不殊，却丧失了当年那种勃勃的兴致。结构上别具一格：上阕先写今后写昔，下阕先承上写昔后再写今，忆昔部分贯通上下两阕。大量运用对比手法，以昔衬今，景起情结，今昔交错，虚实交融，含蓄委婉。

西河·金陵怀古[1]

周邦彦

佳丽地[2]。南朝盛事谁记[3]。山围故国绕清江[4]，髻鬟对起[5]。怒涛寂寞打孤城，风樯遥度天际[6]。　　断崖树[7]，犹倒倚。莫愁艇子曾系[8]。空余旧迹郁苍苍，雾沉半垒。夜深月过女墙来[9]，赏心东望淮水[10]。　　酒旗戏鼓甚处市[11]。想依稀、王谢邻里。燕子不知何世。入寻常巷陌人家相对。如说兴亡斜阳里。

选自《清真集》［宋］周邦彦撰，吴则虞校点，中华书局 1981 年版

注释

［1］西河：词牌名。又名“西河慢”“西湖”。词为双调一百零五字，分三叠，各叶四仄韵。相传此调由周邦彦始创。

［2］佳丽地：指江南，更指金陵。

［3］南朝盛事：自东晋灭亡到隋朝统一为止，中国历史上出现南北对峙的局面，南方有宋、齐、梁、陈四个朝代，合称南朝，皆建都于金陵。

［4］故国：故都，这里指金陵。金陵城面临长江，四周群山环抱，故云“山围故国”。

［5］髻鬟对起：以女子髻鬟喻在长江边相对而屹立的山。

［6］风樯：指代顺风扬帆的船只。樯，船上张帆用的桅杆。

［7］断崖：临江陡峭的崖壁。

［8］莫愁：南朝时的民间女子。系：拴缚。

［9］女墙：城墙上的矮墙。

［10］淮水：秦淮河。它横贯南京城中，为南朝时都人士女游宴之所。

［11］酒旗：挂在酒店的酒招。戏鼓：演戏的场所。甚处：何处。

导读

全词三阕结构：上阕起调至“风樯遥度天际”，写金陵胜境；中阕由“断崖树”至“伤心东望淮水”，写金陵古迹并发出凭吊；下阕由“酒旗戏鼓甚处市”至末，写目前景物及千古兴亡之思。这首词艺术技巧很高，全词化

用刘禹锡咏金陵之《石头城》和《乌衣巷》两首诗，但又浑然天成。它没有正面触及重大历史事件，而是通过景物描写作今昔对比，形象地抒发作者的沧桑之感，寓悲壮情怀于空旷境界之中，是怀古词中别具匠心的佳作之一，历来评价很高。

水龙吟·过南剑双溪楼[1]

辛弃疾

举头西北浮云[2]，倚天万里须长剑。人言此地，夜深长见，斗牛光焰[3]。我觉山高，潭空水冷，月明星淡。待燃犀下看[4]，凭栏却怕，风雷怒，鱼龙惨[5]。　　峡束苍江对起[6]，过危楼欲飞还敛[7]。元龙老矣，不妨高卧，冰壶凉簟[8]。千古兴亡，百年悲笑[9]，一时登览。问何人又卸[10]，片帆沙岸，系斜阳缆[11]。

选自《稼轩词编年笺注（增订本）》，［宋］辛弃疾撰，邓广铭笺注，上海古籍出版社 1993 年版

注释

［1］水龙吟：词牌名。南剑：即南剑州，宋代州名。双溪楼：在南剑州府城东。
［2］西北浮云：西北的天空被浮云遮蔽，这里隐喻中原河山沦陷于金人之手。
［3］斗牛：星名，二十八宿的斗宿与牛宿。
［4］待：打算，想要。
［5］鱼龙：水中怪物，暗喻朝中阻遏抗战的小人。惨：狠毒。
［6］束：夹峙。
［7］欲飞还敛：形容水流奔涌直前，因受高山的阻挡而回旋激荡，渐趋平缓。
［8］冰壶凉簟：喝冷水，睡凉席，形容隐居自适的生活。
［9］百年悲笑：人生百年中的遭遇。
［10］卸：解落，卸下。
［11］缆：系船用的绳子。

导读

此词上阕开篇远望西北，点染出国土沦丧、战云密布这一时代特征，接着便直接提出解决这一矛盾的主要方法，下面紧扣双溪楼引出宝剑落水的传说，结尾写爱国抗敌势力受到重重阻挠而不能重见天光，不能发挥其杀敌报国的应有作用。下阕写因为爱国抗敌势力受到重重阻挠，甚至还冒着极大的危险，所以才产生消极退隐思想，最后紧密照应开篇，以眼前之所见结束全篇，使全篇钩锁严密，脉络井然。

山坡羊·潼关怀古

张养浩

峰峦如聚，波涛如怒[1]，山河表里潼关路[2]。望西都[3]，意踌躇。伤心秦汉经行处，宫阙万间都做了土。兴，百姓苦；亡，百姓苦！

选自《全元散曲》，隋树森编，中华书局 1964 年版

注释

［1］怒：波涛汹涌。

［2］表里：即内外。潼关：古关口名，在今陕西省潼关县，关城建在华山山腰，下临黄河，扼秦、晋、豫三省要冲，非常险要，为古代入陕门户，是历代军事重地。

［3］西都：长安（今陕西西安）。这是泛指秦汉以来在长安附近所建的都城。秦、西汉建都长安，东汉建都洛阳，因此称洛阳为东都，长安为西都。

导读

张养浩（1269—1329 年），汉族，字希孟，号云庄，山东济南人，元代著名散曲家。诗、文兼擅，而以散曲著称。此曲是张养浩晚年的代表作，也

是元散曲中思想性、艺术性完美结合的名作。

《潼关怀古》中，作者采用的是层层深入的方式，由写景而怀古，再引发议论，将苍茫的景色、深沉的情感和精辟的议论三者完美结合，让这首小令有了强烈的感染力，字里行间充满着历史的沧桑感和时代感，既有怀古诗的特色，又有与众不同的沉郁风格。

桨声灯影里的秦淮河

俞平伯

我们消受得秦淮河上的灯影，当圆月犹皎的仲夏之夜。

在茶店里吃了一盘豆腐干丝，两个烧饼之后，以歪歪的脚步踅上夫子庙前停泊着的画舫，就懒洋洋躺到藤椅上去了。好郁蒸的江南，傍晚也还是热的。“快开船罢！”桨声响了。

小的灯舫初次在河中荡漾；于我，情景是颇朦胧，滋味是怪羞涩的。我要错认它作七里的山塘；可是，河房里明窗洞启，映着玲珑入画的曲栏干，顿然省得身在何处了。佩弦呢，他已是重来，很应当消释一些迷惘的。但看他太频繁地摇着我的黑纸扇。胖子是这个样怯热的吗？

又早是夕阳西下，河上妆成一抹胭脂的薄媚。是被青溪的姊妹们所薰染的吗？还是匀得她们脸上的残脂呢？寂寂的河水，随双桨打它，终是没言语。密匝匝的绮恨逐老去的年华，已都如蜜饧似的融在流波的心窝里，连呜咽也将嫌它多事，更那里论到哀嘶。心头，宛转的凄怀；口内，徘徊的低唱；留在夜夜的秦淮河上。

在利涉桥边买了一匣烟，荡过东关头，渐荡出大中桥了。船儿悄悄地穿出连环着的三个壮阔的涵洞，青溪夏夜的韶华已如巨幅的画豁然而抖落。哦！凄厉而繁的弦索，颤岔而涩的歌喉，杂着吓哈的笑语声，劈拍的竹牌响，更能把诸楼船上的华灯彩绘，显出火样的鲜明，火样的温煦了。小船儿载着我们，在大船缝里挤着，挨着，抹着走。它忘了自己也是今宵河上的一星灯火。

既踏进所谓“六朝金粉气”的销金锅，谁不笑笑呢！今天的一晚，且默了滔滔的言说，且舒了恻恻的情怀，暂且学着，姑且学着我们平时认为在醉里梦里的他们的憨痴笑语。看！初上的灯儿们一点点掠剪柔腻的波心，梭织地往来，把河水都皴得微明了。纸薄的心旌，我的，尽无休息地跟着它们飘荡，以至于怦怦而内热。这还好说什么的！如此说，诱惑是诚然有的，且于我已留下不易磨灭的印记。至于对榻的那一位先生，自认曾经一度摆脱了纠缠的他，其辩解又在何处，这实在非我所知。

我们，醉不以涩味的酒，以微漾着，轻晕着的夜的风华。不是什么欣悦，不是什么慰藉，只感到一种怪陌生，怪异样的朦胧。朦胧之中似乎胎孕着一个如花的笑——这么淡，那么淡的倩笑。淡到已不可说，已不可拟，且已不可想；但我们终久是眩晕在它离合的神光之下的。我们没法使人信它是有，我们不信它是没有。勉强哲学地说，这或近于佛家的所谓“空”，既不当鲁莽说它是“无”，也不能径直说它是“有”，或者说“有”是有的，只因无可比拟形容那“有”的光景；故从表面看，与“没有”似不生分别。若定要我再说得具体些：譬如东风初劲时，直上高翔的纸鸢，牵线的那人儿自然远得很了，知她是哪一家呢？但凭那鸢尾一缕飘绵的彩线，便容易揣知下面的人寰中，必有微红的一双素手，卷起轻绡的广袖，牢担荷小纸鸢儿的命根的。飘翔岂不是东风的力，又岂不是纸鸢的含德；但其根株却将另有所寄。请问，这和纸鸢的省悟与否有何关系？故我们不能认笑是非有，也不能认朦胧即是笑。我们定应当如此说，朦胧里胎孕着一个如花的幻笑，和朦胧又相互混融着的，因它本来是淡极了，淡极了这么一个。

漫题那些纷烦的话，船儿已将泊在灯火的丛中去了。对岸有盏跳动的汽油灯，佩弦便硬说它远不如微黄的灯火。我简直没法和他分证那是非。

时有小小的艇子急忙忙打桨，向灯影的密流里横冲直撞。冷静孤独的油灯映见黯淡久的画船头上，秦淮河姑娘们的靓妆。茉莉的香，白兰花的香，脂粉的香，纱衣裳的香……微波泛滥出甜的暗香，随着她们那些船儿荡，随着我们这船儿荡，随着大大小小一切的船儿荡。有的互相笑语，有的默然不响，有的衬着胡琴亮着嗓子唱。一个，三两个，五六七个，比肩坐在船头的两旁，也无非多添些淡薄的影儿葬在我们的心上——太过火了，不至于罢，早消失在我们的眼皮上。谁都是这样急忙忙的打着桨，谁都是这样向灯影的密流里冲着撞；又何况久沉沦的她们，又何况飘泊惯的我们俩。当时浅浅的醉，今朝空空的惆怅；老实说，咱们萍泛的绮思不过如此而已，至多也不过如此而已。你且别讲，你且别想！这无非是梦中的电光，这无非是无明的幻相，这无非是以零星的火种微炎在大欲的根苗上。扮戏的咱们，散了场一个样，然而，上场锣，下场锣，天天忙，人人忙。看！吓！载送女郎的艇子才过去，货郎担的小船不是又来了？一盏小煤油灯，一舱的什物，他也忙得来像手里的摇铃，这样丁冬而郎当。

杨枝绿影下有条华灯璀璨的彩舫在那边停泊。我们那船不禁也依傍短柳的腰肢，欹侧地歇了。游客们的大船，歌女们的艇子，靠着。唱的拉着嗓子；听的歪着头，斜着眼，有的甚至于跳过她们的船头。如那时有严重些的声音，必然说："这那里是什么旖旎风光！"咱们真是不知道，只模糊地觉着在秦淮河船上板起方正的脸是怪不好意思的。咱们本是在旅馆里，为什么不早早入睡，掂着牙儿，领略那"卧后清宵细细长"；而偏这样急急忙忙跑到河上来无聊浪荡？

还说那时的话，从杨柳枝的乱鬓里所得的境界，照规矩，外带三分风华的。况且今宵此地，动荡着有灯火的明姿。况且今宵此地，又是圆月欲缺未缺，欲上未上的黄昏时候。叮当的小锣，伊轧的胡琴，沉填的大鼓……弦吹声腾沸遍了三里的秦淮河。喳喳嚷嚷的一片，分不出谁是谁，分不出那儿是那儿，只有整个的繁喧来把我们包填。仿佛都抢着说笑，这儿夜夜尽是如此的，不过初上城的乡下老是第一次呢。真是乡下人，真是第一次。

穿花蝴蝶样的小艇子多到不和我们相干。货郎担式的船，曾以一瓶汽水之故而拢近来，这是真的。至于她们呢，即使偶然灯影相偎而切掠过去，也无非瞧见我们微红的脸罢了，不见得有什么别的。可是，夸口早哩！——来了，竟向我们来了！不但是近，且拢着了。船头傍着，船尾也傍着；这不但是拢着，且并着了。断并着倒还不很要紧，且有人扑冬地跨上我们的船头了。这岂不大吃一惊！幸而来的不是姑娘们，还好。（她们正冷冰冰地在那船头上。）来人年纪并不大，神气倒怪狡猾，把一扣破烂的手折，摊在我们眼前，让细瞧那些戏目，好好儿点个唱。他说："先生，这是小意思。"诸君，读者，怎么办？

好，自命为超然派的来看榜样！两船挨着，灯光愈皎，见佩弦的脸又红起来了。那时的我是否也这样？这当转问他。（我希望我的镜子不要过于给我下不去。）老是红着脸终久不能打发人家走路的，所以想个法子在当时是很必要。说来也好笑，我的老调是一味的默，或干脆说个"不"，或者摇摇头，摆摆手表示"决不"。如今都已使尽了。佩弦便进了一步，他嫌我的方术太冷漠了，又未必中用，摆脱纠缠的正当道路惟有辩解。好吗！听他说："你不知道？这事我们是不能做的。"这是诸辩解中最简洁，最漂亮的一个。可惜他所说的"不知道？"来人倒算有些"不知道！"辜负了这二十分聪明的反语。他想得有理由，你们为什么不能做这事呢？因这"为什么？"佩弦又有进一层的曲解。那知道更坏事，竟只博得那些船上人的一哂而去。他们平常虽不以聪明名家，但今晚却又怪聪明，如洞彻我们的肺肝一样的。这故事即我情愿讲给诸君听，怕有人未必愿意哩。"算了罢，就是这样算了罢。"恕我不再写下了，以外的让他自己说。

叙述只是如此，其实那时连翩而来的，我记得至少也有三五次。我们把它们一个一个的打发走路。但走的是走了，来的还正来。我们可以使它们走，我们不能禁止它们来。我们虽不轻被摇撼，但已有一点杌陧了。况且小艇上总载去一半的失望和一半的轻蔑，在桨声里仿佛狠狠地说，"都是呆子，都是吝啬鬼！"还有我们的船家（姑娘们卖个唱，他可以赚几个子的佣金。）眼看她们一个一个的去远了，呆呆的蹲踞着，怪无聊赖似的。碰着了这种外缘，无怒亦无哀，惟有一种情意的紧张，使我们从颓弛中体会出挣扎来。这味道倒许很真切的，只恐怕不易为倦鸦似的人们所喜。

曾游过秦淮河的到底乖些。佩弦告船家："我们多给你酒钱，把船摇开，别让他们来罗嗦。"自此以后，桨声复响，还我以平静了，我们俩又渐渐无拘无束舒服起来，又滔滔不断地来谈谈方才的经过。今儿是算怎么一回事？我们齐声说，欲的胎动无可疑的。正如水见波痕轻婉已极，与未波时究不相类。微醉的我们，洪醉的他们，深浅虽不同，却同为一醉。接着来了第二问，既自认有欲的微炎，为什么艇子来时又羞涩地躲了呢？在这儿，答语参差着。

佩弦说他的是一种暗昧的道德意味，我说是一种似较深沉的眷爱。我只背诵岂君的几句诗给佩弦听，望他曲喻我的心胸。可恨他今天似乎有些发钝，反而追着问我。

前面已是复成桥。青溪之东，暗碧的树梢上面微耀着一桁的清光。我们的船就缚在枯柳桩边待月。其时河心里晃荡着的，河岸头歇泊着的各式灯船，望去，少说点也有十廿来只。惟不觉繁喧，只添我们以幽甜。虽同是灯船，虽同是秦淮，虽同是我们；却是灯影淡了，河水静了，我们倦了，——况且月儿将上了。灯影里的昏黄，和月下灯影里的昏黄原是不相似的，又何况入倦的眼中所见的昏黄呢。灯光所以映她的秾姿，月华所以洗她的秀骨，以蓬腾的心焰跳舞她的盛年，以饧涩的眼波供养她的迟暮。必如此，才会有圆足的醉，圆足的恋，圆足的颓弛，成熟了我们的心田。

犹未下弦，一丸鹅蛋似的月，被纤柔的云丝们簇拥上了一碧的遥天。冉冉地行来，冷冷地照着秦淮。我们已打桨而徐归了。归途的感念，这一个黄昏里，心和境的交萦互染，其繁密殊超我们的言说。主心主物的哲思，依我外行人看，实在把事情说得太嫌简单，太嫌容易，太嫌分明了。实有的只是浑然之感。就论这一次秦淮夜泛罢，从来处来，从去处去，分析其间的成因自然亦是可能；不过求得圆满足尽的解析，使片段的因子们合拢来代替刹那间所体验的实有，这个我觉得有点不可能，至少于现在的我们是如此的。凡上所叙，请读者们只看作我归来后，回忆中所偶然留下的千百分之一二，微薄的残影。若所谓“当时之感”，我决不敢望诸君能在此中窥得。即我自己虽正在这儿执笔构思，实在也无从重新体验出那时的情景。说老实话，我所有的只是忆。我告诸君的只是忆中的秦淮夜泛。至于说到那“当时之感”，这应当去请教当时的我。而他久飞升了，无所存在。

……

凉月凉风之下，我们背着秦淮河走去，悄默是当然的事了。如回头，河中的繁灯想定是依然。我们却早已走得远，“灯火未阑人散”；佩弦，诸君，我记得这就是在南京四日的酣嬉，将分手时的前夜。

一九二三，八，二二，北京。

《俞平伯全集》，花山文艺出版社 1997 年版

导读

1923年，俞平伯与朱自清同游秦淮河，以《桨声灯影里的秦淮河》为题各作散文一篇，因题材相似而风格不同而闻名。俞平伯的这篇散文并未因当时社会环境的灰暗和秦淮河历来的脂粉气而流俗，而是以旷达、洒脱的情绪，抱着“世短意恒多，斯人乐久生”的人生哲理，从一个全新的视角带读者领略了不一样的秦淮河。

思考与讨论

1. 唐诗中的咏史作品和宋诗宋词中的咏史作品，有哪些异同？

2. 咏史怀古往往触及诗人心灵的最深处，你能总结一下这类诗歌都反映了诗人什么心理吗？

推荐阅读

陶渊明《咏荆轲》
谢朓《铜雀悲》
崔颢《黄鹤楼》
刘禹锡《金陵怀古》
欧阳炯《江城子·晚日金陵岸草平》
苏轼《赤壁赋》
辛弃疾《南乡子·登京口北固亭有怀》
杨慎《临江仙·滚滚长江东逝水》
余光中《桂子山问月》

第十章　命运悲歌

人生不过是一个行走的影子，一个在舞台上指手画脚的笨拙的伶人，登场片刻，便在无声无息中悄然退去，这是一个愚人所讲的故事，充满了喧哗和骚动，却一无所指。

——［英］威廉·莎士比亚《麦克白》

生存还是毁灭，是盘桓在人类心头永恒的疑问。人类能否掌控命运，如何掌控命运，则又变成了穷极一生所追求的命题。事与愿违的悲剧每天都在上演，但在命运的颠沛中往往更能体现一个人的气节。人究竟要被命运所摆布，还是能够挣脱枷锁成为自己的主人?

被缚的普罗米修斯（节选）

埃斯库罗斯

人物

普罗米修斯[1]　伊阿佩托斯和特弥斯的儿子

歌队　由奥克阿诺斯的十二个女儿组成

布景

高加索山悬崖。

时代

神话时代。

276

第二场

277

普罗米修斯　我默默无言，不要认为我傲慢顽固。我眼看自己受这样的迫害，愤怒咬伤了我的心！

是谁把特权完全给了这些新的神？不是我，是谁？这件事不说了；因为我要说的，你们早已知道。且听人类所受的苦难，且听他们先前多么愚蠢，我怎样使他们变聪明，使他们有理智。我说这话，并不是责备人类忘恩负义，只不过表明一下我厚赐他们的那番好意。 446

他们先前视而不见，听而不闻；好像梦中的形影，一生做事七颠八倒；不知道建筑向阳的砖屋，不知道用木材盖屋顶[2]，而是像一群小蚂蚁，住在地底下不见阳光的洞里。他们不知道凭可靠的征象来认识冬日、开花的春季和结果的夏天；做事全没个准则；后来，我才教他们观察那不易辨认的星象的升沉。 458

我为他们发明了数学，最高的科学；还创造了字母的组合来记载一切事情[3]，那是工艺的主妇，文艺的母亲。我最先把野兽驾在轭下，给它们搭上护肩和驮鞍，使它们替凡人担任最重的劳动；我更把马儿驾在车前，使它们服从缰绳，成为富贵豪华的排场。那为水手们制造有麻
468 布翅膀的车来航海的也正是我，不是别的神。

我为人类发明了这样的技艺，我自己，唉，反而没有巧计摆脱这眼
471 前的苦难。

歌队长 你忍受着屈辱和灾难；你失去了智慧，想不出办法，像一个庸碌的
475 医生害了病，想不出药来医治自己，精神很颓丧。

普罗米修斯 等你听见了其余的话，知道我发明了一些什么技艺和方术，你会更称赞我呢。人一害病就没有救，没有药吃，没有药喝，也没有膏子敷，因为没有药医治，就渐渐衰弱了。后来，我教他们配制解痛的药，驱除百病。我还安排了许多占卜的方法，最先为他们圆梦，告诉他们哪一些梦会应验；还有，那些偶尔听见的难以理解的话和路上碰见的预兆[4]，我也向他们解释了；爪子弯曲的鸟的飞行[5]，哪一种天然表示吉兆，哪一种表示凶兆[6]，各种鸟的生活方式，彼此间的爱憎以及起落栖止，我也给他们分别得清清楚楚；它们心肝的大小，肝脏的斑点均匀不均匀，胆囊要是什么颜色才能讨神们喜欢，这些我都告诉了他们；罩上网油的大腿骨和细长的脊椎我都焚烧了[7]，这样把秘密的方术传给了人类；我还使他们看清了火焰的信号，这在从前是朦胧的[8]。这些事说得够详细了。至于地下埋藏的对人类有益的宝藏，金银铜铁，谁能说是他在我之前发现的？谁也不能说——我知道得很清楚——除非他信口
506 胡说。请听我一句话总结：人类的一切技艺都是普罗米修斯传授的。

歌队长 不要太爱护人类而不管自身受苦；我相信你摆脱了镣铐之后会和宙斯一样强大。

普罗米修斯 可是全能的命运并没有注定这件事这样实现，要等我忍受了许
514 多苦难之后，才能摆脱镣铐；因为技艺总是胜不过定数。

歌队长 那么谁是定数的舵手呢？

普罗米修斯 三位命运女神和记仇的报复女神们[9]。

歌队长 难道宙斯没有她们强大吗？

《被缚的普罗米修斯》，鲁本斯，美国费城艺术博物馆

普罗米修斯　他也逃不了注定的命运。

歌队长　宙斯不是命中注定永远为王吗?

普罗米修斯　这个你不能打听；不要再追问了。

歌队长　你一定是保守着什么重大秘密。

普罗米修斯　谈谈别的事吧；这还不是道破的时机，我得好好保守秘密；因为只有这样，才能摆脱这些有伤我的体面的镣铐和苦难。

选自《罗念生译古希腊戏剧》，［希腊］埃斯库罗斯等著，罗念生译，人民文学出版社 2015 年版

注释

［1］普罗米修斯是伊阿佩托斯和忒弥斯的儿子。忒弥斯是天神乌拉诺斯和地母盖娅的女儿，一位提坦女神，司法律、秩序、预言等。“普罗米修斯”名本意为预知，因为普罗米修斯有预言能力，能预知未来。

［2］据罗马作家老普林尼说，雅典的第一个砖屋是欧律阿洛斯和许佩尔比奥斯造的，木屋顶是代达洛斯发明的。“砖”指太阳晒成的砖。

［3］传说许多科学发明，如数学、灯塔、尺子、复子音等都是帕拉墨得斯发明的。

［4］指出行的人所遇见的鸟兽或其他物体所表示的预兆。

［5］指食肉鸟。

［6］“吉兆”原文作“右方”。解释预兆的人面北而立，从右方得来的预兆是吉祥的，从左方得来的预兆便是不祥的。“凶兆”原文作“吉兆”，古希腊人有所忌讳，不敢说不祥的词，因而转借这个词来代表“凶兆”。

［7］据赫西俄德说，普罗米修斯曾教凡人把板油裹在骨头上面，欺骗宙斯，使他挑选骨头，不挑选旁边的肉。宙斯看穿了这诡计，但他还是挑选了骨头，借此惩罚普罗米修斯。

［8］指普罗米修斯曾把凡人眼中翳障清除，使他们重见光明，看清楚献祭的火焰所表示的预兆。

［9］三位命运女神是三姐妹：克洛托（纺命运线）、拉克西斯（分配命运）、阿特罗波斯（扯断命运线）。报复女神们是命运女神的女仆，其职司是惩罚反抗命运女神者。

导读

埃斯库罗斯（前525—前456），出生于希腊阿提卡的埃琉西斯。他是古希腊悲剧诗人，与索福克勒斯和欧里庇得斯一起被称为古希腊最伟大的悲剧作家，有“悲剧之父”的美誉。他一生写过72部剧本，获得过13次悲剧节的奖项，现传他的剧本有7部，即《乞援人》《波斯人》《被缚的普罗米修斯》《七将攻忒拜》和“俄瑞斯忒斯三部曲”（包括《阿伽门农》《奠酒人》《报仇神》）。

《被缚的普罗米修斯》是埃斯库罗斯最重要的作品之一，是关于普罗米修斯的神话传说为题材的三部曲的第一部，另两部剧本是《被释的普罗米修斯》和《带火的普罗米修斯》。普罗米修斯的故事是希腊古老的神话传说之一，赫西俄德在《神谱》中就曾经提到。赫西俄德称普罗米修斯是提坦神伊阿佩托斯和克吕墨涅的儿子，富有智慧，并提到普罗米修斯的兄弟埃皮米修斯，意为“后觉者”。宙斯用铁链锁住普罗米修斯，派老鹰啄食他的肝脏，对他进行惩罚，因为普罗米修斯分配祭品时蒙骗宙斯，使宙斯挑选了盖着板油的牛骨头，而且后来他又把不灭的火种偷偷给了人类，使宙斯更加生气。宙斯因此造了一个女人潘多拉送到人间，给人类带来无穷的灾难（《神谱》第509—612行）。

埃斯库罗斯把普罗米修斯视为提坦神之一。在宙斯与提坦神的冲突中普罗米修斯有功于宙斯，但宙斯恩将仇报。此外，埃斯库罗斯把普罗米修斯描写成人类的救星。当宙斯企图消灭人类时，普罗米修斯出面保护人类，给人类送来火，教会人类各种技艺，使人类摆脱愚昧状态。正是这个原因使宙斯惩罚普罗米修斯，把普罗米修斯钉在高加索山悬崖上受苦。埃斯库罗斯由此把普罗米修斯塑造成一个反专制、反强暴的英雄。

奥狄浦斯王（节选）

索福克勒斯

人物

（以上场先后为序）

祭司	宙斯的祭司。
一群乞援人	特拜人。
奥狄浦斯	拉伊奥斯的儿子，伊奥卡斯特的儿子与丈夫，特拜城的王，科任托斯城国王波吕博斯的养子。
侍从数人	奥狄浦斯的侍从。
克瑞昂	伊奥卡斯特的兄弟。
歌队	由特拜长老十五人组成。
特瑞西阿斯	特拜城的先知。

布景

特拜王宫前院。

时代

英雄时代。

一　开场

祭司偕一群乞援人自观众右方上。

奥狄浦斯偕众侍从自宫中上。

奥狄浦斯　孩儿们，老卡德摩斯的现代儿孙，城里正弥漫着香烟，到处是求生的歌声和苦痛的呻吟，你们为什么坐在我面前，捧着这些缠羊毛的树枝[1]？孩儿们，我不该听旁人传报，我，人人知道的奥狄浦斯，亲自出来了。

（向祭司）老人家，你说吧，你年高德劭，正应当替他们说话。你们有什么心事，为什么坐在这里？你们有什么忧虑，有什么心愿？我愿意尽力帮助你们，我要是不怜悯你们这样的乞援人，未免太狠心了。 13

祭司 啊，奥狄浦斯，我邦的君王，请看这些坐在你祭坛前的人都是怎样的年纪：有的还不会高飞；有的是祭司，像身为宙斯祭司的我，已经老态龙钟；还有的是青壮年。其余的人也捧着缠羊毛的树枝坐在市场里[2]、帕拉斯的双庙前[3]、伊斯墨诺斯庙[4]上的神托所的火灰旁边。因为这城邦，像你亲眼看见的，正在血红的波浪里颠簸着，抬不起头来：田间的麦穗枯萎了，牧场上的牛瘟死了，妇人流产了；最可恨的带火的瘟神降临到这城邦，使卡德摩斯的家园变为一片荒凉，幽暗的冥土里倒充满了悲叹和哭声。 20

我和这些孩子并不是把你看作天神，才坐在这祭坛前求你，我们是把你当作天灾和人生祸患的救星；你曾经来到卡德摩斯的城邦，豁免了我们献给那残忍的歌女的捐税[5]；这件事你事先并没有听我们解释过，也没有向人请教过；人人都说，并且相信，你靠天神的帮助救了我们。 39 282

现在，奥狄浦斯，全能的主上，我们全体乞援人求你，或是靠天神
的指点，或是靠凡人的力量，为我们找出一条生路。在我看来，凡是富 283
有经验的人，他们的主见一定是很有用处的。 45

啊，最高贵的人，快拯救我们的城邦！保住你的名声！为了你先前的一片好心，这地方称你为救星；将来我们想起你的统治，别让我们留下这样的记忆：你先前把我们救了，后来又让我们跌倒。快拯救这城邦，使它稳定下来！ 51

你曾经凭你的好运为我们造福，如今也照样做吧。假如你还想像现在这样治理这国土，那么治理人民总比治理荒郊好；一个城堡或是一条船，要是空着没有人和你同住，就毫无用处。 57

奥狄浦斯 可怜的孩儿们，我不是不知道你们的来意；我了解你们大家的疾苦：可是你们虽然痛苦，我的痛苦却远远超过你们大家。你们每人只为自己悲哀，不为旁人；我的悲痛却同时是为城邦，为自己，也为你们。 64

我睡不着，并不是被你们吵醒的，须知我是流过多少眼泪，想了又

想。我细细思量，终于想到了一个唯一的挽救办法，这办法我已经实行。我已经派克瑞昂，墨诺叩斯的儿子，我的内兄，到皮托福波斯[6]的庙上去求问：要用怎样的言行才能拯救这城邦。我计算日程，很是焦心，因为他耽搁得太久，早超过了适当的日期，也不知他在做什么。等他回来，

77 我若是不完全按照天神的启示行事，我就算失德。

祭司 你说得真巧，他们的手势告诉我，克瑞昂回来了。

奥狄浦斯 阿波罗王啊，但愿他的神采表示有了得救的好消息。

祭司 我猜想他一定有了好消息；要不然，他不会戴着一顶上面满是果实的桂冠。

奥狄浦斯 我们立刻可以知道；他听得见我们说话了。

克瑞昂自观众左方上。

亲王，墨诺叩斯的儿子，我的亲戚，你从神那里给我们带回了什么消息？

克瑞昂 好消息！告诉你吧：一切难堪的事，只要向着正确方向进行，都会成为好事。

奥狄浦斯 神示怎么样？你的话既没有叫我放心，也没有使我惊慌。

92 **克瑞昂** 你愿意趁他们在旁边的时候听，我现在就说；不然就到宫里去。

奥狄浦斯 说给大家听吧！我是为大家担忧，不单为我自己。

克瑞昂 那么我就把我听到的神示讲出来：福波斯王分明是叫我们把藏在这里的污染清除出去，别让它留下来，害得我们无从得救。

奥狄浦斯 怎样清除？那是什么污染？

克瑞昂 你得下驱逐令，或者杀一个人抵偿先前的流血；就是那次的流血，使城邦遭了这番风险。

奥狄浦斯 阿波罗指的是谁的事？

克瑞昂 主上啊，在你治理这城邦以前，拉伊奥斯原是这里的王。

105 **奥狄浦斯** 我全知道，听人说起过；我没有亲眼见过他。

克瑞昂 他被人杀害了，神分明是叫我们严惩那伙凶手，不论他们是谁。

奥狄浦斯 可是他们在哪里？这旧罪的难寻的线索哪里去寻找？

克瑞昂 神说就在这地方；去寻找就擒得住，不留心就会跑掉。

奥狄浦斯　拉伊奥斯是死在宫中，乡下，还是外邦？

克瑞昂　他说出国去求神示，去了就没有回家。

奥狄浦斯　有没有报信人？有没有同伴见过这件事？如果有，我们可以问问他，利用他的话。 117

克瑞昂　都死了，只有一个吓坏的人逃回来，也只能肯定亲眼看见的一件事。

奥狄浦斯　什么事呢？只要有一线希望，我们总可以从一件事里找出许多线索来。

克瑞昂　他说他们是碰上强盗被杀害的，那是一伙强盗，不是一个人。

奥狄浦斯　要不是有人从这里出钱收买，强盗哪有这样大胆？

克瑞昂　我也这样猜想过；但自从拉伊奥斯遇害之后，还没有人在灾难中起来报仇。

奥狄浦斯　国王遇害之后，什么灾难阻止你们追究呢？

克瑞昂　那说谜语的妖怪使我们放下了那个没头的案子，先考虑眼前的事。 131

奥狄浦斯　我要重新把这案子弄明白。福波斯和你都尽了本分，关心过死者；你会看见，我也要正当地和你们一起来为城邦，为天神报这冤仇。这不仅是为一个并不疏远的朋友，也是为我自己清除污染；因为，不论杀他的凶手是谁，也会用同样的毒手来对付我的。所以我帮助朋友，对自己也有利。

　　孩儿们，快从台阶上起来，把这些求援的树枝拿走；叫人把卡德摩斯的人民召集到这里来，我要彻底追究；凭了天神帮助，我们一定成功——但也许会失败。

奥狄浦斯偕众侍从进宫，克瑞昂自观众右方下。

祭司　孩儿们，起来吧！我们是为这件事来的，国王已经答应了我们的请求。福波斯发出神示，愿他来做我们的救星，为我们消除这场瘟疫。 150

众乞援人举起树枝随着祭司自观众右方下。

选自《罗念生译古希腊戏剧》，［希腊］埃斯库罗斯，罗念生译，人民文学出版社 2015 年版

注释

[1] 缠羊毛的树枝是求援的标识，若乞援人请求不成功，就把它留在祭坛上，请求成功就带走。

[2] “市场”的原文是复数，指特拜的两个市场，一是斯特罗菲豆河西岸卫城北边的卡德墨亚市场，一是河西外城内的市场。

[3] 帕拉斯：雅典娜的别名，双庙之一是奥格卡庙，在西门奥格卡附近，另一座庙是卡德墨亚庙，又叫伊斯墨诺斯庙。

[4] 伊斯墨诺斯庙：伊斯墨诺斯河边的阿波罗庙。

[5] 指奥狄浦斯除掉吃人的人面狮身怪兽。埃及的人面狮身怪兽是男身，无翅膀；希腊的是女身，有翅膀，故称“歌女”。

[6] 福波斯：阿波罗的别名。

导读

索福克勒斯（约前496—前406年），克罗诺斯人，雅典三大悲剧作家之一，在六十多年的创作活动中写了大约一百三十个悲剧和羊人剧（萨提洛斯剧），但是，只有七个悲剧完整地流传了下来。按演出时间的先后，它们是《埃阿斯》《安提戈涅》《奥狄浦斯王》《埃勒克特拉》《特拉恭斯少女》《菲罗克忒忒斯》和《奥狄浦斯在科洛诺斯》。

《奥狄浦斯王》是古希腊悲剧中最成功的作品之一，亚里士多德把它视为古代悲剧的典范。《奥狄浦斯王》是说特拜国王拉伊奥斯听神谕说他将来会死于自己儿子之手，所以在儿子生下之后便叫一个仆人把婴儿刺穿了脚筋丢到深山里，让他死掉。仆人不忍心，把婴儿给了科林斯国王的牧人。后来这个婴儿被科林斯国王收养为子，这便是奥狄浦斯。奥狄浦斯长大后听神谕说他命中注定要杀父娶母，为反抗这一命运他离家出走。一天行到一个岔路口和一个路过的老人发生冲突，他杀死了那个老人，却不知老人正是他的亲生父亲拉伊奥斯。不久奥狄浦斯游历到特拜，正逢怪物斯芬克斯在那里用谜语杀害当地居民。奥狄浦斯猜中了谜底，为特拜人除了害，被推上了空缺已久的王位，并与寡居的王后结为夫妻。后来他们生了两个儿子和两个女儿。奥狄浦斯一直以为自己是科林斯国王的儿子，没想到这位王后才是他的亲生母亲。到此预言还是实现了，一个无辜的人受到命运的捉弄。十七八年过去了，特拜发生瘟疫。神谕说是因为前国王的大仇未报，把凶手找出来流放出去，天灾自然停止。奥狄浦斯毅然领导了这场清查凶手的行动。渐渐地他感觉到这凶手很可能就是他自己；但是他并没有草草收场，还是坚持一查到底。最后真相大白，王后伊奥卡斯特自缢身亡，奥狄浦斯悲愤至极，刺瞎了自己的眼睛，要求流放出国。

这是一出命运悲剧，写人的意志和强大命运的冲突，反映了当时雅典自由民对社会灾难无能为力的悲愤情绪。

美狄亚（节选）

欧里庇得斯

人物

（以上场先后为序）

美狄亚　伊阿宋的妻子。

保姆　美狄亚的老仆人。

克瑞昂　科任托斯国王，格劳刻的父亲。

侍从数人　克瑞翁的侍从。

伊阿宋　美狄亚的丈夫。

歌队　由十五个科任托斯妇女组成。

布景

科任托斯内美狄亚的住宅前院。

时代

英雄时代。

《愤怒的美狄亚》（*Medea about to kill her children*），欧仁·德拉克罗瓦（Eugène Delacroix）

三 第一场

美狄亚偕保姆自屋内上。

美狄亚 啊，你们科任托斯妇女，我害怕你们见怪，已从屋里出来了。我知道，有许多人因为态度好像很傲慢，就得到了恶意和冷淡的骂名。他们当中有一些倒也出来跟大家见面，可是一般人的眼光不可靠，他们没有看清楚一个人的内心，便对那人的外表发生反感，其实那人对他们并没有什么恶意呢；还有许多则是因为他们安安静静呆在家里。一个外邦人应同本地人亲密来往；我可不赞成那种本地人，他们只求个人的享乐，不懂得社交礼貌，很惹人讨厌。

但是，朋友们，我碰见了一件意外的事，精神上受到了很大的打击。
我已经完了，我宁愿死掉，这生命已没有一点乐趣。我那丈夫，我一生
的幸福所依靠的丈夫，已变成这人间最恶的人！ 229

在一切有理智、有灵性的生物当中，我们女人算是最不幸的。首先，
我们得用重金争购一个丈夫[1]，他反会变成我们的主人；但是，如果
不去购买丈夫，那又是更可悲的事[2]。而最重要的后果还要看我们得 288
到的，是一个好丈夫，还是一个坏家伙。因为离婚对于我们女人是不名
誉的事[3]，我们又不能把我们的丈夫轰出去。一个在家里什么都不懂 289
的女子，走进一种新的习惯和风俗里面，得变作一个先知，知道怎样驾驭她的丈夫。如果这事做得很成功，我们的丈夫接受婚姻的羁绊，那么，我们的生活便是可羡的；要不然，我们还是死了好。

一个男人同家里的人住得烦恼了，可以到外面去散散他心里的郁积，
［不是找朋友，就是找玩耍的人；］[4]可是我们女人就只能靠着一个
人。他们男人反说我们安处在家中，全然没有生命危险；他们却要拿着
长矛上阵：这说法真是荒谬。我宁愿提着盾牌打三次仗，也不愿生一次
孩子。 251

可是这同样的话，不能应用在你们身上：这是你们的城邦，你们的家乡，你们有丰富的生活，有朋友来往；我却孤孤单单在此流落，那家伙把我从外地抢来，又这样将我虐待，我没有母亲、弟兄、亲戚，不能逃出这灾难，到别处去停泊。

我只求你们这样帮助我：要是我想出了什么方法和计策去向我的丈夫，向那嫁女的国王和新婚的公主报复，请替我保守秘密。女人总是什么都害怕，走上战场，看见刀兵，总是心惊胆战；可是受了丈夫欺负的时候，就没有别的心比她更毒辣！

歌队长 美狄亚，我会替你保守秘密，因为你向你丈夫报复很有理由；难怪你这样悲叹你的命运！

我看见克瑞昂，这地方的国王，来了，来宣布什么新的命令！

克瑞昂偕众侍从自观众右方上。

克瑞昂 你这面容愁惨，对着丈夫发怒的美狄亚，我命令你带着你两个儿子离开这地方，出外流亡！不许你拖延，因为我要在这里执行我的命令，不把你驱逐出境，我决不回家。

美狄亚 哎呀，我这不幸的人完了！我的仇人把帆索完全放松了[5]，有没有一个容易上陆的海岸好逃避这灾难。但是，尽管他这样残忍地虐待我，我总还要问问他。

克瑞昂，你为什么要把我从这地方驱逐出去？

克瑞昂 我不必隐瞒我的理由；我是害怕你陷害我的女儿，害得无法挽救。有许多事情引起我这种恐惧心理，因为你天生很聪明，懂得许多法术，并且你被丈夫抛弃后，非常气愤；此外，我还听人传报，说你想要威胁嫁女的国王、结婚的王子和出嫁的公主，想要做出什么可怕的事来，因此我得预先防备。啊，女人，我宁可现在遭到你仇恨，免得叫你软化了，到后来，懊悔不及。

美狄亚 哎呀，克瑞昂啊，声名这东西曾经发生过好些坏影响，害得我不浅，这已不是第一次害我，而是好多次了。一个有头脑的人切不可把他的子女教养成“太聪明的人”，因为“太聪明的人”除了得到无用的骂名外，还会惹本地人嫉妒[6]：假如你献出什么新学说[7]，那些愚蠢的人就会觉得你的话太不实用，你这人太不聪明；但是，如果有人说你比那些假学究还要高明，他们又会认为你是这城里最可恶的人。

我自己也遭受到这样的命运：有的人嫉妒我聪明[8]，有的人相反，又说我不够聪明。（*向克瑞昂*）你也是因为我聪明而惧怕我[9]。你该没有受过我什么陷害吧？我并没有那样存心[10]，克瑞昂，你不必惧怕我。你为什么要这样虐待我呢？你依照自己的心愿，把你的女儿嫁给他，我承认这事情你做得很慎重。我只是怨恨我的丈夫，并不嫉妒你们幸福。快去完成这婚事，欢乐欢乐吧！让我依然住在这地方，我自会默默地忍受这点委屈，服从强者的命令的。

克瑞昂 你的话听来很温和，可是我总害怕，害怕你心里怀着什么诡诈。如今我比先前更难于相信你了，因为一个沉默而狡猾的人，比一个急躁的女人或男人还要难于防备。赶快动身吧，不要尽噜苏，我的意志十分坚定，我明知你在恨我，你也没有方法可以留在这里。

美狄亚 不，我凭你的膝头和你的新婚的女儿恳求你。

克瑞昂 你白费唇舌，绝对劝不动我。

美狄亚 你真要把我驱逐出去，不重视我的请求吗？

克瑞昂 因为我爱你，远不如我爱我家里的人。

美狄亚 （自语）啊，我的祖国呀，我现在十分想念你！

克瑞昂 除了我的儿女外，我最爱我的祖国[11]。 290

美狄亚 唉，爱情真是人间莫大的祸害！[12]

克瑞昂 我认为那全凭命运安排。 291

美狄亚 啊，宙斯，切不要忘了那造孽的人！

克瑞昂 快走吧，蠢东西，免得我麻烦。

美狄亚 你麻烦，我不是也麻烦吗？

克瑞昂 我的侍从立刻会动武，把你驱逐出去。

美狄亚 我求你，克瑞昂，不要这样——

克瑞昂 女人，看来你要同我刁难！

美狄亚 我一定走，再也不求你让我住在这里了。

克瑞昂 那么，为什么这样使劲拖住我？还不赶快放松我的手？

美狄亚 让我多住一天，好决定到哪里去；既然孩子的父亲一点也不管，我得替他们找个安身的地方。可怜可怜他们吧，你也是有儿女的父亲。我自己被驱逐出境倒没有什么，我不过是心痛他们也遭受着苦难。

克瑞昂 我这心并不残忍，正因为这样，我才做错了多少事情。我现在虽然看出了我的错误，但是，女人，你还是可以得到这许可。可是，我先告诉你：如果来朝重现的太阳光看见你和你的儿子依然在我的国内，那你
354 就活不成了。我这次所说的决不是假话。

克瑞昂偕众侍从自观众右方下。

歌队长 哎呀呀！你受了这些苦难真是可怜！你到哪里去呢？你再到异乡作客呢，还是回到你自己家里，回到你自己国内躲避灾难？美狄亚，神明把你带到了这难航的苦海上。

美狄亚 事情完全弄糟了，——谁能够否认呢？——可是还没有到那个地步呢，先别这么决定。那新婚夫妇和那联姻的人，得首先尝到莫大的痛苦和烦恼呢。你以为我没有什么诡诈，没有什么便宜，就会这样奉承他吗？我才不会同他说话，不会双手攀着他呢！他现在竟愚蠢到这个地步，居然在他能够把我驱逐出去，破坏我的计划时，让我多住一天。就在这一天里面，我可以叫这三个仇人，那父亲、女儿和我自己的丈夫，变作三具尸首。

朋友们，我有许多方法害死他们，却不知先用哪一种好。到底是烧毁他们的新屋呢，还是偷偷走进那摆着新床的房里，用一把锋利的剑刺进他们的胸膛？可是这方法对我有点不利：万一我抱着这个计划走进他们屋里的时候，被人捉住，那我死了还要遭到仇人的嘲笑呢。最好还是
385 用我最熟悉的简捷的办法，用毒药害死他们。

那么，就算他们死了；可是哪个城邦又肯接待我呢？哪个外邦人肯给我一个安全的地方、一个宁静的家来保护我的身子呢？没有这样的人的。因此我得等一会儿，等到有坚固的城楼出现在我面前，我再用这诡计，这暗害的方法，去毒死他们；但是，如果厄运逼着我没法这样做，我就只好亲手动刀，把他们杀死。我一定向着勇敢的道路前进，虽然我自己
394 也活不成。

我凭那住在我闺房内壁龛上的赫卡特[13]，凭这位我最崇拜的、我所选中的、永远扶助我的女神起誓：他们里头决没有一个人能够白白地伤了我的心而不受到报复！我要把他们的婚姻弄得很悲惨，使他们懊悔
400 这婚事，懊悔不该把我驱逐出这地方。

（自语）美狄亚，进行吧！切不要吝惜你所精通的法术，快想出一些诡诈的方法，溜进去做那可怕的事吧！这正是显露你的勇气的时机！你本出自那高贵的父亲，出自赫利奥斯，你看你受了什么委屈，你竟被西绪福斯[14]的儿孙在伊阿宋的婚筵上拿来取笑！你知道怎么办；我们生来是女人，好事全不会，但是，做起事来却最精明不过。

选自《罗念生译古希腊戏剧》，［希腊］埃斯库罗斯等，罗念生译，人民文学出版社 2015 年版

注释

［1］在英雄时代有新郎向岳家买妻子。这里所说由女家拿出一份嫁资来陪嫁，则是欧里庇得斯时代的风俗。

［2］古希腊人很重视婚姻，一个女子到了年龄还不出嫁，是一件大不幸的事。

［3］古雅典的男人离婚很容易，女人却不容易，离过婚的女人名誉更不好了。

［4］方括弧里的一行，原诗不合节奏，也许是伪作。

［5］一说指那将帆卷到顶上的索子，若将这索子放松，帆便会向下展开；另说指帆底的索子，若将这索子放松，帆上所承受的风力也就特别大。

［6］作者暗指当时的诡辩派哲学家阿纳克萨哥拉斯，他是外邦人，雅典人说他亵渎神明，将他驱逐。

［7］指当时的诡辩派学说，因为它破除迷信，提倡理性。

［8］删去第 304 行，这一行和第 808 行（自“不要”起至“女人”止）很相似，大概是伪作。大意是：“有人认为我软弱无能，有人却认为不是这样的。”

［9］“因为我聪明”是补充的。

［10］删去第 308 行，大意是“冒犯国王”。

［11］克瑞昂暗中责备美狄亚背叛了她的祖国。

［12］美狄亚解释说，是爱情作祟，使她背叛了她的祖国。

［13］传说月神赫卡特曾传授巫术并照着美狄亚去寻找草药。美狄亚则是她的女祭司。

［14］西绪福斯，科任托斯的建造人，据说他是一个强盗。他的儿孙指克瑞昂一家人。

导读

欧里庇得斯（前 480—前 406 年）一生共创作了九十多部作品，现存《美

狄亚》《希波吕托斯》《特洛亚妇女》《阿尔刻斯狄斯》等 18 部。剧作虽大都取材于神话，但着重表现的是自由民的思想感情，而使神话题材富有现实意义，广泛反映了雅典奴隶主民主政治危机加深时期的许多现实问题。

代表作《美狄亚》约写于公元前 431 年，讲述了远古时期英雄时代，曾盗取“金羊毛”的英雄伊阿宋抛弃妻儿后妻子美狄亚的悲剧故事。剧作着重刻画的是美狄亚的复仇心理，对妇女的卑微地位和不幸遭遇表示了深切的同情，是古希腊悲剧代表作品之一。其剧作语言接近口语，尤擅长描写人物心理，充满浪漫情调和闹剧气氛，对后代剧作家有很大的影响。

雷雨（节选）

曹禺

第二幕

时间：午后

地点：周家小客厅

……

周蘩漪 萍，我盼望你还是从前那样诚恳的人。顶好不要学着现在一般青年人玩世不恭的态度。你知道我没有你在我面前，这样，我已经很苦了。

周萍 所以我就要走了。不要叫我们见着，互相提醒我们最后悔的事情。

周蘩漪 我不后悔，我向来做事没有后悔过。

周萍 （不得已地）我想，我很明白地对你表示过。这些日子我没有见你，我想你很明白。

周蘩漪 很明白。

周萍 那么，我是个最糊涂，最不明白的人。我后悔，我认为我生平做错一件大事。我对不起自己，对不起弟弟，更对不起父亲。

周蘩漪 （低沉地）但是你最对不起的人有一个，你反而轻轻地忘了。

周萍 我最对不起的人，自然也有，但是我不必同你说。

周蘩漪 （冷笑）那不是她！你最对不起的是我，是你曾经引诱过的后母！

周萍 （有些怕她）你疯了。

周蘩漪 你欠了我一笔债，你对我负着责任；你不能看见了新的世界，就一个人跑。

周萍 我认为你用的这些字眼，简直可怕。这种字句不是在父亲这样——这样体面的家庭里说的。

周蘩漪 （气极）父亲，父亲，你撇开你的父亲吧！体面？你也说体面？（冷笑）我在这样的体面家庭已经十八年啦。周家家庭里所出的罪恶，我听过，我见过，我做过。我始终不是你们周家的人。我做的事，我自己负责任。不像你们的祖父，叔祖，同你们的好父亲，偷偷做出许多可怕的事情，祸移在人身上，外面还是一副道德面孔，慈善家，社会上的好人物。

周萍 蘩漪，大家庭自然免不了不良分子，不过我们这一支，除了我，……

周蘩漪 都一样，你父亲是第一个伪君子，他从前就引诱过一个良家的姑娘。

周萍 你不要乱说话。

周蘩漪 萍，你再听清楚点，你就是你父亲的私生子！

周萍 （惊异而无主地）你瞎说，你有什么证据？

周蘩漪 请你问你的体面父亲，这是他十五年前喝醉了的时候告诉我的。（指桌上相片）你就是这年青的姑娘生的小孩。她因为你父亲又不要她，就自己投河死了。

周萍 你，你，你简直……——好，好，（强笑）我都承认。你预备怎么样？你要跟我说什么？

周蘩漪 你父亲对不起我，他用同样手段把我骗到你们家来，我逃不开，生了冲儿。十几年来像刚才一样的凶横，把我渐渐地磨成了石头样的死人。你突然从家乡出来，是你，是你把我引到一条母亲不像母亲，情妇不像情妇的路上去。是你引诱的我！

周萍 引诱！我请你不要用这两个字好不好？你知道当时的情形怎么样？

周蘩漪 你忘记了在这屋子里，半夜，我哭的时候，你叹息着说的话么？你说你恨你的父亲，你说过，你愿他死，就是犯了灭伦的罪也干。

周萍　你忘了。那是我年青，我的热叫我说出来这样糊涂的话。

周蘩漪　你忘了，我虽然比你只大几岁，那时，我总还是你的母亲，你知道你不该对我说这种话么？

周萍　哦——（叹一口气）总之，你不该嫁到周家来，周家的空气满是罪恶。

周蘩漪　对了，罪恶，罪恶。你的祖宗就不曾清白过，你们家里永远是不干净。

周萍　年青人一时糊涂，做错了的事，你就不肯原谅么？（苦恼地皱着眉）

周蘩漪　这不是原谅不原谅的问题，我已经预备好棺材，安安静静地等死，一个人偏把我救活了又不理我，撇得我枯死，慢慢地渴死。让你说，我该怎么办？

周萍　那，那我也不知道，你来说吧？

周蘩漪　（一字一字地）我希望你不要走。

周萍　怎么，你要我陪着你，在这样的家庭，每天想着过去的罪恶，这样活活地闷死么？

周蘩漪　你既然知道这家庭可以闷死人，你怎么肯一个人走，把我放在家里？

周萍　你没有权利说这种话，你是冲弟弟的母亲。

周蘩漪　我不是！我不是！自从我把我的性命，名誉，交给你，我什么都不顾了。我不是他的母亲，不是，不是，我也不是周朴园的妻子。

周萍　（冷冷地）如果你以为你不是父亲的妻子，我自己还承认我是我父亲的儿子。

周蘩漪　（不曾想到他会说这一句话，呆了一下）哦，你是你的父亲的儿子。——这些月，你特别不来看我，是怕你的父亲？

周萍　也可以说是怕他，才这样的吧。

周蘩漪　你这一次到矿上去，也是学着你父亲的英雄榜样，把一个真正明白你，爱你的人丢开不管么？

周萍　这么解释上未尝不可。

周蘩漪　（冷冷地）怎么说，你到底是你父亲的儿子。（笑）父亲的儿子？（狂笑）父亲的儿子，（狂笑，忽然冷静严厉地）哼，都是些没有用，胆小怕事，不值得人为他牺牲的东西！我恨着我早没有知道你！

周萍　那么你现在知道了！我对不起你，我已经同你详细解释过，我厌恶这种不自然的关系。我告诉你，我厌恶。我负起我的责任，我承认我那时的错，然而叫我犯了那样的错，你也不能完全没有责任。你是我认为最聪明，最能了解人的女子，所以我想，你最后会原谅我。我的态度，你现在骂我玩世不恭也好，不负责任也好，我告诉你，我盼望这一次的谈话是我们最末一次谈话了。（走向饭厅门）

周蘩漪 （沉重的语气）站着。（萍立住）我希望你明白我刚才说的话，我不是请求你。我盼望你用你的心，想一想，过去我们在这屋子说的，（停，难过）许多，许多的话，一个女子，你记着，不能受两代的欺侮，你可以想一想。

周萍 我已经想得很透彻，我自己这些天的痛苦，我想你不是不知道，好，请你让我走吧。

（周萍由饭厅下，蘩漪的眼泪一颗颗地流在腮上，她走到镜台前，照着自己苍白色的有皱纹的脸，便嘤嘤地扑在镜台上哭起来。）

本剧写于 1933 年，发表于《文学季刊》1934 年第 1 卷第 3 期。
1936 年 1 月由上海文化生活出版社初版，本卷据此版本

导读

曹禺（1910—1996 年），中国杰出的现代话剧剧作家，原名万家宝，字小石，小名添甲。作为中国新文化运动的开拓者之一，他与鲁迅、郭沫若、茅盾、巴金、老舍齐名。他是中国现代戏剧的泰斗，戏剧教育家，其代表作品有《雷雨》《日出》《原野》《北京人》。

《雷雨》情节扣人心弦，语言精练含蓄，人物各具特色，是“中国话剧现实主义的基石”，中国现代话剧成熟的里程碑。

思考与讨论

1. 请你从古希腊三大悲剧诗人对命运的理解谈一谈希腊悲剧中的命运观念。

2. 以美狄亚这一角色为例，谈谈中西方文学作品中出现的女性形象的异同。

3. 曹禺的话剧始终关注人的命运之谜，他的作品有一种神秘的色彩，请你试着谈一谈《雷雨》中哪里体现了命运。

拓展阅读

报仇神（节选）

埃斯库罗斯

人物

皮托女祭司

奥瑞斯特斯

阿波罗

克吕泰墨涅斯特拉的魂灵

歌队　由埃里倪斯—欧墨尼斯们组成

雅典娜

游行的人群

地点

得尔斐

阿波罗神庙前

时间

史前时期

前剧后数年

《克吕泰涅斯特拉杀死沉睡中的阿伽门农之前的犹豫不决》（*Clytemnestra hesitates before killing the sleeping Agamemnon*），皮埃尔·纳西斯·盖兰（Pierre-Narcisse Guérin）

（九）第四场

（雅典娜上，传令官、众陪审员随上）

雅典娜　传令官，现在传令让人们安静，
嘹亮地奏起第勒尼亚尖号角，
用凡人深深吸进的气流鼓满，
发出长声让人人都能够听见。
在我召集的陪审庭入席之后，
让人们安静，让全城都能听到
我的法令，它将会永远存在，
愿对本案的审理能公正地进行。

（阿波罗上）

歌队长　阿波罗王，你该关心自己的事情，
请说说，你与这件事有何关系。

阿波罗　我为了作证前来，因为他按习俗，
是我的乞援人，来到我的祭坛前，
请求我帮助，我为他净洗了血污，
现在我亲自出庭，因为对他杀母，
我也负有责任。

（对雅典娜）

现在请开庭，
你富有智慧，本案将由你裁断。

雅典娜　现在我宣布开庭。

（对歌队）

你们先发言。
因为你们是原告，应首先发言，
但你们说明案情要直截了当。

歌队长　我们是许多人，说话会简明扼要。

（对奥瑞斯特斯）

你要逐句回答我们的提问。

埃里倪斯一 首先请回答，你是否杀害了母亲？

奥瑞斯特斯 我杀了母亲，对此事丝毫不否认。

埃里倪斯二 这是三个作战回合的第一回。

奥瑞斯特斯 我还没有被打败，你就夸口。

埃里倪斯三 现在你回答；你怎样杀害了母亲？

奥瑞斯特斯 我回答，我把剑刺进了她的喉咙。

埃里倪斯四 是谁的主意，说服你干这件事？

奥瑞斯特斯 神明的旨意，他可以为我作证。

埃里倪斯五 预言神指使你杀害自己的母亲？

奥瑞斯特斯 我对此事至今丝毫无怨言。

埃里倪斯六 若判定你有罪，你就会改变说法。

奥瑞斯特斯 我相信父亲会从坟里帮助我。

埃里倪斯七 杀害母亲者现在寄希望于死人。

奥瑞斯特斯 我那母亲被双重罪愆玷污。

埃里倪斯八 为什么这样？你需向陪审员们说清楚。

奥瑞斯特斯 她杀害了丈夫，杀害了我的父亲。

埃里倪斯九 你还活着，死亡已使她自由。

奥瑞斯特斯 她活着的时候你们为何不追究？

埃里倪斯十 她与她杀死的丈夫非同一血缘。

奥瑞斯特斯 我与我这个母亲是同一血缘？

埃里倪斯十一 腰带里怎么生出了你这个杀人犯？
竟然诅咒最亲近的母系血缘？

奥瑞斯特斯 现在请你作证，给我指示，
阿波罗，我杀母亲是否合理。
我们不否认实际做过的事情，
但是你认为这样做合理不合理，
请作判断，我好向她们解释。

阿波罗 我告诉你们，雅典娜的伟大法庭，
这事合理，我作为预言神无谎言。

我在祭坛作预言，不管是有关
男人、女人或城邦，从来都不是
没有奥林波斯父亲宙斯的指令。
请你们考虑他的旨意的公正性，
我请你们也听从父亲的旨意，
即使誓言也不如宙斯有力量。

歌队长 如你所言，宙斯曾发布指令，
要这位奥瑞斯特斯报杀父之仇，
丝毫不孝敬自己的生身母亲？

阿波罗 怎能把高贵国王之死相比拟？
宙斯授予的权杖使他受敬重，
更何况被妻子谋杀，而非死于
如阿马宗人的疾驰的疯狂箭矢，
请你们听我叙述，帕拉斯和众位
将对此案投票判决的陪审员。
他远征得胜，从战场凯旋归来，
妻子语言甜蜜，热情地欢迎他，
可是待他进入浴室沐浴后，
她便展开一件宽大的披篷，
用精美的衣服把他裹住杀死。
请看这就是那位受人敬重、
统率大军的国王的可悲死亡。
我这里说到那女人，为了激起
将对本案作判决的人们的憎恨。

歌队长 按你的说法，宙斯更重视弑父案，
可他却铐过自己的老父克罗诺斯。
你怎么能把事情说得与此不抵触？
（对陪审员们）
我请你们认真聆听，为此作证。

阿波罗　可恶的怪物，神明憎恶的东西，
他可以取下镣铐，得到解脱，
还可以找到许多解救的方法。
但凡人一旦死去，鲜血渗进
地上的尘土，便不可能再复活。
我父亲也不知道这类诅咒，
他能使一切事物旋转翻动，
或上或下，丝毫不用费力气。

歌队长　请看，你怎样为他的行为辩护：
他让同血缘的母亲血洒地面，
他还要住在阿尔戈斯他父亲的宫殿？
他怎么还可以接触祖辈的祭坛？
他怎么还可以与族人把圣水分享？

阿波罗　我这就回答，看我说得合情理。
并不是被称为母亲的人生儿女，
她只不过是抚育新播下的种子。
是授胎者生育，母亲如主人与宾客，
保护幼苗，若神明不伤害它们。
我给你一个证据可证明这一点。
父亲没有母亲也能生育，你身旁的
奥林波斯宙斯的女儿便是例证，
她并非在母胎的黑暗里孕育，
没有女神能生育出这样的儿女。
帕拉斯，我会尽自己的最大可能，
使你的城邦和伟大的人民更强盛，
现在我派他来向你的庙宇求救，
好使他永远做你的忠实朋友，
女神啊，你也得到他做同盟者，
使他的后代，他的后代的后代

永远维护和遵守忠实的盟誓。

雅典娜 我现在就吩咐陪审员们按自己的想法
公正地投票，既然话已经说够？

歌队长 我们已经把全部箭矢射出。
正等待和听取对这场争论的判决。

雅典娜 （对阿波罗和奥瑞斯特斯）你们呢？我怎样才可以避免受责备？

阿波罗 一切你们都已经听清楚，陪审员们，
现在请你按誓言忠实地投票。

雅典娜 阿提卡人民，请听我的法规，
你们这是第一次审判流血案。
这个陪审法庭将永远存在，
永远存在于埃勾斯的人民中间，
这里是阿瑞斯山冈，阿马宗人曾在此
安营扎寨，进犯提修斯的国土，
派来大批军队，在旧城对面，
建立她们的有高耸望楼的新城，
献给阿瑞斯，这处山崖由此才
称作阿瑞斯山冈。愿这座山冈
能日日夜夜地使全体城邦居民
保持虔诚和敬畏正义的情感，
愿邦民们不会用种种恶劣的法律
改造我的法令，用浑浊之水
污染清流，使人无净水可喝。
愿邦民们不会实行寡头制度
和僭主专制，我奉劝你们虔诚，
不要让城邦彻底抛弃畏惧感。
有谁心无畏惧却能行正义？
只要人民应有地敬畏虔诚，
国家和城市便有了维护支柱，

其他民族都没有这种保障，
无论斯库提亚人或在佩洛普斯国土。
愿我创设的法庭不受利诱，
虔敬、严格，成为这方土地的
警觉守卫，当人们安眠的时候。
（对陪审员们）
我刚才说明了我为我的人民
提供的永恒法规。现在该你们
起身投票，按照各自的看法，
忠实于誓言。我的话已经说完。
（十二个陪审员开始投票）

歌队长　我奉劝一句，请千万不要得罪
我们这帮外来的严厉客人。

阿波罗　我要求你们敬畏我来自宙斯的
这些预言，不要使它们无结果。

歌队长　提起凶杀诉讼非你之责任，
从此你做的预言不再会洁净。

阿波罗　难道我父亲接受第一个凶犯
伊克西昂的请求是错误的决定？

歌队长　看着吧，如果我这次诉讼失败，
我再来时会使这国家苦难不堪。

阿波罗　你无论在青年的或老年的神明中
都不受尊重，我定会获得胜利。

歌队长　你在费瑞斯宫廷已这样做过，
要求摩伊拉让凡人长生不死。

阿波罗　难道不应该帮助虔诚之人？
特别是当他处于不幸的时候。

歌队长　你完全破坏了古代权力划分，
你灌醉古老的女神蒙骗她们。

阿波罗　你很快便会得到失败的裁决，
你会喷吐剧毒，但伤不了敌人。
歌队长　你一个年轻神，竟想践踏我老妪，
我这是在等待听取法庭的裁决，
好决定是否对城邦发泄愤怒。
（陪审员们纷纷投完票）
雅典娜　现在轮到我，最后对案件作判决。
我将把这一票维护奥瑞斯特斯。
并非世上哪个母亲生育了我，
除了结婚外，男性更令我赞赏，
合我的心意存，我完全属于父亲。
因此我定不会重视那个女人，
她杀害了作为一家之主的丈夫，
奥瑞斯特斯将获胜，若票数相等。
（雅典娜投进自己的一票，对计票人）
请你们快取出票箱里的石票，
陪审员们用它们表明自己的判决。
（负责计票的陪审员们上前倒出票箱里的票，分别计数）
奥瑞斯特斯　福波斯·阿波罗，争讼会如何结果？
歌队长　于我们或是游荡，或是享受荣耀。
阿波罗　陪审员们，请你们认真清点，
望你们心怀虔诚地分辨石票。
辨认失误会造成巨大的不幸，
投下一票能够把王室拯救。
雅典娜　被告的凶杀行为得到赦免，
因为双方的票数正好相等。
奥瑞斯特斯　帕拉斯啊，我的宗族的拯救人，
你让被剥夺了故乡土地的我
重新返回祖国。希腊人会说：

“他作为阿尔戈斯人，重新拥有
祖传的财产，这些全仰仗帕拉斯和
洛克西阿斯，还有那第三位全能的
拯救之神，他关心我父亲的惨死，
现在又拯救我，否决母亲的辩护人。”
我这就返回家园，但首先发誓，
对这个国家，对这个国家的人民，
千秋万代，永远忠实的誓言：
我的国家的任何一位掌舵人
都不会率领精兵前来侵犯。
那时我即使已经躺在坟墓里，
若有人践踏我现在发出的誓言，
我也要制造各种困难和不幸，
让征途多艰难，朕兆凶恶不祥，
使他们后悔自己的狂妄行为。
若有人忠实于誓言，永远敬重
帕拉斯的城邦，与城邦共战斗，
我们将更加仁慈地对待他明。
再见吧，尊敬的女神和本城的人民，
愿你们与敌人战斗坚定不移，
保卫城邦，获得战争的胜利。

（阿波罗和阿瑞斯退场）

选自《古希腊悲剧喜剧全集》，［希腊］埃斯库罗斯，张竹明、王焕生译，译林出版社 2007 年版

导读

埃斯库罗斯喜欢以三部曲的形式写作悲剧，《奥瑞斯特斯三部曲》是他唯一完整传世的三部曲，也是他最成功的作品。

故事取材于特洛伊战争传说，以阿伽门农家族诅咒和世代仇杀为背景，

展示了一系列惊心动魄的场面。阿伽门农的祖辈佩洛普斯因违背诺言而遭诅咒，从而家族灾难不断。佩洛普斯生阿特柔斯和提埃斯特斯。佩洛普斯死后，阿特柔斯得到王位。提埃斯特斯与阿特柔斯的妻子通奸，企图夺取王权，从而被逐出国。提埃斯特斯唆使阿特柔斯的儿子反对父亲，被父亲无意中处死。阿特柔斯为了报复，假装与提埃斯特斯和解，请他回国，结果却杀了提埃斯特斯的儿子让父亲吃。提埃斯特斯派儿子埃吉斯托斯杀死了阿特柔斯，夺得了阿特柔斯的王权。提埃斯特斯死后，阿特柔斯的儿子阿伽门农和墨涅拉奥斯又赶走了埃吉斯托斯。阿伽门农率军远征特洛伊，埃吉斯托斯趁机与阿伽门农的妻子克吕泰涅斯特拉通奸，并杀死了得胜归来的阿伽门农。这一亲族仇杀的后果现在落到阿伽门农之子奥瑞斯特斯身上，使他不得不作出严峻的道德决定：为父报仇，杀死母亲。

埃斯库罗斯正是以此为前提，构建了后两部剧本，从而自然而完整地表现三部曲的基本主题：母权制与父权制之间的斗争和父权制的胜利。

麦克白（节选）

莎士比亚

第四幕

第一场　山洞。中置沸釜

雷鸣。三女巫上。

女巫甲　斑猫已经叫过三声。

女巫乙　刺猬已经啼了四次。

女巫丙　怪鸟在鸣啸：时候到了，时候到了。

女巫甲　绕釜环行火融融，

毒肝腐脏置其中。

蛤蟆蛰眠寒石底，

三十一日夜相继；
汗出淋漓化毒浆，
投之鼎釜沸为汤。

众巫　（合）不惮辛劳不惮烦，
釜中沸沫已成澜。

女巫乙　沼地蟒蛇取其肉，
脔以为片煮至熟；
蝾螈之目青蛙趾，
蝙蝠之毛犬之齿，
蝮舌如叉蚯蚓刺，
蜥蜴之足枭之翅，
炼为毒蛊鬼神惊，
扰乱人世无安宁。

众巫　（合）不惮辛劳不惮烦，
釜中沸沫已成澜。

女巫丙　豺狼之牙巨龙鳞，
千年巫尸貌狰狞；
海底抉出鲨鱼胃，
夜掘毒芹根块块；
杀犹太人摘其肝，
剖山羊胆汁潺潺；
雾黑云深月蚀时，
潜携斤斧劈杉枝；
娼妇弃儿死道间，
断指持来血尚殷；
土耳其鼻鞑靼唇，
烈火糜之煎作羹；
猛虎肝肠和鼎内，
炼就妖丹成一味。

众巫 （合）不惮辛劳不惮烦，

釜中沸沫已成澜。

女巫乙 炭火将残蛊将成，

猩猩滴血蛊方凝。

赫卡忒上。

赫卡忒 善哉尔曹功不浅，

颁赏酬劳利泽遍。

于今绕釜且歌吟，

大小妖精成环形，

摄人魂魄荡人心。（音乐，众巫唱幽灵之歌。）

女巫乙 拇指怦怦动，

必有恶人来；

既来皆不拒，

洞门敲自开。

麦克白上。

麦克白 啊，你们这些神秘的幽冥的夜游的妖婆子！你们在干什么？

众巫 （合）一件没有名义的行动。

麦克白 凭着你们的法术，我吩咐你们回答我，不管你们的秘法是从哪里得来的。即使你们放出狂风，让它们向教堂猛击；即使汹涌的波涛会把航海的船只颠覆吞噬；即使谷物的叶片会倒折在田亩上，树木会连根拔起；即使城堡会向它们的守卫者的头上倒下；即使宫殿和金字塔都会倾圮；即使大自然所孕育的一切灵奇完全归于毁灭，连“毁灭”都感到手软了，我也要你们回答我的问题。

女巫甲 说。

女巫乙 你问吧。

女巫丙 我们可以回答你。

女巫甲 你愿意从我们嘴里听到答复呢，还是愿意让我们的主人们回答你？

麦克白 叫他们出来；让我见见他们。

女巫甲　母猪九子食其豚，
血浇火上焰生腥；
杀人恶犯上刑场，
汗脂投火发凶光。

众巫　（合）鬼王鬼卒火中来，
现形作法莫惊猜。

雷鸣。第一幽灵出现，为一戴盔之头。

麦克白　告诉我，你这不知名的力量——

女巫甲　他知道你的心事；听他说，你不用开口。

第一幽灵　麦克白！麦克白！麦克白！留心麦克德夫；留心费辅爵士。放我回去。够了。（隐入地下。）

麦克白　不管你是什么精灵，我感谢你的忠言警告；你已经一语道破了我的忧虑。可是再告诉我一句话——

女巫甲　他是不受命令的。这儿又来了一个，比第一个法力更大。

雷鸣。第二幽灵出现，为一流血之小儿。

第二幽灵　麦克白！麦克白！麦克白！——

麦克白　我要是有三只耳朵，我的三只耳朵都会听着你。

第二幽灵　你要残忍、勇敢、坚决；你可以把人类的力量付之一笑，因为没有一个妇人所生下的人可以伤害麦克白。（隐入地下。）

麦克白　那么尽管活下去吧，麦克德夫；我何必惧怕你呢？可是我要使确定的事实加倍确定，从命运手里接受切实的保证。我还是要你死，让我可以斥胆怯的恐惧为虚妄，在雷电怒作的夜里也能安心睡觉。

雷鸣。第三幽灵出现，为一戴王冠之小儿，手持树枝。

麦克白　这升起来的是什么，他的模样像是一个王子，他的幼稚的头上还戴着统治的荣冠？

众巫　静听，不要对它说话。

第三幽灵　你要像狮子一样骄傲而无畏，不要关心人家的怨怒，也不要担忧有谁在算计你。麦克白永远不会被人打败，除非有一天勃南的树林会冲着他向邓西嫩高山移动。（隐入地下。）

麦克白 那是决不会有的事；谁能够命令树木，叫它从泥土之中拔起它的深根来呢？幸运的预兆！好！勃南的树林不会移动，叛徒的举事也不会成功，我们巍巍高位的麦克白将要尽其天年，在他寿数告终的时候奄然物化。可是我的心还在跳动着想要知道一件事情；告诉我，要是你们的法术能够解释我的疑惑，班柯的后裔会不会在这一个国土上称王？

众巫 不要追问下去了。

麦克白 我一定要知道究竟；要是你们不告诉我，愿永久的咒诅降在你们身上！告诉我。为什么那口釜沉了下去？这是什么声音？（*高音笛声。*）

女巫甲 出来！

女巫乙 出来！

女巫丙 出来！

众巫 （*合*）一见惊心，魂魄无主；

如影而来，如影而去。

作国王装束者八人次第上；最后一人持镜；班柯鬼魂随其后。

麦克白 你太像班柯的鬼魂了；下去！你的王冠刺痛了我的眼珠。怎么，又是一个戴着王冠的，你的头发也跟第一个一样。第三个又跟第二个一样。该死的鬼婆子！你们为什么让我看见这些人？第四个！跳出来吧，我的眼睛！什么！这一连串戴着王冠的，要到世界末日才会完结吗？又是一个？第七个！我不想再看了。可是第八个又出现了，他拿着一面镜子，我可以从镜子里面看见许许多多戴王冠的人；有几个还拿着两个金球，三根御杖。可怕的景象！啊，现在我知道这不是虚妄的幻象，因为血污的班柯在向我微笑，用手指点着他们，表示他们就是他的子孙。（*众幻影消灭*）什么！真是这样吗？

女巫甲 嗯，这一切都是真的；可是麦克白为什么这样呆若木鸡？来，姊妹们，让我们鼓舞鼓舞他的精神，用最好的歌舞替他消愁解闷。我先用魔法使空中奏起乐来，你们就搀成一个圈子团团跳舞，让这位伟大的君王知道，我们并没有怠慢他。（*音乐。众女巫跳舞，舞毕与赫卡忒俱隐去。*）

麦克白 她们在哪儿？去了？愿这不祥的时辰在日历上永远被人咒诅！外面有人吗？进来！

列诺克斯上。

列诺克斯 陛下有什么命令？

麦克白 你看见那三个女巫吗？

列诺克斯 没有，陛下。

麦克白 她们没有打你身边过去吗？

列诺克斯 确实没有，陛下。

麦克白 愿她们所驾乘的空气都化为毒雾，愿一切相信她们言语的人都永堕沉沦！我方才听见奔马的声音，是谁经过这地方？

列诺克斯 启禀陛下，刚才有两三个使者来过，向您报告麦克德夫已经逃奔英格兰去了。

麦克白 逃奔英格兰去了！

列诺克斯 是，陛下。

麦克白 时间，你早就料到我的狠毒的行为，竟抢先了一着；要追赶上那飞速的恶念，就得马上见诸行动；从这一刻起，我心里一想到什么，便要立刻把它实行，没有迟疑的余地；我现在就要用行动表示我的意志——想到便下手。我要去突袭麦克德夫的城堡；把费辅攫取下来；把他的妻子儿女和一切跟他有血缘之亲的不幸的人们一齐杀死。我不能像一个傻瓜似的只会空口说大话；我必须趁着我这一个目的还没有冷淡下来以前把这件事干好。可是我不想再看见什么幻象了！那几个使者呢？来，带我去见见他们。（同下。）

选自《莎士比亚全集》，［英］威廉·莎士比亚，朱生豪译，第五册，人民文学出版社 1994 年版

导读

威廉·莎士比亚（1564—1616 年）是英国文学史上最杰出的戏剧家，也是欧洲文艺复兴时期最重要、最伟大的作家，全世界最卓越的文学家之一，他流传下来的作品包括 39 部戏剧、154 首十四行诗、两首长叙事诗，成就最高的是“四大悲剧”：《奥赛罗》《哈姆雷特》《李尔王》和《麦克白》。

《麦克白》创作于 1606 年，大体上是根据古英格兰史学家拉斐尔·霍林

献特的《苏格兰编年史》中的古老故事改编而成，是莎士比亚戏剧中心理描写的佳作。莎士比亚通过对曾经屡建奇勋的英雄麦克白变成一个残忍暴君的过程的描述，批判了野心对良知的侵蚀作用。在迷信、罪恶、恐怖的氛围里，作者不时让他笔下的罪人深思、反省、剖析内心，麦克白夫妇弑君前后的心理变化显得层次分明，这就更加增大了悲剧的深度。

思考与讨论

结合我们学过的《奥狄浦斯王》《麦克白》，谈谈你对命运的看法。

推荐阅读

歌德《浮士德》
雨果《巴黎圣母院》
加西亚·马尔克斯《百年孤独》

第十一章　俗世情爱

爱是恒久忍耐，又有恩慈。

爱是不嫉妒。爱是不自夸。不张狂。

——圣经《歌林多前书》

爱是什么?

它从来都没有一种固定的姿态。

看，崔莺莺为爱痴狂却终究错付；杜十娘绝望中怒沉百宝箱；七巧似睡非睡地躺在烟铺上，将翠玉镯子顺着骨瘦如柴的手臂往上推，一直推到腋下。听，莎士比亚说我怎么能够把你来比作夏天?

而我们要的是“以树的形象和你站在一起”。

在有关爱情的作品中，我们看到的从来不仅是爱情，而是对人性的探讨，甚至是对哲学的追问。

将仲子（郑风）

《诗经》

将仲子兮[1]！无逾我里[2]，无折我树杞[3]。岂敢爱之[4]？畏我父母。仲可怀也[5]，父母之言，亦可畏也！

将仲子兮！无逾我墙，无折我树桑。岂敢爱之？畏我诸兄。仲可怀也，诸兄之言，亦可畏也！

将仲子兮！无逾我园，无折我树檀[6]。岂敢爱之？畏人之多言。仲可怀也，人之多言，亦可畏也！

选自《诗经注析》，程俊英、蒋见元著，中华书局1991年版

注释

[1] 将（qiāng）：愿，请求。一说发语词。仲子：男子的字。伯、仲、叔、季是兄弟的排行，当时女子多以伯、仲、叔称所爱的男子。子，对男子的美称。仲子，犹言“老二”。

[2] 逾：翻越。里：居也，五家为邻，五邻为里，凡里皆有墙。这里的“里”实指里墙。

[3] 树：种植。杞（qǐ）：木名，即杞柳，又名“榉”，落叶乔木，树如柳叶，木质坚实。一说树桑、树檀，即桑树、檀树，倒文以协韵。

[4] 爱：吝惜。

[5] 怀：想念，惦记。

[6] 檀：木名，常绿乔木。一名“紫檀”。

导读

这是一位热恋中的少女赠给情人的一首优美的情诗。全诗纯由内心独白式的情语构成，女主人公的抒情结合自家住处的里、墙、园、树展开，并用向对方呼告、劝慰的口吻，使诗境带有了絮絮对语的独特韵致。

上邪

上邪！[1]我欲与君相知[2]，长命无绝衰[3]。山无陵[4]，江水为竭，冬雷震震[5]，夏雨雪[6]，天地合[7]，乃敢与君绝[8]！

选自《乐府诗集》，［宋］郭茂倩编，
中华书局 1979 年版

注释

［1］上邪（yé）：上天啊。上，指天。邪，语气助词，表示感叹。
［2］相知：结为知己。
［3］命：古与“令”字通，使。衰（cuī，也可读作 shuāi）：衰减、断绝。这两句是说，我愿与你相爱，让我们的爱情永不衰绝。
［4］陵（líng）：山峰、山头。
［5］震震：形容雷声。
［6］雨（yù）雪：降雪。雨，名词活用作动词。
［7］天地合：天与地合二为一。
［8］乃敢：才敢，“敢”字是委婉的用语。

导读

《上邪》是一首情歌，是女主人公忠贞爱情的自誓之词。女主人公自“山无陵”一句以下连用五件不可能的事情来表明自己生死不渝的爱，深情奇想。《上邪》情感真挚，气势豪放，感人肺腑，真挚地表达了女性的真实情感，被誉为“短章中神品”。

伤逝

——涓生的手记

鲁迅

如果我能够，我要写下我的悔恨和悲哀，为子君，为自己。

会馆里的被遗忘在偏僻里的破屋是这样地寂静和空虚。时光过得真快，我爱子君，仗着她逃出这寂静和空虚，已经满一年了。事情又这么不凑巧，我重来时，偏偏空着的又只有这一间屋。依然是这样的破窗，这样的窗外的半枯的槐树和老紫藤，这样的窗前的方桌，这样的败壁，这样的靠壁的板床。深夜中独自躺在床上，就如我未曾和子君同居以前一般，过去一年中的时光全被消灭，全未有过，我并没有曾经从这破屋子搬出，在吉兆胡同创立了满怀希望的小小的家庭。

不但如此。在一年之前，这寂静和空虚是并不这样的，常常含着期待；期待子君的到来。在久待的焦躁中，一听到皮鞋的高底尖触着砖路的清响，是怎样地使我骤然生动起来呵！于是就看见带着笑涡的苍白的圆脸，苍白的瘦的臂膊，布的有条纹的衫子，玄色的裙。她又带了窗外的半枯的槐树的新叶来，使我看见，还有挂在铁似的老干上的一房一房的紫白的藤花。

然而现在呢，只有寂静和空虚依旧，子君却决不再来了，而且永远，永远地！……

子君不在我这破屋里时，我什么也看不见。在百无聊赖中，顺手抓过一本书来，科学也好，文学也好，横竖什么都一样；看下去，看下去，忽而自己觉得，已经翻了十多页了，但是毫不记得书上所说的事。只是耳朵却分外地灵，仿佛听到大门外一切往来的履声，从中便有子君的，而且橐橐地逐渐临近，——但是，往往又逐渐渺茫，终于消失在别的步声的杂沓中了。我憎恶那不像子君鞋声的穿布底鞋的长班的儿子，我憎恶那太像子君鞋声的常常穿着新皮鞋的邻院的搽雪花膏的小东西！

莫非她翻了车么？莫非她被电车撞伤了么？……

我便要取了帽子去看她，然而她的胞叔就曾经当面骂过我。

蓦然，她的鞋声近来了，一步响于一步，迎出去时，却已经走过紫藤棚下，脸上带着微笑的酒窝。她在她叔子的家里大约并未受气；我的心宁帖了，默默地相视片时之后，破屋里便渐渐充满了我的语声，谈家庭专制，谈打破旧习惯，谈男女平等，谈伊孛生，谈泰戈尔，谈雪莱……。她总是微笑点头，两眼里弥漫着稚气的好奇的光泽。壁上就钉着一张铜板的雪莱半身像，是从杂志上裁下来的，是他的最美的一张像。当我指给她看时，她却只草草一看，便低了头，似乎不好意思了。这些地方，子君就大概还未脱尽旧思想的束缚，——我后来也想，倒不如换一张雪莱淹死在海里的记念像或是伊孛生的罢；但也终于没有换，现在是连这一张也不知那里去了。

"我是我自己的，他们谁也没有干涉我的权利！"

这是我们交际了半年，又谈起她在这里的胞叔和在家的父亲时，她默想了一会之后，分明地，坚决地，沉静地说了出来的话。其时是我已经说尽了我的意见，我的身世，我的缺点，很少隐瞒；她也完全了解的了。这几句话很震动了我的灵魂，此后许多天还在耳中发响，而且说不出的狂喜，知道中国女性，并不如厌世家所说那样的无法可施，在不远的将来，便要看见辉煌的曙色的。

送她出门，照例是相离十多步远；照例是那鲇鱼须的老东西的脸又紧帖在脏的窗玻璃上了，连鼻尖都挤成一个小平面；到外院，照例又是明晃晃的玻璃窗里的那小东西的脸，加厚的雪花膏。她目不邪视地骄傲地走了，没有看见；我骄傲地回来。

"我是我自己的，他们谁也没有干涉我的权利！"这彻底的思想就在她的脑里，比我还透澈，坚强得多。半瓶雪花膏和鼻尖的小平面，于她能算什么东西呢？

我已经记不清那时怎样地将我的纯真热烈的爱表示给她。岂但现在，那时的事后便已模胡，夜间回想，早只剩了一些断片了；同居以后一两月，便连这些断片也化作无可追踪的梦影。我只记得那时以前的十几天，曾经很仔细地研究过表示的态度，排列过措辞的先后，以及倘或遭了拒绝以后的情形。可是临时似乎都无用，在慌张中，身不由己地竟用了在电影上见过的方法了。后来一想到，就使我很愧恧，但在记忆上却偏只有这一点永远留遗，至今还如暗室的孤灯一般，照见我含泪握着她的手，一条腿跪了下去……。

不但我自己的，便是子君的言语举动，我那时就没有看得分明；仅知道她已经允许我了。但也还仿佛记得她脸色变成青白，后来又渐渐转作绯红，——没有见过，也没有再见的绯红；孩子似的眼里射出悲喜，但是夹着惊疑的光，虽然力避我的视线，张皇地似乎要破窗飞去。然而我知道她已经允许我了，没有知道她怎样说或是没有说。

她却是什么都记得：我的言辞，竟至于读熟了的一般，能够滔滔背诵；我的举动，就如有一张我所看不见的影片挂在眼下，叙述得如生，很细微，自然连那使我不愿再想的浅薄的电影的一闪。夜阑人静，是相对温习的时候了，我常是被质问，被考验，并且被命复述当时的言语，然而常须由她补足，由她纠正，像一个丁等的学生。

这温习后来也渐渐稀疏起来。但我只要看见她两眼注视空中，出神似的凝想着，于是神色越加柔和，笑窝也深下去，便知道她又在自修旧课了，只是我很怕她看到我那可笑的电影的一闪。但我又知道，她一定要看见，而且也非看不可的。

然而她并不觉得可笑。即使我自己以为可笑，甚而至于可鄙的，她也毫不以为可笑。这事我知道得很清楚，因为她爱我，是这样地热烈，这样地纯真。

去年的暮春是最为幸福，也是最为忙碌的时光。我的心平静下去了，但又有别一部分和身体一同忙碌起来。我们这时才在路上同行，也到过几回公园，最多的是寻住所。我觉得在路上时时遇到探索，讥笑，猥亵和轻蔑的眼光，一不小心，便使我的全身有些瑟缩，只得即刻提起我的骄傲和反抗来支持。她却是大无畏的，对于这些全不关心，只是镇静地缓缓前行，坦然如入无人之境。

寻住所实在不是容易事，大半是被托辞拒绝，小半是我们以为不相宜。起先我们选择得很苛酷，——也非苛酷，因为看去大抵不像是我们的安身之所；后来，便只要他们能相容了。看了二十多处，这才得到可以暂且敷衍的处所，是吉兆胡同一所小屋里的两间南屋；主人是一个小官，然而倒是明白人，自住着正屋和厢房。他只有夫人和一个不到周岁的女孩子，雇一个乡下的女工，只要孩子不啼哭，是极其安闲幽静的。

我们的家具很简单，但已经用去了我的筹来的款子的大半；子君还卖掉了她唯一的金戒指和耳环。我拦阻她，还是定要卖，我也就不再坚持下去了；我知道不给她加入一点股分去，她是住不舒服的。

和她的叔子，她早经闹开，至于使他气愤到不再认她做侄女；我也陆续和几个自以为忠告，其实是替我胆怯，或者竟是嫉妒的朋友绝了交。然而这倒很清静。每日办公散后，虽然已近黄昏，车夫又一定走得这样慢，但究竟还有二人相对的时候。我们先是沉默的相视，接着是放怀而亲密的交谈，后来又是沉默。大家低头沉思着，却并未想着什么事。我也渐渐清醒地读遍了她的身体，她的灵魂，不过三星期，我似乎于她已经更加了解，揭去许多先前以为了解而现在看来却是隔膜，即所谓真的隔膜了。

子君也逐日活泼起来。但她并不爱花，我在庙会时买来的两盆小草花，四天不浇，枯死在壁角了，我又没有照顾一切的闲暇。然而她爱动物，也许是从官太太那里传染的罢，不一月，我们的眷属便骤然加得很多，四只小油鸡，在小院子里和房主人的十多只在一同走。但她们却认识鸡的相貌，各知道那一只是自家的。还有一只花白的叭儿狗，从庙会买来，记得似乎原有名字，子君却给它另起了一个，叫作阿随。我就叫它阿随，但我不喜欢这名字。

这是真的，爱情必须时时更新，生长，创造。我和子君说起这，她也领会地点点头。

唉唉，那是怎样的宁静而幸福的夜呵！

安宁和幸福是要凝固的，永久是这样的安宁和幸福。我们在会馆里时，还偶有议论的冲突和意思的误会，自从到吉兆胡同以来，连这一点也没有了；我们只在灯下对坐的怀旧谭中，回味那时冲突以后的和解的重生一般的乐趣。

子君竟胖了起来，脸色也红活了；可惜的是忙。管了家务便连谈天的工夫也没有，何况读书和散步。我们常说，我们总还得雇一个女工。

这就使我也一样地不快活，傍晚回来，常见她包藏着不快活的颜色，尤其使我不乐的是她要装作勉强的笑容。幸而探听出来了，也还是和那小官太太的暗斗，导火线便是两家的小油鸡。但又何必硬不告诉我呢？人总该有一个独立的家庭。这样的处所，是不能居住的。

我的路也铸定了，每星期中的六天，是由家到局，又由局到家。在局里便坐在办公桌前钞，钞，钞些公文和信件；在家里是和她相对或帮她生白炉子，煮饭，蒸馒头。我的学会了煮饭，就在这时候。

但我的食品却比在会馆里时好得多了。做菜虽不是子君的特长，然而她于此却倾注着全力；对于她的日夜的操心，使我也不能不一同操心，来算作分甘共苦。况且她又这样地终日汗流满面，短发都粘在脑额上；两只手又只是这样地粗糙起来。

况且还要饲阿随，饲油鸡，……都是非她不可的工作。我曾经忠告她：我不吃，倒也罢了；却万不可这样地操劳。她只看了我一眼，不开口，神色却似乎有点凄然；我也只好不开口。然而她还是这样地操劳。 323

我所豫期的打击果然到来。双十节的前一晚，我呆坐着，她在洗碗。听到打门声，我去开门时，是局里的信差，交给我一张油印的纸条。我就有些料到了，到灯下去一看，果然，印着的就是：

奉 局长谕史涓生着毋庸到局办事 秘书处启　十月九号

这在会馆里时，我就早已料到了；那雪花膏便是局长的儿子的赌友，一定要去添些谣言，设法报告的。到现在才发生效验，已经要算是很晚的了。

其实这在我不能算是一个打击，因为我早就决定，可以给别人去钞写，或者教读，或者虽然费力，也还可以译点书，况且《自由之友》的总编辑便是见过几次的熟人，两月前还通过信。但我的心却跳跃着。那么一个无畏的子君也变了色，尤其使我痛心；她近来似乎也较为怯弱了。

“那算什么。哼，我们干新的。我们……。”她说。

她的话没有说完；不知怎地，那声音在我听去却只是浮浮的；灯光也觉得格外黯淡。人们真是可笑的动物，一点极微末的小事情，便会受着很深的影响。我们先是默默地相视，逐渐商量起来，终于决定将现有的钱竭力节省，一面登“小广告”去寻求钞写和教读，一面写信给《自由之友》的总编辑，说明我目下的遭遇，请他收用我的译本，给我帮一点艰辛时候的忙。

“说做，就做罢！来开一条新的路！”

我立刻转身向了书案，推开盛香油的瓶子和醋碟，子君便送过那黯淡的灯来。我先拟广告；其次是选定可译的书，迁移以来未曾翻阅过，每本的头上都满漫着灰尘了；最后才写信。

我很费踌蹰，不知道怎样措辞好，当停笔凝思的时候，转眼去一瞥她的脸，在昏暗的灯光下，又很见得凄然。我真不料这样微细的小事情，竟会给坚决的，无畏的子君以这么显著的变化。她近来实在变得很怯弱了，但也并不是今夜才开始的。我的心因此更缭乱，忽然有安宁的生活的影像——会馆里的破屋的寂静，在眼前一闪，刚刚想定睛凝视，却又看见了昏暗的灯光。

许久之后，信也写成了，是一封颇长的信；很觉得疲劳，仿佛近来自己也较为怯弱了。于是我们决定，广告和发信，就在明日一同实行。大家不约而同地伸直了腰肢，在无言中，似乎又都感到彼此的坚忍崛强的精神，还看见从新萌芽起来的将来的希望。

外来的打击其实倒是振作了我们的新精神。局里的生活，原如鸟贩子手里的禽鸟一般，仅有一点小米维系残生，决不会肥胖；日子一久，只落得麻痹了翅子，即使放出笼外，早已不能奋飞。现在总算脱出这牢笼了，我从此要在新的开阔的天空中翱翔，趁我还未忘却了我的翅子的扇动。

小广告是一时自然不会发生效力的；但译书也不是容易事，先前看过，以为已经懂得的，一动手，却疑难百出了，进行得很慢。然而我决计努力地做，一本半新的字典，不到半月，边上便有了一大片乌黑的指痕，这就证明着我的工作的切实。《自由之友》的总编辑曾经说过，他的刊物是决不会埋没好稿子的。

可惜的是我没有一间静室，子君又没有先前那么幽静，善于体帖了，屋子里总是散乱着碗碟，弥漫着煤烟，使人不能安心做事，但是这自然还只能怨我自己无力置一间书斋。然而又加以阿随，加以油鸡们。加以油鸡们又大起来了，更容易成为两家争吵的引线。

加以每日的“川流不息”的吃饭；子君的功业，仿佛就完全建立在这吃饭中。吃了筹钱，筹来吃饭，还要喂阿随，饲油鸡；她似乎将先前所知道的全都忘掉了，也不想到我的构思就常常为了这催促吃饭而打断。即使在坐中给看一点怒色，她总是不改变，仍然毫无感触似的大嚼起来。

使她明白了我的作工不能受规定的吃饭的束缚，就费去五星期。她明白之后，大约很不高兴罢，可是没有说。我的工作果然从此较为迅速地进行，不久就共译了五万言，只要润色一回，便可以和做好的两篇小品，一同寄给《自由之友》去。只是吃饭却依然给我苦恼。菜冷，是无妨的，然而竟不够；有时连饭也不够，虽然我因为终日坐在家里用脑，饭量已经比先前要减少得多。这是先去喂了阿随了，有时还并那近来连自己也轻易不吃的羊肉。她说，阿随实在瘦得太可怜，房东太太还因此嗤笑我们了，她受不住这样的奚落。

于是吃我残饭的便只有油鸡们。这是我积久才看出来的，但同时也如赫胥黎的论定“人类在宇宙间的位置”一般，自觉了我在这里的位置：不过是叭儿狗和油鸡之间。

后来，经多次的抗争和催逼，油鸡们也逐渐成为肴馔，我们和阿随都享用了十多日的鲜肥；可是其实都很瘦，因为它们早已每日只能得到几粒高粱了。从此便清静得多。只有子君很颓唐，似乎常觉得凄苦和无聊，至于不大愿意开口。我想，人是多么容易改变呵！

但是阿随也将留不住了。我们已经不能再希望从什么地方会有来信，子君也早没有一点食物可以引它打拱或直立起来。冬季又逼近得这么快，火炉就要成为很大的问题；它的食量，在我们其实早是一个极易觉得的很重的负担。于是连它也留不住了。

倘使插了草标到庙市去出卖，也许能得几文钱罢，然而我们都不能，也不愿这样做。终于是用包袱蒙着头，由我带到西郊去放掉了，还要追上来，便推在一个并不很深的土坑里。

我一回寓，觉得又清静得多多了；但子君的凄惨的神色，却使我很吃惊。那是没有见过的神色，自然是为阿随。但又何至于此呢？我还没有说起推在土坑里的事。

到夜间，在她的凄惨的神色中，加上冰冷的分子了。

“奇怪。——子君，你怎么今天这样儿了？”我忍不住问。

“什么？”她连看也不看我。

“你的脸色……。”

“没有什么，——什么也没有。”

我终于从她言动上看出，她大概已经认定我是一个忍心的人。其实，我一个人，是容易生活的，虽然因为骄傲，向来不与世交来往，迁居以后，也疏远了所有旧识的人，然而只要能远走高飞，生路还宽广得很。现在忍受着这生活压迫的苦痛，大半倒是为她，便是放掉阿随，也何尝不如此。但子君的识见却似乎只是浅薄起来，竟至于连这一点也想不到了。

我拣了一个机会，将这些道理暗示她；她领会似的点头。然而看她后来的情形，她是没有懂，或者是并不相信的。

天气的冷和神情的冷，逼迫我不能在家庭中安身。但是，往那里去呢？大道上，公园里，虽然没有冰冷的神情，冷风究竟也刺得人皮肤欲裂。我终于在通俗图书馆里觅得了我的天堂。

那里无须买票；阅书室里又装着两个铁火炉。纵使不过是烧着不死不活的煤的火炉，但单是看见装着它，精神上也就总觉得有些温暖。书却无可看：旧的陈腐，新的是几乎没有的。

好在我到那里去也并非为看书。另外时常还有几个人，多则十余人，都是单薄衣裳，正如我，各人看各人的书，作为取暖的口实。这于我尤为合式。道路上容易遇见熟人，得到轻蔑的一瞥，但此地却决无那样的横祸，因为他们是永远围在别的铁炉旁，或者靠在自家的白炉边的。

那里虽然没有书给我看，却还有安闲容得我想。待到孤身枯坐，回忆从前，这才觉得大半年来，只为了爱，——盲目的爱，——而将别的人生的要义全盘疏忽了。第一，便是生活。人必生活着，爱才有所附丽。世界上并非没有为了奋斗者而开的活路；我也还未忘却翅子的扇动，虽然比先前已经颓唐得多……。

屋子和读者渐渐消失了，我看见怒涛中的渔夫，战壕中的兵士，摩托车中的贵人，洋场上的投机家，深山密林中的豪杰，讲台上的教授，昏夜的运动者和深夜的偷儿……。子君，——不在近旁。她的勇气都失掉了，只为着阿随悲愤，为着做饭出神；然而奇怪的是倒也并不怎样瘦损……。

冷了起来，火炉里的不死不活的几片硬煤，也终于烧尽了，已是闭馆的时候。又须回到吉兆胡同，领略冰冷的颜色去了。近来也间或遇到温暖的神情，但这却反而增加我的苦痛。记得有一夜，子君的眼里忽而又发出久已不见的稚气的光来，笑着和我谈到还在会馆时候的情形，时时又很带些恐怖的神色。我知道我近来的超过她的冷漠，已经引起她的忧疑来，只得也勉力谈笑，想给她一点慰藉。然而我的笑貌一上脸，我的话一出口，却即刻变为空虚，这空虚又即刻发生反响，回向我的耳目里，给我一个难堪的恶毒的冷嘲。子君似乎也觉得的，从此便失掉了她往常的麻木似的镇静，虽然竭力掩饰，总还是时时露出忧疑的神色来，但对我却温和得多了。

我要明告她，但我还没有敢，当决心要说的时候，看见她孩子一般的眼色，就使我只得暂且改作勉强的欢容。但是这又即刻来冷嘲我，并使我失却那冷漠的镇静。

她从此又开始了往事的温习和新的考验，逼我做出许多虚伪的温存的答案来，将温存示给她，虚伪的草稿便写在自己的心上。我的心渐被这些草稿填满了，常觉得难于呼吸。我在苦恼中常常想，说真实自然须有极大的勇气的；假如没有这勇气，而苟安于虚伪，那也便是不能开辟新的生路的人。不独不是这个，连这人也未尝有！

子君有怨色，在早晨，极冷的早晨，这是从未见过的，但也许是从我看来的怨色。我那时冷冷地气愤和暗笑了；她所磨练的思想和豁达无畏的言论，到底也还是一个空虚，而对于这空虚却并未自觉。她早已什么书也不看，已不知道人的生活的第一着是求生，向着这求生的道路，是必须携手同行，或奋身孤往的了，倘使只知道捶着一个人的衣角，那便是虽战士也难于战斗，只得一同灭亡。

我觉得新的希望就只在我们的分离；她应该决然舍去，——我也突然想到她的死，然而立刻自责，忏悔了。幸而是早晨，时间正多，我可以说我的真实。我们的新的道路的开辟，便在这一遭。

我和她闲谈，故意地引起我们的往事，提到文艺，于是涉及外国的文人，文人的作品：《诺拉》，《海的女人》。称扬诺拉的果决……。也还是去年在会馆的破屋里讲过的那些话，但现在已经变成空虚，从我的嘴传入自己的耳中，时时疑心有一个隐形的坏孩子，在背后恶意地刻毒地学舌。

她还是点头答应着倾听，后来沉默了。我也就断续地说完了我的话，连余音都消失在虚空中了。

"是的。"她又沉默了一会，说，"但是，……涓生，我觉得你近来很两样了。可是的？你，——你老实告诉我。"

我觉得这似乎给了我当头一击，但也立即定了神，说出我的意见和主张来：新的路的开辟，新的生活的再造，为的是免得一同灭亡。

临末，我用了十分的决心，加上这几句话：

"……况且你已经可以无须顾虑，勇往直前了。你要我老实说；是的，人是不该虚伪的。我老实说罢：因为，因为我已经不爱你了！但这于你倒好得多，因为你更可以毫无挂念地做事……。"

我同时豫期着大的变故的到来，然而只有沉默。她脸色陡然变成灰黄，死了似的；瞬间便又苏生，眼里也发了稚气的闪闪的光泽。这眼光射向四处，正如孩子在饥渴中寻求着慈爱的母亲，但只在空中寻求，恐怖地回避着我的眼。

我不能看下去了，幸而是早晨，我冒着寒风径奔通俗图书馆。

在那里看见《自由之友》，我的小品文都登出了。这使我一惊，仿佛得了一点生气。我想，生活的路还很多，——但是，现在这样也还是不行的。

我开始去访问久已不相闻问的熟人，但这也不过一两次；他们的屋子自然是暖和的，我在骨髓中却觉得寒冽。夜间，便蜷伏在比冰还冷的冷屋中。

冰的针刺着我的灵魂，使我永远苦于麻木的疼痛。生活的路还很多，我也还没有忘却翅子的扇动，我想。——我突然想到她的死，然而立刻自责，忏悔了。

在通俗图书馆里往往瞥见一闪的光明，新的生路横在前面。她勇猛地觉悟了，毅然走出这冰冷的家，而且，——毫无怨恨的神色。我便轻如行云，漂浮空际，上有蔚蓝的天，下是深山大海，广厦高楼，战场，摩托车，洋场，公馆，晴明的闹市，黑暗的夜……。

而且，真的，我豫感得这新生面便要来到了。

我们总算度过了极难忍受的冬天，这北京的冬天；就如蜻蜓落在恶作剧的坏孩子的手里一般，被系着细线，尽情玩弄，虐待，虽然幸而没有送掉性命，结果也还是躺在地上，只争着一个迟早之间。

写给《自由之友》的总编辑已经有三封信，这才得到回信，信封里只有两张书券：两角的和三角的。我却单是催，就用了九分的邮票，一天的饥饿，又都白挨给于己一无所得的空虚了。

然而觉得要来的事，却终于来到了。

这是冬春之交的事，风已没有这么冷，我也更久地在外面徘徊；待到回家，大概已经昏黑。就在这样一个昏黑的晚上，我照常没精打采地回来，一看见寓所的门，也照常更加丧气，使脚步放得更缓。但终于走进自己的屋子里了，没有灯火；摸火柴点起来时，是异样的寂寞和空虚！

正在错愕中，官太太便到窗外来叫我出去。

“今天子君的父亲来到这里，将她接回去了。”她很简单地说。

这似乎又不是意料中的事，我便如脑后受了一击，无言地站着。

“她去了么？”过了些时，我只问出这样一句话。

“她去了。”

“她，——她可说什么？”

“没说什么。单是托我见你回来时告诉你，说她去了。”

我不信；但是屋子里是异样的寂寞和空虚。我遍看各处，寻觅子君；只见几件破旧而黯淡的家具，都显得极其清疏，在证明着它们毫无隐匿一人一物的能力。我转念寻信或她留下的字迹，也没有；只是盐和干辣椒，面粉，半株白菜，却聚集在一处了，旁边还有几十枚铜元。这是我们两人生活材料的全副，现在她就郑重地将这留给我一个人，在不言中，教我借此去维持较久的生活。

我似乎被周围所排挤，奔到院子中间，有昏黑在我的周围；正屋的纸窗上映出明亮的灯光，他们正在逗着孩子玩笑。我的心也沉静下来，觉得在沉重的迫压中，渐渐隐约地现出脱走的路径：深山大泽，洋场，电灯下的盛筵；壕沟，最黑最黑的深夜，利刃的一击，毫无声响的脚步……。

心地有些轻松，舒展了，想到旅费，并且嘘一口气。

躺着，在合着的眼前经过的豫想的前途，不到半夜已经现尽；暗中忽然仿佛看见一堆食物，这之后，便浮出一个子君的灰黄的脸来，睁了孩子气的眼睛，恳托似的看着我。我一定神，什么也没有了。

但我的心却又觉得沉重。我为什么偏不忍耐几天，要这样急急地告诉她真话的呢？现在她知道，她以后所有的只是她父亲——儿女的债主——的烈日一般的严威和旁人的赛过冰霜的冷眼。此外便是虚空。负着虚空的重担，在严威和冷眼中走着所谓人生的路，这是怎么可怕的事呵！而况这路的尽头，又不过是——连墓碑也没有的坟墓。

我不应该将真实说给子君，我们相爱过，我应该永久奉献她我的说谎。如果真实可以宝贵，这在子君就不该是一个沉重的空虚。谎语当然也是一个空虚，然而临末，至多也不过这样地沉重。

我以为将真实说给子君，她便可以毫无顾虑，坚决地毅然前行，一如我们将要同居时那样。但这恐怕是我错误了。她当时的勇敢和无畏是因为爱。

我没有负着虚伪的重担的勇气，却将真实的重担卸给她了。她爱我之后，就要负了这重担，在严威和冷眼中走着所谓人生的路。

我想到她的死……。我看见我是一个卑怯者，应该被摈于强有力的人们，无论是真实者，虚伪者。然而她却自始至终，还希望我维持较久的生活……。

我要离开吉兆胡同，在这里是异样的空虚和寂寞。我想，只要离开这里，子君便如还在我的身边；至少，也如还在城中，有一天，将要出乎意表地访我，像住在会馆时候似的。

然而一切请托和书信，都是一无反响；我不得已，只好访问一个久不问候的世交去了。他是我伯父的幼年的同窗，以正经出名的拔贡，寓京很久，交游也广阔的。

大概因为衣服的破旧罢，一登门便很遭门房的白眼。好容易才相见，也还相识，但是很冷落。我们的往事，他全都知道了。

"自然，你也不能在这里了，"他听了我托他在别处觅事之后，冷冷地说，"但那里去呢？很难。——你那，什么呢，你的朋友罢，子君，你可知道，她死了。"

我惊得没有话。

"真的？"我终于不自觉地问。

"哈哈。自然真的。我家的王升的家，就和她家同村。"

"但是，——不知道是怎么死的？"

"谁知道呢。总之是死了就是了。"

我已经忘却了怎样辞别他，回到自己的寓所。我知道他是不说谎话的；子君总不会再来的了，像去年那样。她虽是想在严威和冷眼中负着虚空的重担来走所谓人生的路，也已经不能。她的命运，已经决定她在我所给与的真实——无爱的人间死灭了！

自然，我不能在这里了；但是，"那里去呢？"

四围是广大的空虚，还有死的寂静。死于无爱的人们的眼前的黑暗，我仿佛一一看见，还听得一切苦闷和绝望的挣扎的声音。

我还期待着新的东西到来，无名的，意外的。但一天一天，无非是死的寂静。

我比先前已经不大出门，只坐卧在广大的空虚里，一任这死的寂静侵蚀着我的灵魂。死的寂静有时也自己战栗，自己退藏，于是在这绝续之交，便闪出无名的，意外的，新的期待。

一天是阴沉的上午，太阳还不能从云里面挣扎出来；连空气都疲乏着。耳中听到细碎的步声和咻咻的鼻息，使我睁开眼。大致一看，屋子里还是空虚；但偶然看到地面，却盘旋着一匹小小的动物，瘦弱的，半死的，满身灰土的……。

我一细看，我的心就一停，接着便直跳起来。

那是阿随。它回来了。

我的离开吉兆胡同，也不单是为了房主人们和他家女工的冷眼，大半就为着这阿随。但是，“那里去呢？”新的生路自然还很多，我约略知道，也间或依稀看见，觉得就在我面前，然而我还没有知道跨进那里去的第一步的方法。

经过许多回的思量和比较，也还只有会馆是还能相容的地方。依然是这样的破屋，这样的板床，这样的半枯的槐树和紫藤，但那时使我希望，欢欣，爱，生活的，却全都逝去了，只有一个虚空，我用真实去换来的虚空存在。

新的生路还很多，我必须跨进去，因为我还活着。但我还不知道怎样跨出那第一步。有时，仿佛看见那生路就像一条灰白的长蛇，自己蜿蜒地向我奔来，我等着，等着，看看临近，但忽然便消失在黑暗里了。

初春的夜，还是那么长。长久的枯坐中记起上午在街头所见的葬式，前面是纸人纸马，后面是唱歌一般的哭声。我现在已经知道他们的聪明了，这是多么轻松简截的事。

然而子君的葬式却又在我的眼前，是独自负着虚空的重担，在灰白的长路上前行，而又即刻消失在周围的严威和冷眼里了。

我愿意真有所谓鬼魂，真有所谓地狱，那么，即使在孽风怒吼之中，我也将寻觅子君，当面说出我的悔恨和悲哀，祈求她的饶恕；否则，地狱的毒焰将围绕我，猛烈地烧尽我的悔恨和悲哀。

我将在孽风和毒焰中拥抱子君，乞她宽容，或者使她快意……。

但是，这却更虚空于新的生路；现在所有的只是初春的夜，竟还是那么长。我活着，我总得向着新的生路跨出去，那第一步，——却不过是写下我的悔恨和悲哀，为子君，为自己。

我仍然只有唱歌一般的哭声，给子君送葬，葬在遗忘中。

我要遗忘；我为自己，并且要不再想到这用了遗忘给子君送葬。

我要向着新的生路跨进第一步去，我要将真实深深地藏在心的创伤中，默默地前行，用遗忘和说谎做我的前导……。

一九二五年十月二十一日毕

选自《彷徨》，鲁迅著，译林出版社 2013 年版

导读

《伤逝》选自鲁迅小说集《彷徨》，是鲁迅唯一的以青年的恋爱和婚姻为题材的作品。

作品采取“涓生手记”的形式，回顾从恋爱到感情破灭的一年的经历，以小说主人公的切身感受来抒发他曾有的热烈的爱情、深切的悲痛和愿入地狱的悔恨，具有很浓的抒情性。小说的细节描写也颇具匠心，油鸡和阿随的命运同子君感情的变化相呼应，起到了以小见大的效果。

金锁记

张爱玲

三十年前的上海，一个有月亮的晚上……我们也许没赶上看见三十年前的月亮。年轻的人想着三十年前的月亮该是铜钱大的一个红黄的湿晕，像朵云轩信笺上落了一滴泪珠，陈旧而迷糊。老年人回忆中的三十年前的月亮是欢愉的，比眼前的月亮大、圆、白；然而隔着三十年的辛苦路往回看，再好的月色也不免带点凄凉。

月光照到姜公馆新娶的三奶奶的陪嫁丫鬟凤箫的枕边。凤箫睁眼看了一看，只见自己一只青白色的手搁在半旧高丽棉的被面上，心中便道："是月亮光么？"凤箫打地铺睡在窗户底下。那两年正忙着换朝代，姜公馆避兵到上海来，屋子不够住的，因此这一间下房里横八七竖睡满了底下人。

凤箫恍惚听见大床背后有窸窸窣窣的声音，猜着有人起来解手，翻过身去，果见布帘子一掀，一个黑影趿着鞋出来了，约摸是伺候二奶奶的小双，便轻轻叫了一声"小双姐姐"。小双笑嘻嘻走来，踢了踢地上的褥子道："吵醒了你了。"她把两手抄在青莲色旧绸夹袄里。下面系着明油绿裤子。凤箫伸手捻了那裤脚，笑道："现在颜色衣服不大有人穿了，下江人时兴的都是素净的。"小双笑道："你不知道，我们家哪比得旁人家？我们老太太古板，连奶奶小姐们尚且做不得主呢，何况我们丫头？给什么，穿什么——一个个打扮得庄稼人似的！"她一蹲身坐在地铺上，捡起凤箫脚头一件小袄来，问道："这是你们小姐出阁，给你们新添的？"凤箫摇头道："三季衣裳，就只外场上看见的两套是新制的，余下的还不是拿上头人穿剩下的贴补贴补！"小双道："这次办喜事，偏赶着革命党造反，可委屈了你们小姐！"凤箫叹道："别提了。就说省些罢，总得有个谱子！也不能太看不上眼了。我们那一位，嘴里不言语，心里岂有不气的？"小双道："也难怪三奶奶不乐意。你们那边的嫁妆，也还凑付着，我们这边的排场，可太凄惨了。就连那一年娶咱们二奶奶，也还比这一趟强些！"凤箫愣了一愣道："怎么？

你们二奶奶……”

小双脱下了鞋，赤脚从凤箫身上跨过去，走到窗户跟前，笑道：“你也起来看看月亮。”凤箫一骨碌爬起来，低声问道：“我早就想问你了，你们二奶奶……”小双弯腰拾起那件小袄来替她披上了，道：“仔细着了凉。”凤箫一面扣纽子，一面笑道：“不行，你得告诉我！”小双笑道：“是我说话不留神，闯了祸！”凤箫道：“咱们这都是自家人了，干嘛这么见外呀？”小双道：“告诉你，你可别告诉你们小姐去！咱们二奶奶家里是开麻油店的。”凤箫哟了一声道：“开麻油店！打哪儿想起的？像你们大奶奶，也是公侯人家小姐，我们那一位虽比不上大奶奶，也还不是低三下四的人——”小双道：“这里头自然有个缘故。咱们二爷你也见过了，是个残废。做官人家的女儿谁肯给他？老太太没奈何，打算替二爷置一房姨奶奶，做媒的给找了这曹家的，是七月里生的，就叫七巧。”凤箫道：“哦，是姨奶奶。”小双道：“原来是姨奶奶的，后来老太太想着，既然不打算替二爷另娶了，二房里没个当家的媳妇，也不是事，索性聘了来做正头奶奶，好教她死心塌地服侍二爷。”凤箫把手扶着窗台，沉吟道：“怪道呢！我虽是初来，也瞧料了两三分。”小双道：“龙生龙，凤生凤，这话是有的。你还没听见她的谈吐呢！当着姑娘们，一点忌讳也没有。亏得我们家一向内言不出，外言不入，姑娘们什么都不懂。饶是不懂，还臊得没处躲！”凤箫扑哧一笑道：“真的？她这些村话，又是从哪儿听来的？就连我们丫头——”小双抱着胳膊道：“麻油店的活招牌，站惯了柜台，见多识广的，我们拿什么去比人家？”凤箫道：“你是她陪嫁过来的么？”小双冷笑说：“她也配！我原是老太太跟前的人，二爷成天地吃药，行动都离不了人，屋里几个丫头不够使，把我拨了过去。怎么着？你冷哪？”凤箫摇摇头。小双道：“瞧你缩着脖子这娇模样儿！”一语未完，凤箫打了个喷嚏，小双忙推她道：“睡罢！睡罢！快窝一窝。”凤箫跪了下来脱袄子，笑道：“又不是冬天，哪儿就至于冻着了？”小双道：“你别瞧这窗户关着，窗户眼儿里吱溜溜地钻风。”

两人各自睡下。凤箫悄悄地问道：“过来了也有四五年了罢？”小双道：“谁？”凤箫道：“还有谁？”小双道：“哦，她，可不是有五年了。”凤箫道：“也生男育女的——倒没闹出什么话柄儿？”小双道：“还说呢！话柄儿就多了！

前年老太太领着合家上下到普陀山进香去，她坐月子没去，留着她看家。舅爷脚步儿走得勤了些，就丢了一票东西。”凤箫失惊道：“也没查出个究竟来？”小双道：“问得出什么好的来？大家面子上下不去！那些首饰左不过将来是归大爷二爷三爷的。大爷大奶奶碍着二爷，没好说什么。三爷自己在外头流水似的花钱。欠了公账上不少，也说不响嘴。”

她们俩隔着丈来远交谈。虽是极力地压低了喉咙，依旧有一句半句声音大了些，惊醒了大床上睡着的赵嬷嬷，赵嬷嬷唤道：“小双。”小双不敢答应。赵嬷嬷道：“小双，你再混说，让人家听见了，明儿仔细揭你的皮！”小双还是不做声。赵嬷嬷又道：“你别以为还是从前住的深堂大院哪，由得你疯疯颠颠！这儿可是挤鼻子挤眼睛的，什么事瞒得了人？趁早别讨打！”屋里顿时鸦雀无声。赵嬷嬷害眼，枕头里塞着菊花叶子，据说是使人眼目清凉的。她欠起头来按了一按髻上横绾的银簪，略一转侧，菊叶便沙沙做响。赵嬷嬷翻了个身，吱吱格格牵动了全身的骨节，她唉了一声道：“你们懂得什么！”小双与凤箫依旧不敢接嘴。久久没有人开口，也就一个个地朦胧睡去了。

天就快亮了。那扁扁的下弦月，低一点，低一点，大一点，像赤金的脸盆，沉了下去。天是森冷的蟹壳青，天底下黑漆漆的只有些矮楼房，因此一望望得很远。地平线上的晓色，一层绿，一层黄，又一层红，如同切开的西瓜——是太阳要上来了。渐渐马路上有了小车与塌车辘辘推动，马车蹄声得得。卖豆腐花的挑着担子悠悠吆喝着，只听见那漫长的尾声：“花……呕！花……呕！”再去远些，就只听见“哦……呕！哦……呕！”

屋子里丫头老妈子也起身了，乱着开房门、打脸水、叠铺盖、挂帐子、梳头。凤箫伺候三奶奶兰仙穿了衣裳，兰仙凑到镜子前面仔细望了一望，从腋下抽出一条水绿洒花湖纺手帕，擦了擦鼻翅上的粉，背对着床上的三爷道：“我先去替老太太请安罢。等你，准得误了事。”正说着大奶奶玳珍来了，站在门槛上笑道：“三妹妹，咱们一块儿去。”兰仙忙迎了出去道：“我正担心着怕晚了，大嫂原来还没上去。二嫂呢？”玳珍笑道：“她还有一会儿耽搁呢。”兰仙道：“打发二哥吃药？”玳珍四顾无人，便笑道：“吃药还在其次——”她把大拇指抵着嘴唇，中间的三个指头握着拳头，小指头翘着，轻轻地“嘘”

了两声。兰仙诧异道：“两人都抽这个？”玳珍点头道：“你二哥是过了明路的，她这可是瞒着老太太的，叫我们夹在中间为难，处处还得替她遮盖遮盖，其实老太太有什么不知道？有意地装不晓得，照常地派她差使，零零碎碎给她罪受，无非是不肯让她抽个痛快罢了。其实也是的，年纪轻轻的妇道人家，有什么了不得的心事，要抽这个解闷儿？”

玳珍兰仙挽手一同上楼，各人后面跟着贴身丫鬟，来到老太太卧室隔壁的一间小小的起坐间里。老太太的丫头榴喜迎了出来，低声道：“还没醒呢。”玳珍抬头望了望挂钟，笑道：“今儿老太太也晚了。”榴喜道：“前两天说是马路上人声太杂，睡不稳。这现在想是惯了，今儿补足了一觉。”

紫榆百龄小圆桌上铺着红毡条，二小姐姜云泽一边坐着，正拿着小钳子磕核桃呢，因丢下了站起来相见。玳珍把手搭在云泽肩上，笑道：“还是云妹妹孝心，老太太昨儿一时高兴，叫做糖核桃，你就记住了。”兰仙玳珍便围着桌子坐下了，帮着剥核桃衣子。云泽手酸了，放下了钳子，兰仙接了过来。玳珍道：“当心你那水葱似的指甲，养得这么长了，断了怪可惜的！”云泽道：“叫人去拿金指甲套子去。”兰仙笑道：“有这些麻烦的，倒不如叫他们拿到厨房里去剥了！”

众人低声说笑着，榴喜打起帘子，报道：“二奶奶来了。”兰仙云泽起身让坐，那曹七巧且不坐下，一只手撑着门，一只手撑住腰，窄窄的袖口里垂下一条雪青洋绉手帕，下身上穿着银红衫子，葱白线镶滚，雪青闪蓝如意小脚裤子，瘦骨脸儿，朱口细牙，三角眼，小山眉，四下里一看，笑道：“人都齐了，今儿想必我又晚了！怎怪我不迟到——摸着黑梳的头！谁教我的窗户冲着后院子呢？单单就派了那么间房给我，横竖我们那位眼看是活不长的，我们净等着做孤儿寡妇了——不欺负我们，欺负谁？”玳珍淡淡地并不接口，兰仙笑道：“二嫂住惯了北京的屋子，怪不得嫌这儿憋闷得慌。”云泽道：“大哥当初找房子的时候，原该找个宽敞些的，不过上海像这样，只怕也算敞亮的了。”兰仙道：“可不是！家里人实在多，挤是挤了点——”七巧挽起袖口，把手帕子掖在翡翠镯子里，瞟了兰仙一眼，笑道：“三妹妹原来也嫌人太多了。连我们都嫌人太多，像你们没满月的自然更嫌人多了！”兰仙听了这话，还没有怎么，玳珍先红了脸，道：“玩是玩，笑是笑，也得有个分寸。

三妹妹新来乍到的，你让她想着咱们是什么样的人家？”七巧扯起手绢子的一角掩住了嘴唇道：“知道你们都是清门净户的小姐，你倒跟我换一换试试，只怕你一晚上也过不惯。”玳珍啐道：“不跟你说了，越说你越上头上脸的。”七巧索性上前拉住玳珍的袖子道：“我可以赌得咒——这五年里头我可以赌得咒！你敢赌么？你敢赌么？”玳珍也撑不住扑哧一笑，咕噜了一句道：“怎么你孩子也有了两个？”七巧道：“真的，连我也不知道这孩子是怎么生出来的！越想越不明白！”玳珍摇手道：“够了，够了，少说两句罢。就算你拿三妹妹当自己人，没什么背讳，现放着云妹妹在这儿呢，待会儿老太太跟前一告诉，管叫你吃不了兜着走！”

云泽早远远地走开了，背着手站在阳台上，撮尖了嘴逗芙蓉鸟。姜家住的虽然是早期的最新式洋房，堆花红砖大柱支着巍峨的拱门，楼上阳台却是木板铺的地。黄杨木栏杆里面，放着一溜大篾篓子，晾着笋干。敝旧的太阳弥漫在空气里像金的灰尘，微微呛人的金灰，揉进眼睛里去，昏昏的。街上小贩遥遥摇着拨浪鼓，那懵懂的“不楞登……不楞登”里面有着无数老去的孩子们的回忆。包车丁丁地跑过，偶尔也有一辆汽车叭叭叫两声。

七巧自己也知道这屋子里的人都瞧不起她，因此和新来的人分外亲热些，倚在兰仙的椅背上问长问短，携着兰仙的手左看右看，夸赞了一会儿她的指甲，又道：“我去年小拇指上养的比这个足足还长半寸呢，掐花给弄断了。”兰仙早看穿了七巧的为人和她在姜家的地位，微笑尽管微笑着，也不大答理她。七巧自觉无趣，趸到阳台上来，拾起云泽的辫梢来抖了一抖，搭讪着笑道：“哟！小姐的头发怎么这样稀朗朗的？去年还是乌油油的一头好头发，该掉了不少罢？”云泽闪过身去护着辫子，笑道：“我掉两根头发，也要你管！”七巧只顾端详她，叫道：“大嫂你来看看，云妹妹的确瘦多了，小姐莫不是有了心事了？”云泽啪的一声打掉了她的手，恨道：“你今儿个真的发了疯了！平日还不够讨人嫌的？”七巧把两手筒在袖子里，笑嘻嘻地道：“小姐脾气好大！”

玳珍探出头来道：“云妹妹，老太太起来了。”众人连忙扯扯衣襟，摸摸鬓角，打帘子进隔壁房里去，请了安，伺候老太太吃早饭。婆子们端着托盘从起坐间里穿了过去，里面的丫头接过碗碟，婆子们依旧退到外间来守候着。里面静悄悄的，难得有人说句把话，只听见银筷子头上的细银链条窸窣颤动。老太太信佛，饭后照例要做两个时辰的功课，众人退了出来，云泽背地里向玳珍道："二嫂不忙着过瘾去，还挨在里面做什么？"玳珍道："想是有两句私房话要说。"云泽不由得笑了起来道："她的话，老太太哪里听得进？"玳珍冷笑道："那倒也说不定。老年人心思总是活动的，成天在耳边聒絮着，十句里头相信一两句，也未可知。"

兰仙坐着磕核桃，玳珍和云泽便顺着脚走到阳台上来，虽不是存心偷听正房里的谈话，老太太上了年纪，有点聋，喉咙特别高些，有意无意之间不免有好些话吹到阳台上的人的耳朵里来。云泽把脸气得雪白，先是握紧了拳头，又把两只手使劲一洒，便向走廊的另一头跑去。跑了两步，又站住了，身子向前伛偻着，捧着脸呜呜哭了起来。玳珍赶上去扶着劝道："妹妹快别这么着！快别这么着！不犯着跟她这样的人计较！谁拿她的话当桩事！"云泽甩开了她，一径往自己屋里奔去。玳珍回到起坐间里来，一拍手道："这可闯出祸来了！"兰仙忙道："怎么了？"玳珍道："你二嫂去告诉了老太太，说女大不中留，让老太太写信给彭家，叫他们早早把云妹妹娶过去罢。你瞧，这算什么话？"兰仙也怔了一怔道："女家说出这种话来，可不是自己打脸么？"玳珍道："姜家没面子，还是一时的事，云妹妹将来嫁了过去，叫人家怎么瞧得起她？她这一辈子还要做人呢！"兰仙道："老太太是明白人——不见得跟那一位一样的见识。"玳珍道："老太太起先自然是不爱听，说咱们家的孩子，绝不会生这样的心。她就说：'哟！您不知道现在的女子跟您从前做女孩子时候的女孩子，哪儿能够打比呀？时世变了，要不怎么天下大乱呢？'你知道，年岁大的人就爱听这一套，说得老太太也有点疑疑惑惑起来。"兰仙叹道："好端端怎么想起来的，造这样的谣言！"玳珍两肘支在桌子上，伸着小指剔眉毛，沉吟了一会儿，嗤的一笑道："她自己以为她是特别地体贴云妹妹呢！要她这样体贴我，我可受不了！"兰仙拉了她一把道："你听——不能是云妹妹罢？"后房似乎有人在那里大放悲声，蹬得铜床柱子一片响。嘈嘈杂杂还有人在那里解劝，只是劝不住。玳珍站起身来道："我去看看，别瞧这位小姐好性儿，逼急了她，也不是好惹的。"

玳珍出去了，那姜三爷姜季泽却一路打着哈欠进来了。季泽是个结实小伙子，偏于胖的一方面，脑后拖一根三股油松大辫，生得天圆地方，鲜红的腮颊，往下坠着一点，青湿眉毛，水汪汪的黑眼睛里永远透着三分不耐烦，穿一件竹根青窄袖长袍，绛紫芝麻地一字襟珠扣小坎肩，问兰仙道："谁在里头吱吱喳喳跟老太太说话？"兰仙道："二嫂。"季泽抿着嘴摇摇头，兰仙笑道："你也怕了她？"季泽一声儿不言语，拖过一把椅子，将椅背抵着桌缘，把袍子高高地一撩，骑着椅子坐了下来，下巴搁在椅背上，手里只管把核桃仁一个一个拈来吃。兰仙瞥了他一眼道："人家剥了这一晌午，是专诚孝敬你的么？"正说着，七巧掀着帘子出来了，一眼看见了季泽，身不由主地就走了过来，绕到兰仙椅子背后，两手兜在兰仙脖子上，把脸凑了下去，笑道："这么一个人才出众的新娘子！三弟你还没谢谢我哪！要不是我催着他们早早替你办了这件事，这一耽搁，等打完了仗，指不定要十年八年呢！可不把你急坏了！"兰仙生平最大的憾事便是出阁的日子正赶着非常时期，潦草成了家，诸事都欠齐全，因此一听见这不入耳的话，她那小长挂子脸便往下一沉。季泽望了兰仙一眼，微笑道："二嫂，自古好心没有好报，谁都不承你的情！"七巧道："不承情也罢！我也惯了。我进了你们姜家的门，别的不说，单只守着你二哥这些年，衣不解带地服侍他，也就是个有功无过的人——谁见我的情来？谁有半点好处到我头上？"季泽笑道："你一开口就是满肚子的牢骚！"七巧长长地吁了一口气，只管拨弄兰仙衣襟上扣着的金三事儿和钥匙。半晌，忽道："总算你这一个来月没出去胡闹过。真亏了新娘子留住了你。旁人跪下地来求你也留你不住！"季泽笑道："是吗？嫂子并没有留过我，怎见得留不住？"一面笑，一面向兰仙使了个眼色。七巧笑得直不起腰道："三妹妹，你也不管管他！这么个猴儿崽子，我眼看他长大的，他倒占起我的便宜来了！"

她嘴里说笑着，心里发烦，一双手也不肯闲着，把兰仙揣着捏着，捶着打着，恨不得把她挤得走了样才好。兰仙纵然有涵养，也忍不住要恼了；一性急，磕核桃使差了劲，把那二寸多长的指甲齐根折断，七巧哟了一声道："快拿剪刀来修一修。我记得这屋里有一把小剪子的。"便唤："小双！榴喜！来人哪！"兰仙立起身来道："二嫂不用费事，我上我屋里铰去。"便抽身出去。七巧就在兰仙的椅子上坐下了，一手托着腮，抬高了眉毛，斜睐着季泽道："她跟我生了气么？”季泽笑道：“她干嘛生你的气？”七巧道：“我正要问呀！我难道说错了话不成？留你在家倒不好？她倒愿意你上外头逛去？”季泽笑道：“这一家子从大哥大嫂起，齐了心管教我，无非是怕我花了公账上的钱罢了。”七巧道：“阿弥陀佛，我保不定别人不安着这个心，我可不那么想。你就是闹了亏空，押了房子卖了田，我若皱一皱眉头，我也不是你二嫂了。谁叫咱们是骨肉至亲呢？我不过是要你当心你的身子。”季泽嗤地一笑道：“我当心我的身子，要你操心？”七巧颤声道：“一个人，身子第一要紧。你瞧你二哥弄得那样儿，还成个人吗？还能拿他当个人看？”季泽正色道：“二哥比不得我，他一下地就是那样儿，并不是自己作践的。他是个可怜的人，一切全仗二嫂照护他了。”七巧直挺挺地站了起来，两手扶着桌子，垂着眼皮，脸庞的下半部抖得像嘴里含着滚烫的蜡烛油似的，用尖细的声音逼出两句话道："你去挨着你二哥坐坐！你去挨着你二哥坐坐！”她试着在季泽身边坐下，只搭着他的椅子的一角，她将手贴在他腿上，道：“你碰过他的肉没有？是软的、重的，就像人的脚有时发麻了，摸上去那感觉……”季泽脸上也变了色，然而他仍旧轻佻地笑了一声，俯下腰，伸手去捏她的脚道：“倒要瞧瞧你的脚现在麻不麻？”七巧道：“天哪，你没挨着他的肉，你不知道没病的身子是多好的……多好的……”她顺着椅子溜下去，蹲在地上，脸枕着袖子，听不见她哭，只看见发髻上插的风凉针，针头上的一粒钻石的光，闪闪掣动着。发髻的心子里扎着一小截粉红丝线，反映在金刚钻微红的光焰里。她的背影一挫一挫，俯伏了下去。她不像在哭，简直像在翻肠搅胃地呕吐。

季泽先是愣住了，随后就立起来道：“我走就是了。你不怕人，我还怕人呢。也得给二哥留点面子！”七巧扶着椅子站了起来，呜咽道：“我走。”她扯着衫袖里的手帕子揾了揾脸，忽然微微一笑道：“你这样护卫二哥！”季泽冷笑道：“我不护卫他，还有谁护卫他？”七巧向门走去，哼了一声道："你又是什么好人？趁早不用在我跟前假撇清！且不提你在外头怎样荒唐，只单在这屋里……老娘眼睛里揉不下沙子去！别说我是你嫂子了，就是我是你奶妈，只怕你也不在乎。”季泽笑道：“我原是个随随便便的人，哪禁得起你挑眼儿？”七巧待要出去，又把背心贴在门上，低声道：“我就不懂，我有什么地方不如人？我有什么地方不好……”季泽笑道：“好嫂子，你有什么不好？”七巧笑了一声道：“难不成我跟了个残废的人，就过上了残废的气，沾都沾不得？”她睁着眼直勾勾朝前望着，耳朵上的实心小金坠子像两只铜钉把她钉在门上——玻璃匣子里蝴蝶的标本，鲜艳而凄怆。

季泽看着她，心里也动了一动。可是那不行，玩尽管玩，他早抱定了宗旨不惹自己家里人，一时的兴致过去了，躲也躲不掉，踢也踢不开，成天在面前，是个累赘。何况七巧的嘴这样敞，脾气这样躁，如何瞒得了人？何况她的人缘这样坏，上上下下谁肯代她包涵一点，她也许是豁出去了，闹穿了也满不在乎。他可是年纪轻轻的，凭什么要冒那个险。他侃侃说道：“二嫂，我虽年纪小，并不是一味胡来的人。”

仿佛有脚步声，季泽一撩袍子，钻到老太太屋子里去了，临走还抓了一大把核桃仁。七巧神志还不很清楚，直到有人推门，她方才醒了过来，只得将计就计，藏在门背后，见玳珍走了进来，她便夹脚跟出来，在玳珍背上打了一下。玳珍勉强一笑道：“你的兴致越发好了！”又望了望桌上道：“咦？那么些个核桃，吃得差不多了。再也没有别人，准是三弟。”七巧倚着桌子，面向阳台立着，只是不言语。玳珍坐了下来，嘟囔道：“害人家剥了一早上，便宜他享现成的！”七巧捏着一片锋利的胡桃壳，在红毡条上狠命刮着，左一刮，右一刮，看看那毡子起了毛，就要破了。她咬着牙道：“钱上头何尝不是一样？一味地叫咱们省，省下来让人家拿出去大把地花！我就不服这口气！”玳珍看了她一眼，冷冷地道：“那可没办法了。人多了，明里不去，暗里也不见得不去。管得了这个，管不了那个。”七巧觉得她话中有刺，正待反唇相讥，小双进来了，鬼鬼祟祟走到七巧跟前，嗫嚅道：“奶奶，舅爷来了。”七巧骂道：“舅爷来了，又不是背人的事，你嗓子眼里长了疔是怎么着？蚊子哼哼似的！”小双倒退了一步，不敢言语。玳珍道：“你们舅爷原来也到上海来了。咱们这儿亲戚倒都全了。”七巧移步出房道：“不许他到上海来？内地兵荒马乱的，穷人也一样的要命呀！”她在门槛上站住了，问小双道：“回过老太太没有？”小双道：“还没呢。”七巧想了一想，毕竟不敢进去告诉一声，只得悄悄下楼去了。

玳珍问小双道：“舅爷一个人来的？”小双道：“还有舅奶奶，携着四只提篮盒。”玳珍格地一笑道：“倒破费了他们。”小双道：“大奶奶不用替他们心疼。装得满满地进来，一样装得满满地出去。别说金的银的圆的扁的，就连零头鞋面儿裤腰都是好的！”玳珍笑道：“别那么缺德了！你下去罢。她娘家人难得上门，伺候不周到，又该大闹了。”

小双赶了出去，七巧正在楼梯口盘问榴喜老太太可知道这件事。榴喜道：“老太太念佛呢，三爷爬在窗口看野景，就大门口来了客。老太太问是谁，三爷仔细看了看，说不知是不是曹家舅爷，老太太就没追问下去。”七巧听了，心头火起，跺了跺脚，喃喃呐呐骂道：“敢情你装不知道就算了！皇帝还有草鞋亲呢！这会子有这么势利的，当初何必三媒六聘地把我抬过来？快刀斩不断的亲戚，别说你今儿是装死，就是你真死了，他也不能不到你的灵前磕三个头，你也不能不受着他的！”一面说，一面下去了。

她那间房，一进门便有一堆金漆箱笼迎面拦住，只隔开几步见方的空地。她一掀帘子，只见她嫂子蹲下身去将提篮盒上面的一屉盒子卸了下来，检视下面一屉里的菜可曾泼出来。她哥哥曹大年背着手弯着腰看着。七巧止不住一阵心酸，倚着箱笼，把脸偎在那沙蓝棉套子上，纷纷落下泪来。她嫂子慌忙站直了身子，抢步上前，两只手捧住她一只手，连连叫着姑娘。曹大年也不免抬起袖子来擦眼睛。七巧把那只空着的手去解箱套子上的纽扣，解了又扣上，只是开不得口。

她嫂子回过头去睃了她哥哥一眼道：“你也说句话呀！成日家念叨着，见了妹妹的面，又像锯了嘴的葫芦似的！”七巧颤声道：“也不怪他没有话——他哪儿有脸来见我！”又向她哥哥道：“我只道你这一辈子不打算上门了！你害得我好！你扔崩一走，我可走不了。你也不顾我的死活！”曹大年道：“这是什么话？旁人这么说还罢了，你也这么说！你不替我遮盖遮盖，你自己脸上也不见得光鲜。”七巧道：“我不说，我可禁不住人家不说。就为你，我气出了一身病在这里。今日之下，亏你还拿这话来堵我！”她嫂子忙道：“是他的不是，是他的不是！姑娘受了委屈了。姑娘受委屈也不止这一件，好歹忍着罢，总有个出头之日。”她嫂子那句“姑娘受委屈也不止这一件”的话却深深打进她心坎儿里去。七巧哀哀哭了起来，急得她嫂子直摇手道：“看吵醒了姑爷。”房那边暗昏昏的紫楠大床上，寂寂吊着珠罗纱帐子。七巧的嫂子又道：“姑爷睡着了罢？惊动了他，该生气了。”七巧高声叫道：“他要有点人气，倒又好了！”她嫂子吓得掩住她的嘴道：“姑奶奶别！病人听见了,心里不好受！”七巧道:“他心里不好受,我心里好受吗？”她嫂子道:“姑爷还是那软骨症？”七巧道：“就这一件还不够受了，还禁得起添什么？这儿一家子都忌讳痨病这两个字,其实还不就是骨痨！”她嫂子道:“整天躺着，有时候也坐起来一会儿么？”七巧吓吓地笑了起来道：“坐起来，脊梁骨直溜下去，看上去还没有我那三岁的孩子高哪！”她嫂子一时想不出劝慰的话，三个人都愣住了。七巧猛地蹬脚道：“走罢，走罢，你们！你们来一趟，就害得我把前因后果重新在心里过一过。我禁不起这么折腾！你快给我走！”

曹大年道：“妹妹你听我一句话。别说你现在心里不舒坦，有个娘家走动着，多少好些，就是你有了出头之日了，姜家是个大族，长辈动不动就拿大帽子压人，平辈小辈一个个如狼似虎的，哪一个是好惹的？替你打算，也得要个帮手。将来你用得着你哥哥你侄儿的时候多着呢。”七巧啐了一声道：“我靠你帮忙，我也倒了霉了！我早把你看得透里透——斗得过他们，你到我跟前来邀功要钱，斗不过他们，你往那边一倒。本来见了做官的就魂都没有了，头一缩，死活随我去。”大年涨红了脸冷笑道：“等钱到了你手里，你再防你哥哥分你的，也还不迟。”七巧道：“你既然知道钱还没到我手里，你来缠我做什么？”大年道：“路远迢迢赶来看你，倒是我们的不是了！走！我们这就走！凭良心说，我就用你两个钱，也是该的。当初我若贪图财礼，问姜家多要几百两银子，把你卖给他们做姨太太，也就卖了。”七巧道：“奶奶不胜似姨奶奶吗？长线放远鹞，指望大着呢！”大年待要回嘴，他媳妇拦住他道：“你就少说一句罢！以后还有见面的日子呢。将来姑奶奶想到你的时候，才知道她就只这一个亲哥哥了！”大年督促他媳妇整理了提篮盒，捡起就待走。七巧道：“我稀罕你？等我有了钱了，我不愁你不来，只愁打发你不开。”嘴里虽然硬着，熬不住那呜咽的声音，一声响似一声，憋了一上午的满腔幽恨，借着这因由尽情发泄了出来。

她嫂子见她分明有些留恋之意，便做好做歹劝住了她哥哥；一面半搀半拥把她引到花梨炕上坐下了，百般譬解，七巧渐渐收了泪。兄妹姑嫂叙了些家常。北方情形还算平静，曹家的麻油铺还照常营业着。大年夫妇此番到上海来，却是因为他家没过门的女婿在人家当账房，光复的时候恰巧在湖北，后来辗转跟主人到上海来了，因此大年亲自送了女儿来完婚，顺便探望妹子。大年问候了姜家阖宅上下，又要参见老太太，七巧道：“不见也罢了，我正跟她怄气呢。”大年夫妇都吃了一惊，七巧道：“怎么不淘气呢？一家子都往我头上踩，我若是好欺负的，早给作践死了，饶是这么着，还气得我七病八痛的！”她嫂子道：“姑娘近来还抽烟不抽，倒是鸦片烟，平肝导气，比什么药都强，姑娘自己千万保重，我们又不在跟前，谁是个知疼着热的人？”

七巧翻箱子取出几件新款尺头送与她嫂子，又是一副四两重的金镯子，一对披霞莲蓬簪，一床丝棉被胎，侄女们每人一只金挖耳，侄儿们或是一只金锞子，或是一顶貂皮暖帽，另送了她哥哥一只珐琅金蝉打簧表，她哥嫂道谢不迭。七巧道：“你们来得不巧，若是在北京，我们正要上路的时候，带不了的东西，分了几箱给丫头老妈子，白便宜了他们。”说得她哥嫂讪讪的。临行的时候，她嫂子道：“忙完了闺女，再来瞧姑奶奶。”七巧笑道：“不来也罢了，我应酬不起！”

大年夫妇出了姜家的门，她嫂子便道：“我们这位姑奶奶怎么换了个人？没出嫁的时候不过要强些，嘴头上琐碎些，就连后来我们去瞧她，虽是比前暴躁些，也还有个分寸，不似如今疯疯傻傻，说话有一句没一句，就没一点儿得人心的地方。”

七巧立在房里，抱着胳膊看小双祥云两个丫头把箱子抬回原处，一只一只叠了上去。从前的事又回来了：临着碎石子街的馨香的麻油店，黑腻的柜台，芝麻酱桶里竖着木匙子，油缸上吊着大大小小的铁匙子。漏斗插在打油的人的瓶里，一大匙再加上两小匙正好装满一瓶，——一斤半。熟人呢，算一斤四两。有时她也上街买菜，蓝夏布衫裤，镜面乌绫镶滚。隔着密密层层的一排吊着猪肉的铜钩，她看见肉铺里的朝禄。朝禄赶着她叫曹大姑娘。难得叫声巧姐儿，她就一巴掌打在钩子背上，无数的空钩子荡过去锥他的眼睛，朝禄从钩子上摘下尺来宽的一片生猪油，重重地向肉案一抛，一阵温风扑到她脸上，腻滞的死去的肉体的气味……她皱紧了眉毛。床上睡着的她的丈夫，那没有生命的肉体……

风从窗子里进来，对面挂着的回文雕漆长镜被吹得摇摇晃晃，磕托磕托敲着墙。七巧双手按住了镜子。镜子里反映着的翠竹帘子和一副金绿山水屏条依旧在风中来回荡漾着，望久了，便有一种晕船的感觉。再定睛看时，翠竹帘子已经退了色，金绿山水换为一张她丈夫的遗像，镜子里的人也老了十年。

去年她戴了丈夫的孝，今年婆婆又过世了。现在正式挽了叔公九老太爷出来为他们分家，今天是她嫁到姜家来之后一切幻想的集中点。这些年了，她戴着黄金的枷锁，可是连金子的边都啃不到，这以后就不同了。七巧穿着白香云纱衫，黑裙子，然而她脸上像抹了胭脂似的，从那揉红了的眼圈儿到烧热的颧骨。她抬起手来揾了一揾脸，脸上烫，身子却冷得打颤。她叫祥云倒了杯茶来（小双早已嫁了，祥云也配了个小厮。），茶给喝了下去，沉重地往腔子里流，一颗心便在热茶里扑通扑通跳。她背向着镜子坐下了，问祥云道："九老太爷来了这一下午，就在堂屋里跟马师爷查账？"祥云应了一声是。七巧又道："大爷大奶奶三爷三奶奶都不在跟前？"祥云又应了声是。七巧道："还到谁的屋里去过？"祥云道："就到哥儿们的书房里兜了一兜。"七巧道："好在咱们白哥儿的书倒不怕他查考……今年这孩子就吃亏在他爸爸他奶奶接连着出了事，他若还有心念书，他也不是人养的！"她把茶吃完了，吩咐祥云下去看看堂屋里大房三房的人可都齐了，免得自己去早了，显得性急，被人耻笑。恰巧大房里也差了一个丫头出来探看，和祥云打了个照面。

七巧终于款款下楼来了。堂屋里临时布置了一张镜面乌木大餐台，九老太爷独当一面坐了，面前乱堆着青布面、梅红签的账簿，又搁着一只瓜楞茶碗。四周除了马师爷之外，又有特地邀请的"公亲"，近于陪审员的性质。各房只派了一个男子做代表，大房是大爷，二房二爷没了，是二奶奶，三房是三爷。季泽很知道这总清算的日子于他没有什么好处，因此他到得最迟。然而来既来了，他决不愿意露出焦灼懊丧的神气。腮帮子上依旧是他那点丰肥的、红色的笑。眼睛里依旧是他那点潇洒的不耐烦。

九老太爷咳嗽了一声，把姜家的经济状况约略报告了一遍，又翻着账簿子读出重要的田地房产的所在与按年的收入。七巧两手紧紧扣在肚子上，身子向前倾着，努力向她自己解释他的每一句话，与她往日调查所得一一印证。青岛的房子、天津的房子、北京城外的地、上海的房子……三爷在公账上拖欠过巨，他的一部分遗产被抵销了之后，还净欠六万，然而大房二房也只得就此算了，因为他是一无所有的人。他仅有的那一幢花园洋房，他为一个姨太太买了，也已经抵押了出去。其余只有老太太陪嫁过来的首饰，由兄弟三人均分，季泽的那一份也不便充公，因为是母亲留下的一点纪念。七巧突然叫了起来道："九老太爷，那我们太吃亏了！"

堂屋里本就肃静无声，现在这肃静却是沙沙有声，直锯进耳朵里去，像电影配音机器损坏之后的锈轧。九老太爷睁了眼望着她道："怎么？你连他娘丢下的几件首饰也舍不得给他？"七巧道："亲兄弟，明算账，大哥大嫂不言语，我可不能不老着脸开口说句话。我须比不得大哥大嫂——我们死掉的那个若是有能耐出去做两任官，手头活便些，我也乐得放大方些，哪怕把从前的旧账一笔勾销呢？可怜我们那一个病病哼哼一辈子，何尝有过一文半文进账，丢下我们孤儿寡妇，就指着这两个死钱过活。我是个没脚蟹，长白还不满十四岁，往后苦日子有得过呢！"说着，流下泪来。九老太爷道："依你便怎样？"七巧呜咽道："哪儿由得我出主意呢？只求九老太爷替我们做主！"季泽冷着脸只不做声，满屋子的人都觉不便开口。九老太爷按捺不住一肚子的火，哼了一声道："我倒想替你出主意呢，只怕你不爱听！二房里有田地没人照管，三房里有人没有地，我待要叫三爷替你照管，你多少贴他些，又怕你不要他！"七巧冷笑道："我倒想依你呢，只怕死掉的那个不依！来人哪！祥云你把白哥儿给我找来！长白，你爹好苦呀！一下地就是一身的病，为人一场，一天舒坦日子也没过着，临了丢下你这点骨血，人家还看不得你，千方百计图谋你的东西！长白谁叫你爹拖着一身病，活着人家欺负他，死了人家欺负他的孤儿寡妇！我还不打紧，我还能活个几十年么？至多我到老太太灵前把话说明白了，把这条命跟人拼了。长白你可是年纪小着呢，就是喝西北风你也得活下去呀！"九老太爷气得把桌子一拍道："我不管了！是你们求爹爹拜奶奶邀了我来的，你道我喜欢自找麻烦么？"站起来一脚踢翻了椅子，也不等人搀扶，一阵风走得无影无踪。众人面面相觑，一个个悄没声儿溜走了。惟有那马师爷忙着拾掇账簿子，落后了一步，看看屋里人全走光了，单剩下二奶奶一个人坐在那里捶着胸脯号啕大哭，自己若无其事地走了，似乎不好意思，只得走上前去，打躬作揖叫道："二太太！二太太！……二太太！"七巧只顾把袖子遮住脸，马师爷又不便把她的手拿开，急得把瓜皮帽摘下来扇着汗。

维持了几天的僵局，到底还是无声无息照原定计划分了家。孤儿寡妇还是被欺负了。

七巧带着儿子长白，女儿长安另租了一幢屋子住下了，和姜家各房很少来往。隔了几个月，姜季泽忽然上门来了。老妈子通报上来，七巧怀着鬼胎，想着分家的那一天得罪了他，不知他有什么手段对付。可是兵来将挡，她凭什么要怕他？她家常穿着佛青实地纱袄子，特地系上一条玄色铁线纱裙，走下楼来。季泽却是满面春风地站起来问二嫂好，又问白哥儿可是在书房里，安姐儿的湿气可大好了。七巧心里便疑惑他是来借钱的，加意防备着，坐下笑道："三弟你近来又发福了。"季泽笑道："看我像一点儿心事都没有的人。"七巧笑道："有福之人不在忙吗！你一向就是无牵无挂的。"季泽笑道："等我把房子卖了，我还要无牵无挂呢！"七巧道："就是你做了押款的那房子，你还要卖？"季泽道，"当初造它的时候，很费了点心思，有许多装置都是自己心爱的，当然不愿意脱手。后来你是知道的，那块地皮值钱了，前年把它翻造了弄堂房子，一家一家收租，跟那些住小家的打交道，我实在嫌麻烦，索性打算卖了它，图个清净。"七巧暗地里说道："口气好大！我是知道你的底细的，你在我跟前充什么阔大爷！"

虽然他不向她哭穷，但凡谈到银钱交易，她总觉得有点危险，便岔了开去道："三妹妹好么？腰子病近来发过没有？"季泽笑道："我也有许久没见过她的面了。"七巧道："这是什么话？你们吵了嘴么？"季泽笑道："这些时我们倒也没吵过嘴。不得已在一起说两句话，也是难得的，也没那闲情逸致吵嘴。"七巧道："何至于这样？我就不相信！"季泽两肘撑在藤椅的扶手上，交叉十指，手搭凉棚，影子落在眼睛上，深深地唉了一声。七巧笑道："没有别的，要不就是你在外头玩得太厉害了。自己做错了事，还唉声叹气地仿佛谁害了你似的。你们姜家就没有一个好人！"说着，举起白团扇，作势要打。季泽把那交叉着的十指往下移了一移，两只大拇指按在嘴唇上，两只食指缓缓抚摸着鼻梁，露出一双水汪汪的眼睛来。那眼珠却是水仙花缸底的黑石子，上面汪着水，下面冷冷的没有表情。看不出他在想什么。七巧道："我非打你不可！"季泽的眼睛里突然冒出一点笑泡儿，道："你打，你打！”七巧待要打，又掣回手去，重新一鼓作气道：“我真打！”抬高了手，一扇子劈下来，又在半空中停住了，吃吃笑起来，季泽带笑将肩膀耸了一耸，凑了上去道：“你倒是打我一下罢！害得我浑身骨头痒着，不得劲儿！”七巧把扇子向背后一藏，越发笑得格格的。

季泽把椅子换了个方向，面朝墙坐着，人向椅背上一靠，双手蒙住了眼睛，又是长长地叹了口气。七巧啃着扇子柄，斜瞟着他道：“你今儿是怎么了？受了暑吗？”季泽道：“你哪里知道？”半晌，他低低地一个字一个字说道：“你知道我为什么跟家里的那个不好，为什么我拼命地在外头玩，把产业都败光了？你知道这都是为了谁？”七巧不知不觉有些胆寒，走得远远的，倚在炉台上，脸色慢慢地变了。季泽跟了过来。七巧垂着头，肘弯撑在炉台上，手里擎着团扇，扇子上的杏黄穗子顺着她的额角拖下来。季泽在她对面站住了，小声道：“二嫂！……七巧！”

七巧背过脸去淡淡笑道：“我要相信你才怪呢！”季泽便也走开了，道：“不错。你怎么能够相信我？自从你到我家来，我在家一刻也待不住，只想出去。你没来的时候我并没有那么荒唐过，后来那都是为了躲你。娶了兰仙来，我更玩得凶了，为了躲你之外又要躲她。见了你，说不了两句话我就要发脾气——你哪儿知道我心里的苦楚？你对我好，我心里更难受——我得管着我自己——我不能平白地坑坏了你，家里人多眼杂，让人知道了，我是个男子汉，还不打紧，你可了不得！”七巧的手直打颤，扇柄上的杏黄须子在她额上苏苏摩擦着。季泽道：“你信也罢，不信也罢！信了又怎样？横竖我们半辈子已经过去了，说也是白说。我只求你原谅我这一片心。我为你吃了这些苦，也就不算冤枉了。”

七巧低着头，沐浴在光辉里，细细的音乐，细细的喜悦……这些年了，她跟他捉迷藏似的，只是近不得身，原来还有今天！可不是，这半辈子已经完了——花一般的年纪已经过去了。人生就是这样地错综复杂，不讲理。当初她为什么嫁到姜家来？为了钱么？不是的，为了要遇见季泽，为了命中注定她要和季泽相爱。她微微抬起脸来，季泽立在她跟前，两手合在她扇子上，面颊贴在她扇子上。他也老了十年了，然而人究竟还是那个人啊！他难道是哄她么？他想她的钱——她卖掉她的一生换来的几个钱？仅仅这一转念便使她暴怒起来。就算她错怪了他，他为她吃的苦抵得过她为他吃的苦么？好容易她死了心了，他又来撩拨她，她恨他。他还在看着她。他的眼睛——虽然隔了十年，人还是那个人啊！就算他是骗她的，迟一点儿发现不好么？即使明知是骗人的，他太会演戏了，也跟真的差不多罢？

不行！她不能有把柄落在这厮手里。姜家的人是厉害的，她的钱只怕保不住。她得先证明他是真心不是。七巧定了一定神，向门外瞧了一瞧，轻轻惊叫道："有人！"便三脚两步赶出门去，到下房里吩咐潘妈替三爷弄点心去，快些端了来，顺便带芭蕉扇进来替三爷打扇。七巧回到屋里来，故意皱着眉道："真可恶，老妈子在门口探头探脑的，见了我抹过头去就跑，被我赶上去喝住了。若是关上了门说两句话，指不定造出什么谣言来呢！饶是独门独户住了，还没个清净。"潘妈送了点心与酸梅汤进来，七巧亲自拿筷子替季泽捡掉了蜜层糕上的玫瑰与青梅，道："我记得你是不爱吃红绿丝的。"有人在跟前，季泽不便说什么，只是微笑。七巧似乎没话找话说似的，问道："你卖房子，接洽得怎样了？"季泽一面吃，一面答道："有人出八万五，我还没打定主意呢。"七巧沉吟道："地段倒是好的。"季泽道："谁都不赞成我脱手，说还要涨呢。"七巧又问了些详细情形，便道："可惜我手头没有这一笔现款，不然我倒想买。"季泽道："其实呢，我这房子倒不急，倒是咱们乡下你那些田，早早脱手得好。自从改了民国，接二连三地打仗，何尝有一年闲过，把地面上糟踏得不成样子，中间还被收租的、师爷、地头蛇一层一层勒啃着，莫说这两年不是水就是旱，就遇着了丰年，也没有多少进账轮到我们头上。"七巧寻思着，道："我也盘算过来，一直挨着没有办。先晓得把它卖了，这会子想买房子，也不至于钱不凑手了。"季泽道："你那田要卖趁现在就得卖，听说直鲁又要开仗了。"七巧道："急切间你叫我卖给谁去？"季泽顿了一顿道："我去替你打听打听，也成。"七巧耸了耸眉毛笑道："得了，你那些狐群狗党里头，又有谁是靠得住的？"季泽把咬开的饺子在小碟里蘸了点醋，闲闲说出两个靠得住的人名，七巧便认真仔细盘问他起来，他果然回答得有条不紊，显然他是筹之已熟的。

七巧虽是笑吟吟的，嘴里发干，上嘴唇黏在牙龈上，放不下来。她端起盖碗来吸了一口茶，舐了舐嘴唇，突然把脸一沉，跳起身来，将手里的扇子向季泽头上滴溜溜掷过去，季泽向左偏了一偏，那团扇敲在他肩膀上，打翻了玻璃杯，酸梅汤淋淋漓漓溅了他一身，七巧骂道："你要我卖了田去买你的房子？你要我卖田？钱一经你的手，还有得说么？你哄我——你拿那样的话来哄我——你拿我当傻子——"她隔着一张桌子探身过去打他，然而她被潘妈下死劲抱住了。潘妈叫唤起来，祥云等人都奔了来，七手八脚按住了她，七嘴八舌求告着。七巧一头挣扎，一头叱喝着，然而她的一颗心直往下坠——她很明白她这举动太蠢——太蠢——她在这儿丢人出丑。

季泽脱下了他那湿濡的白云纱长衫，潘妈绞了手巾来代他揩擦，他理也不理，把衣服夹在手臂上，竟自扬长出门去了，临行的时候向祥云道："等白哥儿下了学，叫他替他母亲请个医生来看看。"祥云吓糊涂了，连声答应着，被七巧兜脸给她一个耳刮子。

季泽走了。丫头老妈子也都给七巧骂跑了。酸梅汤沿着桌子一滴一滴朝下滴，像迟迟的夜漏——一滴，一滴……一更，二更……一年，一百年。真长，这寂寂的一刹那。七巧扶着头站着倏地掉转身来上楼去，提着裙子，性急慌忙，跌跌跄跄，不住地撞到那阴暗的绿粉墙上，佛青袄子上沾了大块的淡色的灰。她要在楼上的窗户里再看他一眼。无论如何，她从前爱过他。她的爱给了她无穷的痛苦。单只是这一点，就使她值得留恋。多少回了，为了要按捺她自己，她迸得全身的筋骨与牙根都酸楚了。今天完全是她的错。他不是个好人，她又不是不知道。她要他，就得装糊涂，就得容忍他的坏。她为什么要戳穿他？人生在世，还不就是那么一回事？归根究底，什么是真的？什么是假的？

她到了窗前，揭开了那边上缀有小绒球的墨绿洋式窗帘，季泽正在弄堂里往外走，长衫搭在臂上，晴天的风像一群白鸽子钻进他的纺绸裤褂里去，哪儿都钻到了，飘飘拍着翅子。

七巧眼前仿佛挂了冰冷的珍珠帘，一阵热风来了，把那帘子紧紧贴在她脸上，风去了，又把帘子吸了回去，气还没透过来，风又来了，没头没脸包住她——一阵凉一阵热，她只是流着眼泪。

玻璃窗的上角隐隐约约反映出弄堂里一个巡警的缩小的影子，晃着膀子踱过去。一辆黄包车静静在巡警身上辗过。小孩把袍子掖在裤腰里，一路踢着球，奔出玻璃的边缘。绿色的邮差骑着自行车，复印在巡警身上，一溜烟掠过。都是些鬼，多年前的鬼，多年后的没投胎的鬼……什么是真的？什么是假的？

过了秋天又是冬天，七巧与现实失去了接触。虽然一样地使性子，打丫头，换厨子，总有些失魂落魄的。她哥哥嫂子到上海来探望了她两次，住不上十来天，末了永远是给她絮叨得站不住脚，然而临走的时候她也没有少给他们东西。她侄子曹春熹上城来找事，耽搁在她家里。那春熹虽是个浑头浑脑的年轻人，却也本本分分的。七巧的儿子长白，女儿长安，年纪到了十三四岁，只因身材瘦小，看上去才只七八岁的光景。在年下，一个穿着品蓝摹本缎棉袍，一个穿着葱绿遍地锦棉袍，衣服太厚了，直挺挺撑开了两臂，一般都是薄薄的两张白脸，并排站着，纸糊的人儿似的。这一天午饭后，七巧还没起身，那曹春熹陪着他兄妹俩掷骰子，长安把压岁钱输光了，还不肯歇手。长白把桌上的铜板一掳，笑道："不跟你来了。"长安道："我们用糖莲子来赌。"春熹道："糖莲子揣在口袋里，看脏了衣服。"长安道："用瓜子也好，柜顶上就有一罐。"便搬过一张茶几来，踩了椅子爬上去拿。慌得春熹叫道："安姐儿你可别摔跤，回头我担不了这干系！"正说着，只见长安猛可里向后一仰，若不是春熹扶住了，早是个倒栽葱。长白在旁拍手大笑，春熹嘟嘟囔囔骂着，也撑不住要笑，三人笑成一片。春熹将她抱下地来，忽然从那红木大橱的穿衣镜里瞥见七巧蓬着头叉着腰站在门口，不觉一怔，连忙放下了长安，回身道："姑妈起来了。"七巧汹汹奔了过来，将长安向自己身后一推，长安立脚不稳，跌了一跤。七巧只顾将身子挡住了她，向春熹厉声道："我把你这狼心狗肺的东西！我三茶六饭款待你这狼心狗肺的东西，什么地方亏待了你，你欺负我女儿？你那狼心狗肺，你道我揣摩不出么？你别以为你教坏了我女儿，我就不能不捏着鼻子把她许配给你，你好霸占我们的家产！我看你这混蛋，也还想不出这等主意来，敢情是你爹娘把着手儿教的！那两个狼心狗肺忘恩负义的老浑蛋！齐了心想我的钱，一计不成，又生一计！"春熹气得白瞪眼，欲待分辩，七巧道："你还有脸顶撞我！你还不给我快滚，别等我乱棒打出去！"说着，把儿女们推推搡搡送了出去，自己也喘吁吁扶着个丫头走了。春熹究竟年纪轻火性大，赌气卷了铺盖，顿时离了姜家的门。

七巧回到起坐间里，在烟榻上躺下了。屋里暗昏昏的，拉上了丝绒窗帘。

时而窗户缝里漏了风进来，帘子动了，方才那墨绿小绒球底下毛茸茸地看见一点天色，除此只有烟灯和烧红的火炉的微光。长安吃了吓，呆呆坐在火炉边一张小凳上。七巧道：“你过来。”长安只道是要打，只是延挨着，搭讪把火炉边的洋铁围屏上晾着的小红格子法布衬衫翻了一翻，道：“快烤糊了。”衬衫发出热烘烘的毛气。

七巧却不像要责打她的光景，只数落了一番，道：“你今年过了年也有十三岁了，也该放明白些。表哥虽不是外人，天下的男子都是一样混账。你自己要晓得当心，谁不想你的钱？”一阵风过，窗帘上的绒球与绒球之间露出白色的寒天，屋子里暖热的黑暗给打上了一排小洞。烟灯的火焰往下一挫，七巧脸上的影子仿佛更深了一层。她突然坐起身来，低声道：“男人……碰都碰不得！谁不想你的钱？你娘这几个钱不是容易得来的，也不是容易守得住。轮到你们手里，我可不能眼睁睁看着你们上人的当——叫你以后提防着些，你听见了没有？”长安垂着头道：“听见了。”

七巧的一只脚有点麻，她探身去捏一捏她的脚。仅仅是一刹那，她眼睛里蠢动着一点温柔的回忆。她记起了想她的钱的一个男人。

她的脚是缠过的，尖尖的缎鞋里塞了棉花，装成半大的文明脚。她瞧着那双脚，心里一动，冷笑一声道：“你嘴里尽管答应着，我怎么知道你心里是明白还是糊涂？你人也有这么大了，又是一双大脚，哪里去不得？我就是管得住你，也没那个精神成天看着你。按说你今年十三了，裹脚已经嫌晚了，原怪我耽误了你。马上这就替你裹起来，也还来得及。”长安一时答不出话来，倒是旁边的老妈子们笑道：“如今小脚不时兴了，只怕将来给姐儿定亲的时候麻烦。”七巧道：“没有扯淡！我不愁我的女儿没人要，不劳你们替我担心！真没人要，养活她一辈子，我也养得起！”当真替长安裹起脚来，痛得长安鬼哭神号的。这时连姜家这样守旧的人家，缠过脚的也都已经放了脚了，别说是没缠过的，因此都拿长安的脚传作笑话奇谈。裹了一年多，七巧一时的兴致过去了，以经亲戚们劝着，也就渐渐放松了，然而长安的脚可不能完全恢复原状了。

姜家大房三房里的儿女都进了洋学堂读书，七巧处处存心跟他们比赛着，便也要送长白去投考。长白除了打小牌之外，只喜欢跑跑票房，正在那里朝夕用功吊嗓子，只怕进学校要耽搁了他的功课，便不肯去。七巧无奈，只得把长安送到沪范女中，托人说了情，插班进去。长安换上了蓝爱国布的校服，不上半年，脸色也红润了，胳膊腿腕也粗了一圈。住读的学生洗换衣服，照例是送学校里包着的洗衣作里去的。长安记不清自己的号码，往往失落了枕套手帕种种零件，七巧便闹着说要去找校长说话。这一天放假回家，检点了一下，又发现有一条褥单是丢了。七巧暴跳如雷，准备明天亲自上学校去大兴问罪之师。长安着了急，拦阻了一声，七巧便骂道："天生的败家精，拿你的钱不当钱。你娘的钱是容易得来的？——将来你出嫁，你看我有什么陪送给你！——给也是白给！"长安不敢做声，却哭了一晚上。她不能在她的同学跟前丢这个脸。对于十四岁的人，那似乎有天大的重要。她母亲去闹一场，她以后拿什么脸去见人？她宁死也不到学校里去了。她的朋友们，她所喜欢的音乐教员，不久就会忘记了有这么一个女孩子，来了半年，又无缘无故悄悄地走了。走得干净。她觉得她这牺牲是一个美丽的，苍凉的手势。

半夜里她爬下床来，伸手到窗外试试，漆黑的，是下了雨么？没有雨点。她从枕头边摸出一只口琴，半蹲半坐在地上，偷偷吹了起来。犹疑地，Long Long Ago 的细小的调子在庞大的夜里袅袅漾开。不能让人听见了。为了竭力按捺着，那呜呜的口琴忽断忽续，如同婴儿的哭泣。她接不上气来，歇了半晌。窗格子里，月亮从云里出来了。墨灰的天，几点疏星，模糊的缺月，像石印的图画，下面白云蒸腾，树顶上透出街灯淡淡的圆光。长安又吹起口琴。"告诉我那故事，往日我最心爱的那故事，许久以前，许久以前……"

第二天她大着胆子告诉她母亲："娘，我不想念下去了。"七巧睁着眼道："为什么？"长安道："功课跟不上，吃的太苦了，我过不惯。"七巧脱下一只鞋来，顺手将鞋底抽了她一下，恨道："你爹不如人，你也不如人？养下你来又不是个十不全，就不肯替我争口气！"长安反剪着一双手，垂着眼睛，只是不言语。旁边老妈子们便劝道："姐儿也大了，学堂里人杂，的确有些不方便。其实不去也罢了。"七巧沉吟道："学费总得想法子拿回来。白便宜了他们不成？"便要领了长安一同去索讨，长安抵死不肯去，七巧带着两个老妈子去了一趟回来了，据她自己补叙，钱虽然没收回来，却也着实羞辱了那校长一场。长安以后在街上遇着了同学，脸上红一阵白一阵，无地自容，只得装做不看见，急急走了过去。朋友寄了信来，她拆也不敢拆，原封退了回去，她的学校生活就此告一结束。

有时她也觉得牺牲得有点不值得，暗自懊悔着，然而也来不及挽回了。她渐渐放弃了一切上进的思想，安分守己起来。她学会了挑是非，使小坏，干涉家里的行政。她不时地跟母亲怄气，可是她的言谈举止越来越像她母亲了。每逢她单叉着裤子，叉开了两腿坐着，两只手按在胯间露出的凳子上，歪着头，下巴搁在心口上凄凄惨惨瞅住了对面的人说道："一家有一家的苦处呀，表嫂——一家有一家的苦处！"——谁都说她是活脱的一个七巧。她打了一根辫子，眉眼的紧俏有似当年的七巧，可是她的小小的嘴过于瘪进去，仿佛显老一点。她再年轻些也不过是一棵较嫩的雪里红——盐腌过的。

也有人来替她做媒。若是家境推板一点的，七巧总疑心人家是贪她们的钱。若是那有财有势的，对方却又不十分热心，长安不过是中等姿色，她母亲出身既低，又有个不贤慧的名声，想必没有什么家教。因此高不成，低不就，一年一年耽搁了下去。那长白的婚事却不容耽搁。长白在外面赌钱，捧女戏子，七巧还没甚话说，后来渐渐跟着他三叔姜季泽逛起窑子来，七巧方才着了慌，手忙脚乱替他定亲，娶了一个袁家的小姐，小名芝寿。

行的是半新式的婚礼，红色盖头是蠲免了，新娘戴着蓝眼镜，粉红喜纱，穿着粉红彩绣裙袄。进了洞房，除去了眼镜，低着头坐在湖色帐幔里。闹新房的人围着打趣，七巧只看了一看便出来了。长安在门口赶上了她，悄悄笑道："皮色倒白净，就是嘴唇太厚了些。"七巧把手撑着门，拔下一只金挖耳来搔搔头，冷笑道："还说呢！你新嫂子这两片嘴唇，切切倒有一大碟子！"旁边一个太太便道："说是嘴唇厚的人天性厚哇！"七巧哼了一声，将金挖耳指住了那太太，倒剔起一只眉毛，歪着嘴微微一笑道："天性厚，并不是什么好话。当着姑娘们，我也不便多说——但愿咱们白哥儿这条命别送在她手里！"七巧天生着一副高爽的喉咙，现在因为苍老了些，不那么尖了，可是扁扁的依旧四面刮得人疼痛，像剃刀片。这两句话，说响不响，说轻也不轻。人丛里的新娘子的平板的脸与胸震了一震——多半是龙凤烛的火光的跳动。

三朝过后，七巧嫌新娘子笨，诸事不如意，每每向亲戚们诉说着。便有人劝道："少奶奶年纪轻，二嫂少不得要费点心教导教导她。谁叫这孩子没心眼儿呢！"七巧啐道："你别瞧咱们新少奶奶老实呀——一见了白哥儿，她就得去上马桶！真的！你信不信？"这话传到芝寿耳朵里，急得芝寿只待寻死。然而这还是没满月的时候，七巧还顾些脸面，后来索性这一类的话当着芝寿的面也说了起来，芝寿哭也不是，笑也不是，若是木着脸装不听见，七巧便一拍桌子嗟叹起来道："在儿子媳妇手里吃口饭，可真不容易！动不动就给人脸子看！"

这天晚上，七巧躺着抽烟，长白盘踞在烟铺跟前的一张沙发椅上嗑瓜子，无线电里正唱着一出冷戏，他捧着戏考，一个字一个字跟着哼，哼上了劲，甩过一条腿去骑在椅背上，来回摇着打拍子。七巧伸过脚去踢了他一下道："白哥儿你来替我装两筒。"长白道："现放着烧烟的，偏要支使我！我手上有蜜是怎么着？"说着，伸了个懒腰，慢腾腾移身坐到灯前的小凳上，卷起了袖子。七巧笑道："我把你这不孝的奴才！支使你，是抬举你！"她眯缝着眼望着他，这些年来她的生命里只有这一个男人，只有他，她不怕他想她的钱——横竖钱都是他的。可是，因为他是她的儿子，他这一个人还抵不了半个……现在，就连这半个人她也保留不住——他娶了亲。他是个瘦小白皙的年轻人，背有点驼，戴着金丝眼镜，有着工细的五官，时常茫然地微笑着，张着嘴，嘴里闪闪发着光的不知道是太多的唾沫水还是他的金牙。他敞着衣领，露出里面的珠羔里子和白小褂。七巧把一只脚搁在他肩膀上，不住地轻轻踢着他的脖子，低声道："我把你这不孝的奴才！打几时起变得这么不孝了？"长安在旁笑道："娶了媳妇忘了娘吗！"七巧道："少胡说！我们白哥儿倒不是那们样的人！我也养不出那么样的儿子！"长白只是笑。七巧斜着眼看定了他，笑道："你若还是我从前的白哥儿，你今儿替我烧一夜的烟！"长白笑道："那可难不倒我！"七巧道："盹着了，看我捶你！"

起坐间的帘子撤下送去洗濯了。隔着玻璃窗望出去，影影绰绰乌云里有个月亮，一搭黑，一搭白，像个戏剧化的狰狞的脸谱。一点，一点，月亮缓缓地从云里出来了，黑云底下透出一线炯炯的光，是面具底下的眼睛。天是无底洞的深青色。久已过了午夜了。长安早去睡了，长白打着烟泡，也前仰后合起来。七巧斟了杯浓茶给他，两人吃着蜜饯糖果，讨论着东邻西舍的隐私。七巧忽然含笑问道：“白哥儿你说，你媳妇儿好不好？”长白笑道：“这有什么可说的？”七巧道：“没有可批评的，想必是好的了？”长白笑着不做声。七巧道：“好，也有个怎么个好呀！”长白道：“谁说她好来着？”七巧道：“她不好？哪一点不好？说给娘听。”长白起初只是含糊对答，禁不起七巧再三盘问，只得吐露一二。旁边递茶递水的老妈子们都背过脸去笑得格格的，丫头们都掩着嘴忍着笑回避出去了。七巧又是咬牙，又是笑，又是喃喃咒骂，卸下烟斗来狠命磕里面的灰，敲得托托一片响。长白说溜了嘴，止不住要说下去，足足说了一夜。

次日清晨，七巧吩咐老妈子取过两床毯子来打发哥儿在烟榻上睡觉。这时芝寿也已经起了身，过来请安。七巧一夜没合眼，却是精神百倍，邀了几家女眷来打牌，亲家母也在内。在麻将桌上一五一十将她儿子亲口招供的她媳妇的秘密宣布了出来，略加渲染，越发有声有色。众人竭力地打岔，然而说不出两句闲话，七巧笑嘻嘻地转了个弯，又回到她媳妇身上来了。逼得芝寿的母亲脸皮紫涨，也无颜再见女儿，放下牌，乘了包车回去了。

七巧接连着要长白为她烧了两晚上的烟。芝寿直挺挺躺在床上，搁在肋骨上的两只手蜷曲着像死去的鸡的脚爪。她知道她婆婆又在那里盘问她丈夫，她知道她丈夫又在那里叙述一些什么事，可是天知道他还有什么新鲜的可说！明天他又该涎着脸到她跟前来了。也许他早料到她会把满腔怨毒都结在他身上，就算她没本领跟他拼命，最不济也得质问他几句，闹上一场。多半他准备先声夺人，借酒盖住了脸，找点岔子，摔上两件东西。她知道他的脾气。末后他会坐到床沿上来，耸起肩膀，伸手到白绸小褂里面去抓痒，出人意料之外地一笑。他的金丝眼镜上抖动着一点光，他嘴里抖动着一点光，不知道是唾沫还是金牙。他摘去了他的眼镜。……芝寿猛然坐起身来，哗啦揭开了帐子。这是个疯狂的世界，丈夫不像个丈夫，婆婆也不像个婆婆。不是他们疯了，就是她疯了。今天晚上的月亮比哪一天都好，高高的一轮满月，万里无云，像是黑漆的天上一个白太阳。遍地的蓝影子，帐顶上也是蓝影子，她的一双脚也在那死寂的影子里。

芝寿待要挂起帐子来，伸手去摸索帐钩，一只手臂吊在那铜钩上，脸偎住了肩膀，不由得就抽噎起来。帐子自动地放了下来。昏暗的帐子里除了她之外没有别人，然而她还是吃了一惊，仓皇地再度挂起了帐子。窗外还是那使人汗毛凛凛的反常的明月——漆黑的天上一个灼灼的小而白的太阳。屋里看得分明那玫瑰紫绣花椅披桌布，大红平金五凤齐飞的围屏，水红软缎对联，绣着盘花篆字。梳妆台上红绿丝网络着银粉缸、银漱盂、银花瓶，里面满满盛着喜果，帐檐上垂下五彩攒金绕绒花球、花盆、如意、粽子，下面滴溜溜坠着指头大的琉璃珠和尺来长的桃红穗子。偌大一间房里充塞着箱笼、被褥、铺陈，不见得她就找不出一条汗巾子来上吊，她又倒到床上去。月光里，她脚没有一点血色——青、绿、紫、冷去的尸身的颜色。她想死，她想死。她怕这月亮光，又不敢开灯。明天她婆婆说："白哥儿给我多烧了两口烟，害得我们少奶奶一宿没睡觉，半夜三更点着灯等着他回来——少不了他吗！"芝寿的眼泪顺着枕头不停地流。她不用手帕去擦眼睛，擦肿了，她婆婆又该说了："白哥儿一晚上没回房去睡，少奶奶就把眼睛哭得桃儿似的！"

七巧虽然把儿子媳妇描摹成这样热情的一对，长白对于芝寿却不甚中意，芝寿也把长白恨得牙痒痒的。夫妻不和，长白渐渐又往花街柳巷里走动。七巧把一个丫头绢儿给了他做小，还是牢笼不住他。七巧又变着方儿哄他吃烟。长白一向就喜欢玩两口，只是没上瘾，现在吸得多了，也就收了心不大往外跑了，只在家守着母亲和新姨太太。

他妹子长安二十四岁那年生了痢疾，七巧不替她延医服药，只劝她抽两筒鸦片，果然减轻了不少痛苦。病愈之后，也就上了瘾。那长安更与长白不同，未出阁的小姐，没有其他的消遣，一心一意地抽烟，抽的倒比长白还要多。也有人劝阻，七巧道："怕什么！莫说我们姜家还吃得起，就是我今天卖了两顷地给他们姐儿俩抽烟，又有谁敢放半个屁？姑娘赶明儿聘了人家，少不得有她这一份嫁妆。她吃自己的，喝自己的，姑爷就是舍不得，也只好干望着她罢了！"

话虽如此说，长安的婚事毕竟受了点影响。来做媒的本就不十分踊跃，如今竟绝迹了。长安到了近三十的时候，七巧见女儿注定了是要做老姑娘的了，便又换了一种论调，道："自己长得不好，嫁不掉，还怨我做娘的耽搁了她！成天挂搭着个脸，倒像我该还她二百钱似的。我留她在家里吃一碗闲茶闲饭，可没打算留她在家里给我气受呢！"

姜季泽的女儿长馨过二十岁生日，长安去给她堂房妹子拜寿。那姜季泽虽然穷了，幸喜他交游广阔，手里还算兜得转。长馨背地里向她母亲道："妈想法子给安姐姐介绍个朋友罢，瞧她怪可怜的。还没提起家里的情形，眼圈儿就红了。"兰仙慌忙摇手道："罢！罢！这个媒我不敢做！你二妈那脾气是好惹的？"长馨年少好事，哪里理会得？歇了些时，偶然与同学们说起这件事，恰巧那同学有个表叔新从德国留学回来，也是北方人，仔细攀认起来，与姜家还沾着点老亲。那人名唤童世舫，叙起来比长安略大几岁。长馨竟自作主张，安排了一切，由那同学的母亲出面请客。长安这边瞒得家里铁桶相似。

七巧身子一向硬朗，只因她媳妇芝寿得了肺痨，七巧嫌她乔张做致，吃这个，吃那个，累又累不得，比寻常似乎多享了一些福，自己一赌气便也病了。起初不过是气虚血亏，却也将阖家支使得团团转，哪儿还能够兼顾到芝寿？后来七巧认真得了病，卧床不起，越发鸡犬不宁。长安乘乱里便走开了，把裁缝唤到她三叔家里，由长馨出主意替她制了新装。赴宴的那天晚上，长馨先陪她到理发店去用钳子烫了头发，从天庭到鬓角一路密密地贴着细小的发圈。耳朵上戴了二寸来长的玻璃翠宝塔坠子，又换上了苹果绿乔琪纱旗袍，高领圈，荷叶边袖子，腰以下是半西式的百褶裙。一个小大姐蹲在地上为她扣揿纽，长安在穿衣镜里端详着自己，忍不住将两臂虚虚地一伸，裙子一踢，摆了个葡萄仙子的姿势，一扭头笑了起来道："把我打扮得天女散花似的！"长馨在镜子里向那小大姐做了个媚眼，两人不约而同也都笑了起来。长安妆罢，便向高椅上端端正正坐下了。长馨道："我去打电话叫车。"长安道："还早呢！"长馨看了看表道："约的是八点，已经八点过五分了。"长安道："晚个半个钟头，想必也不碍事。"长馨猜她是存心要搭点架子，心中又好气又好笑，打开银丝手提皮包来检点了一下，借口说忘了带粉镜子，径自走到她母亲屋里来，如此这般告诉了一遍，又道："今儿又不是姓童的请客，她这架子是冲着谁搭的？我也懒得去劝她，由她挨到明儿早上去，也不干我事。”兰仙道：“瞧你这糊涂！人是你约的，媒是你做的，你怎么卸得了这干系？我埋怨过你多少回了——你早该知道了，安姐儿就跟她娘一样的小家子气，不上台盘。待会儿出乖露丑的，说起来是你姐姐，你丢人也是活该，谁叫你把这些是是非非，揽上身来，敢是闲疯了？”长馨咕嘟着嘴在她母亲屋里坐了半晌。兰仙笑道：“看这情形，你姐姐是等着人催请呢。”长馨道：“我才不去催她呢！”兰仙道：“傻丫头，要你催，中什么用？她等着那边来电话哪！”长馨失声笑道：“又不是新娘子，要三请四催的，逼着上轿！”兰仙道：“好歹你打个电话到饭店里去，叫他们打个电话来，不就结了？快九点了，再挨下去，事情可真要崩了！”长馨只得依言做去，这边方才动了身。

长安在汽车里还是兴兴头头，谈笑风生的，到了菜馆子里，突然矜持起来，跟在长馨后面，悄悄掩进了房间，怯怯地退去了苹果绿鸵鸟毛斗篷，低头端坐，拈了一只杏仁，每隔两分钟轻轻啃去了十分之一，缓缓咀嚼着。她是为了被看而来的。她觉得她浑身的装束，无懈可击，任凭人家多看两眼也不妨事，可是她的身体完全是多余的，缩也没处缩，她始终缄默着，吃完了一顿饭。等着上甜菜的时候，长馨把她拉到窗子跟前去观看街景，又托故走开了，那童世舫便踱到窗前，问道：“姜小姐这儿来过么？”长安细声道：“没有。”童世舫道：“我也是第一次，菜倒是不坏，可是我还是吃不大惯。”长安道：“吃不惯？”世舫道：“可不是！外国菜比较清淡些，中国菜要油腻得多。刚回来，连着几天亲戚朋友们接风，很容易的就吃坏了肚子。”长安反复地看她的手指，仿佛一心一意要数数一共有几个指纹是螺形的，几个是簸箕……

玻璃窗上面，没来由开了小小的一朵霓虹灯的花——对过儿一家店面里反映过来的，绿心红瓣，是尼罗河祀神的莲花，又是法国王室的百合徽章……

世舫多年没见过故国的姑娘，觉得长安很有点楚楚可怜的韵致，倒有几分喜欢。他留学以前早就定了亲，只因他爱上了一个女同学，抵死反对家里的亲事，路远迢迢，打了无数的笔墨官司，几乎闹翻了脸，他父母曾经一度断绝了他的接济，使他吃了不少的苦，方才依了他，解了约。不幸他的女同学别有所恋，抛下了他，他失意之余，倒埋头读了七八年的书。他深信妻子还是旧式的好，也是由于反应作用。

和长安见了这一面之后，两下里都有了意。长馨想着送佛送到西天，自己再热心些，也没有资格出来向长安的母亲说话，只得央及兰仙。兰仙执意不肯道："你又不是不知道，你爹跟你二妈仇人似的，向来是不见面的。我虽然没跟她红过脸，再好些也有限，何苦去自讨没趣？"长安见了兰仙，只是垂泪，兰仙却不过情面，只得答应去走一遭。妯娌相见，问候了一番，兰仙便说明了来意。七巧初听见了，倒也欣然，因道："那就拜托了三妹妹罢！我病病哼哼的，也管不得了，偏劳了三妹妹。这丫头就是我的一块心病。我做娘的也不能说是对不起她了，行的是老法规矩，我替她裹脚；行的是新派规矩，我送她上学堂——还要怎么着？照我这样扒心扒肝调理出来的人，只要她不疤不麻不瞎，还会没人要吗？怎奈这丫头天生的是扶不起的阿斗，恨得我只嚷嚷：多咱我眼闭一去了，男婚女嫁，听天由命罢！"

当下议妥了，由兰仙请客，两方面相亲。长安与童世舫只做没见过面模样，只会晤了一次。七巧病在床上，没有出场，因此长安便风平浪静地订了婚。在筵席上，兰仙与长馨强行拉着长安的手，递到童世舫手里，世舫当众替她套上了戒指。女家也回了礼，文房四宝虽然免了，却用新式的丝绒文具盒来代替，又添上了一只手表。

订婚之后，长安遮遮掩掩竟和世舫独出去了几次。晒着秋天的太阳，两人并排在公园里走着，很少说话，眼角里带着一点对方的衣服与移动着的脚，女子的粉香，男子的淡巴菰气，这单纯而可爱的印象便是他们身边的栏杆，栏杆把他们与众人隔开了。空旷的绿草地上，许多人跑着、笑着、谈着，可是他们走的是寂寂的绮丽的回廊——走不完的寂寂的回廊。不说话，长安并不感到任何缺陷。她以为新式的男女间的交际也就"尽于此矣"。童世舫呢，因为过去的痛苦的经验，对于思想的交换根本抱着怀疑的态度。有个人在身边，他也就满足了。从前，他顶讨厌小说上的男人，向女人要求同居的时候，只说："请给我一点安慰。"安慰是纯粹精神上的，这里却做了肉欲的代名词。但是他现在知道精神与物质的界限不能分得这么清。言语究竟没有用。久久的握手，就是妥协的安慰，因为会说话的人很少，真正有话说的人还要少。

有时在公园里遇着了雨，长安撑起了伞，世舫为她擎着。隔着半透明的蓝绸伞，千万粒雨珠闪着光，像一天的星。一天的星到处跟着他们，在水珠银烂的车窗上，汽车驰过了红灯、绿灯，窗子外荧荧飞着一颗红的星，又是一颗绿的星？

长安带了点星光下的乱梦回家来，人变得异常沉默了，时时微笑着。七巧见了，不由得有气，便冷言冷语道："这些年来，多多怠慢了姑娘，不怪姑娘难得开个笑脸。这下子跳出了姜家的门，趁了心愿了，再快活些，可也别这么摆在脸上呀——叫人寒心！"依着长安素日的性子，就要回嘴，无如长安近来像换了个人似的，听了也不计较，自顾自努力去戒烟。七巧也奈何她不得。

长安订婚那天，大奶奶玳珍没去，隔了些天来补道喜。七巧悄悄唤了声大嫂，道："我看咱们还是在外头打听打听哩，这事可冒失不得！前天我耳朵里仿佛刮着一点，说是乡下有太太，外洋还有一个。"玳珍道："乡下的那个没过门就退了亲。外洋那个也是这样，说是做了几年的朋友了，不知怎么又没成功。"七巧道："那还有个为什么？男人的心，说声变，就变了。他连三媒六聘的还不认账，何况那不三不四的歪辣货？知道他在外洋还有旁人没有？我就只这一个女儿，可不能糊里糊涂断送了她的终身，我自己是吃过媒人的苦的！"

长安坐在一旁用指甲去掐手掌心，手掌心掐红了，指甲却挣得雪白。七巧一抬眼望见了她，便骂道："死不要脸的丫头，竖着耳朵听呢！这话是你听得的吗？我们做姑娘的时候，一声提起婆婆家，来不迭地躲开了。你姜家枉为世代书香，只怕你还要到你开麻油店的外婆家去学点规矩哩！"长安一头哭一头奔了出去。七巧拍着枕头嗳了一声道："姑娘急着要嫁，叫我也没法子。腥的臭的往家里拉。名为是她三婶给找的人，其实不过是拿她三婶做个幌子。多半是生米煮成了熟饭了，这才挽了三婶出来做媒。大家齐打伙儿糊弄我一个人……糊弄着也好！说穿了，叫做娘的做哥哥的脸往哪儿放？"

又一天，长安托辞溜了出去，回来的时候，不等七巧查问，待要报告自己的行踪，七巧叱道：“得了，得了，少说两句罢！在我面前嘘什么鬼？有朝一日你让我抓着了真凭实据——哼！别以为你大了，订了亲了，我打不得你了！”长安急了道：“我给馨妹妹送鞋样子去，犯了法了？娘不信，娘问三婶去！”七巧道：“你三婶替你寻了个汉子来，就是你的重生父母，再养爹娘！也没见你这样的轻骨头！……一转眼就不见你的人了。你家里供养了你这些年，就只差买个小厮伺候你，哪一处对你不住了，你在家里一刻也坐不稳？”长安红了脸，眼泪直掉下来。七巧缓过一口气来，又道：“当初多少好的都不要，这会子去嫁个不成器的，人家拣剩下来的，岂不是自己打嘴？他若是个人，怎么活到三十来岁，飘洋过海的，跑上十万里地，一房老婆还没弄到手？”

然而长安一味地执迷不悟。因为双方的年纪都不小了，订了婚不上几月，男方便托了兰仙来议定婚期。七巧指着长安道：“早不嫁，迟不嫁，偏赶着这两年钱不凑手！明年若是田上收成好些，嫁妆也还整齐些。”兰仙道：“如今新式结婚，倒也不讲究这些了。就照新派办法，省着点也好。”七巧道：“什么新派旧派？旧派无非排场大些，新派实惠些，一样还是娘家的晦气！”兰仙道：“二嫂看着办就是了，难道安姐儿还会争多论少不成？”一屋子的人全笑了，长安也不觉微微一笑。七巧破口骂道：“不害臊！你是肚子里有了搁不住的东西是怎么着？火烧眉毛，等不及的要过门！嫁妆也不要了——你情愿，人家倒许不情愿呢？你就拿准了他是图你的人？你好不自量。你有哪一点叫人看得上眼？趁早别自骗自了！姓童的还不是看中了姜家的门第！别瞧你们家轰轰烈烈，公侯将相的，其实全不是那么回事！早就是外强中干，这两年连空架子也撑不起了。人呢，一代坏似一代，眼里哪儿还有天地君亲？少爷们是什么都不懂，小姐们就知道霸钱要男人——猪狗都不如！我娘家当初千不该万不该跟姜家结了亲，坑了我一世，我待要告诉那姓童的趁早别像我似的上了当！”

自从吵闹过这一番，兰仙对于这头亲事便洗手不管了。七巧的病渐渐痊愈，略略下床走动，便逐日骑着门坐着，遥遥向长安屋里叫喊道：“你要野男人你尽管去战，只别把他带上门来认我做丈母娘，活活地气死了我！

我只图个眼不见，心不烦。能够容我多活两年，便是姑娘的恩典了！”颠来倒去几句话，嚷得一条街上都听得见。亲戚丛中自然更将这事沸沸扬扬传了开去。

七巧又把长安唤到跟前，忽然滴下泪来道：“我的儿，你知道外头人把你怎么长怎么短糟踏得一个钱也不值！你娘自从嫁到姜家来，上上下下谁不是势利的，狗眼看人低，明里暗里我不知受了他们多少气。就连你爹，他有什么好处到我身上，我要替他守寡？我千辛万苦守了这二十年，无非是指望你姐儿俩长大成人，替我争回一点面子来，不承望今日之下，只落得这等的收场！”说着，呜咽起来。

长安听了这话，如同轰雷掣顶一般。她娘尽管把她说得不成人，外头人尽管把她说得不成人。她管不了这许多。惟有童世舫——他——他该怎么想？他还要她么？上次见面的时候，他的态度有点改变吗？很难说……她太快乐了，小小的不同的地方她不会注意到……被戒烟期间身体上的痛苦与这种种刺激两面夹攻着，长安早就有点受不了，可是硬撑着也就撑了过去，现在她突然觉得浑身的骨骼都脱了节，向他解释么？他不比她的哥哥，他不是她母亲的儿女，他决不能彻底明白她母亲的为人。他果真一辈子见不到她母亲，倒也罢了，可是他迟早要认识七巧。这是天长地久的事，只有千年做贼的，没有千年防贼的——她知道她母亲会放出什么手段来？迟早要出乱子，迟早要决裂。这是她的生命里顶完美的一段，与其让别人给它加上一个不堪的尾巴，不如她自己早早结束了它。一个美丽而苍凉的手势……她知道她会懊悔的，她知道她会懊悔的，然而她抬了抬眉毛，做出不介意的样子，说道：“既然娘不愿意结这个亲，我去回掉他们就是了。”七巧正哭着，忽然住了声，停了一停，又抽答抽答哭了起来。

长安定了一定神，就去打了个电话给童世舫，世舫当天没有空，约了明天下午。长安所最怕的就是中间隔的这一晚，一分钟，一刻、一刻，啃进她心里去。次日，在公园里的老地方，世舫微笑着迎上前来，没跟她打招呼——这在他是一种亲昵的表示。他今天仿佛是特别地注意她，并肩走着的时候，屡屡地望着她的脸。太阳煌煌地照着，长安越发觉得眼皮肿得抬不起来了。

趁他不在看她的时候把话说了罢。她用哭哑了的喉咙轻轻唤了一声“童先生”，世舫没听见。那么，趁他看她的时候把话说了罢。她诧异她脸上还带着点笑，小声道：“童先生，我想——我们的事也许还是——还是再说罢。对不起得很。”她退下戒指来塞在他手里，冷涩的戒指，冷湿的手。她放快了步子走去，他愣了一会儿，便追上来，回道：“为什么呢？对于我有不满意的地方么？”长安笔直向前望着，摇了摇头。世舫道：“那么，为什么呢？”长安道：“我母亲……”世舫道：“你母亲并没有看见过我。”长安道：“我告诉过你了，不是因为你。跟你完全没有关系。我母亲……”世舫站定了脚。这在中国是很充分的理由了罢？他这么略一踌躇，她已经走远了。

园子在深秋的日头里晒了一上午又一下午，像烂熟的水果一般，往下坠着，坠着，发出香味来。长安悠悠忽忽听见了口琴的声音，迟钝地吹出了Long Long Ago——“告诉我那故事，往日我最心爱的那故事。许久以前，许久以前……”这是现在，一转眼也就变了许久以前了，什么都完了。长安着了魔似的，去找那吹口琴的人——去找她自己。迎着阳光走着，走到树底下，一个穿着黄短裤的男孩骑在树桠枝上颠颠着，吹着口琴，可是他吹的是另一个调子，她从来没听见过的。不大的一棵树，稀稀朗朗的梧桐叶在太阳里摇着像金的铃铛。长安仰面看着，眼前一阵黑，像骤雨似的，泪珠一串串地披了一脸，世舫找到了她，在她身边悄悄站了半晌，方道：“我尊重你的意见。”长安攀起了她的皮包来遮住了脸上的阳光。

他们继续来往了一些时。世舫要表示新人物交女朋友的目的不仅限于择偶，因此虽然与长安解除了婚约，依旧常常地邀她出去。至于长安呢，她是抱着什么样的矛盾的希望跟着他出去，她自己也不知道——知道了也不肯承认。订着婚的时候，光明正大的一同出去，尚且要瞒了家里，如今更成了幽期密约了。世舫的态度始终是坦然的。固然，她略略伤害了他的自尊心，同时他对于她多少也有点惋惜，然而“大丈夫何患无妻？”男子对于女子最隆重的赞美是求婚。他割舍了他的自由，送了她这一份厚礼，虽然她是“心领璧还”了，他可是尽了他的心。这是惠而不费的事。

无论两人之间的关系是怎样地微妙而尴尬，他们认真的做起朋友来了。

他们甚至谈起话来。长安的没见过世面的话每每使世舫笑起来，说道："你这人真有意思！"长安渐渐地也发现了她自己原来是个"很有意思"的人。这样下去，事情会发展到什么地步，连世舫自己也会惊奇。

然而风声吹到了七巧的耳朵里。七巧背着长安吩咐长白下帖子请童世舫吃便饭。世舫猜着姜家许是要警告他一声，不准他和他们小姐藕断丝连，可是他同长白在那阴森高敞的餐室里吃了两盅酒，说了一会儿话，天气、时局、风土人情，并没有一个字沾到长安身上。冷盘撤了下去，长白突然手按着桌子站了起来。世舫回过头去，只见门口背着光立着一个小身材的老太太，脸看不清楚，穿一件青灰团龙宫织缎袍，双手捧着大红热水袋，身旁夹峙着两个高大的女仆。门外日色昏黄，楼梯上铺着湖绿花格子漆布地衣，一级一级上去，通入没有光的所在。世舫直觉地感到那是个疯人——无缘无故的，他只是毛骨悚然，长白介绍道："这就是家母。"

世舫挪开椅子站起来，鞠了一躬。七巧将手搭在一个佣妇的胳膊上，款款走了进来，客套了几句，坐下来便敬酒让菜。长白道："妹妹呢？来了客，也不帮着张罗张罗。"七巧道："她再抽两筒就下来了。"世舫吃了一惊，睁眼望着她。七巧忙解释道："这孩子就苦在先天不足，下地就得给她喷烟。后来也是为了病，抽上了这东西。小姐家，够多不方便哪！也不是没戒过，身子又娇，又是由着性儿惯了的，说丢，哪儿丢得掉呢！戒戒抽抽，这也有十年了。"世舫不由得变了色，七巧有一个疯子的审慎与机智。她知道，一不留心，人们就会用嘲笑的、不信任的眼光截断了她的话锋，她已经习惯了那种痛苦。她怕话说多了要被人看穿了。因此及早止住了自己，忙着添酒布菜。隔了些时，再提起长安的时候，她还是轻描淡写地把那几句话重复了一遍。她那平扁而尖利的喉咙四面割着人像剃刀片。

长安悄悄地走下楼来，玄色花绣鞋与白丝袜停留在日色昏黄的楼梯上。停了一会儿，又上去了，一级一级，走进没有光的所在。

七巧道："长白你陪童先生多喝两杯，我先上去了。"佣人端上一品锅来，又换上了新烫的竹叶青。一个丫头慌里慌张站在门口将席上伺候的小厮唤了出去，叽咕了一会儿，那小厮又进来向长白附耳说了几句，长白仓皇起身，向世舫连连道歉，说："暂且失陪，我去去就来。"三脚两步也上楼去了，只剩下世舫一人独酌。那小厮也觉过意不去，低低地告诉了他："我们绢姑娘要生了。"世舫道："绢姑娘是谁？"小厮道："是少爷的姨奶奶。"

世舫拿上饭来胡乱吃了两口，不便放下碗来就走，只得坐在花梨炕上等着，酒酣耳热，忽然觉得异常地委顿，便躺了下来。卷着云头的花梨炕，冰凉的黄藤心子，柚子的寒香……姨奶奶添了孩子了。这就是他所怀念着的古中国……他的幽娴贞静的中国闺秀是抽鸦片的！他坐了起来，双手托着头，感到了难堪的落寞。

他取了帽子出门，向那个小厮道："待会儿请你对上头说一声，改天我再面谢罢！"他穿过砖砌的天井，院子正中生着树，一树的枯枝高高印在淡青的天上，像磁上的冰纹。长安静静地跟在他后面送了出来，她的藏青长袖旗袍上有着淡黄的雏菊。她两手交握着，脸上显出稀有的柔和。世舫回过身来道："姜小姐……"她隔得远远地站定了，只是垂着头。世舫微微鞠了一躬，转身就走了。长安觉得她是隔了相当的距离看这太阳里的庭院，从高楼上望下来，明晰、亲切，然而没有能力干涉，天井、树、曳着萧条的影子的两个人，没有话——不多的一点回忆，将来是要装在水晶瓶里双手捧着看的——她的最初也是最后的爱。

芝寿直挺挺躺在床上，搁在肋骨上的两只手蜷曲着像宰了的鸡的脚爪。帐子吊起了一半。不分昼夜她不让他们给她放下帐子来，她怕。

外面传进来说绢姑娘生了个小少爷。丫头丢下了热气腾腾的药罐子跑出去凑热闹。敞着房门，一阵风吹了进来，帐钩豁朗朗乱摇，帐子自动地放了下来，然而芝寿不再抗议了。她的头向右一歪，滚到枕头外面去。她并没有死——又挨了半个月光景才死的。

绢姑娘扶了正，做了芝寿的替身。扶了正不上一年就吞了生鸦片自杀了。长白不敢再娶了，只在妓院里走走。长安更是早就断了结婚的念头。

七巧似睡非睡横在烟铺上。三十年来她戴着黄金的枷。她用那沉重的枷角劈杀了几个人，没死的也送了半条命。她知道她儿子女儿恨毒了她，她婆家的人恨她，她娘家的人恨她。她摸索着腕上的翠玉镯子，徐徐将那镯子顺着骨瘦如柴的手臂往上推，一直推到腋下。她自己也不能相信她年轻的时候有过滚圆的胳膊。就连出了嫁之后几年，镯子里也只塞得进一条洋绉手帕。十八九岁做姑娘的时候，高高挽起了大镶大滚的蓝夏布衫袖，露出一双雪白的手腕，上街买菜去。喜欢她的有肉店里的朝禄，她哥哥的结拜弟兄丁玉根、张少泉，还有沈裁缝的儿子。喜欢她，也许只是喜欢跟她开开玩笑。然而如果她挑中了他们之中的一个，往后日子久了，生了孩子，男人多少对她有点真心。七巧挪了挪头底下的荷叶边小洋枕，凑上脸去揉擦了一下，那一面的一滴眼泪她就懒怠去揩拭，由它挂在腮上，渐渐自己干了。

七巧过世以后，长安和长白分了家搬出来住。七巧的女儿是不难解决她自己的问题的。谣言说她和一个男子在街上一同走，停在摊子跟前，他为她买了一双吊袜带。也许她用的是她自己的钱，可是无论如何是由男子的袋里掏出来的。……当然这不过是谣言。

三十年前的月亮早已沉了下去，三十年前的人也死了，然而三十年前的故事还没完——完不了。

一九四三年十月

选自《中短篇小说：1943 年作品》，张爱玲著，哈尔滨出版社 2003 年版

导读

《金锁记》以民国为背景，以一个小户人家出身的曹七巧为人物主线，向读者展示了那个年代，在金钱、欲望的驱使下，一个很普通的小人物，心理被极度扭曲，她一生的所作所为，都在被身边的家人亲人所憎恶。很少有人能像张爱玲一样，把人物形象刻画得如此生动丰满，仿佛女主人公就站在你身边，你看得见，也摸得着。

致橡树

舒婷

我如果爱你——
绝不像攀援的凌霄花，
借你的高枝炫耀自己；
我如果爱你——
绝不学痴情的鸟儿，
为绿荫重复单调的歌曲；
也不止像泉源，
常年送来清凉的慰藉；
也不止像险峰，
增加你的高度，衬托你的威仪。
甚至日光。
甚至春雨。
不，这些都还不够！
我必须是你近旁的一株木棉，
作为树的形象和你站在一起。
根，紧握在地下；
叶，相触在云里。
每一阵风过，
我们都互相致意，
但没有人，
听懂我们的言语。
你有你的铜枝铁干，
像刀，像剑，
也像戟；
我有我红硕的花朵，

像沉重的叹息，
又像英勇的火炬。
我们分担寒潮、风雷、霹雳；
我们共享雾霭、流岚、虹霓，
仿佛永远分离，
却又终身相依。
这才是伟大的爱情，
坚贞就在这里：
爱——
不仅爱你伟岸的身躯，
也爱你坚持的位置，
足下的土地。

选自《中国当代名诗人选集·舒婷》，舒婷著，人民文学出版社 2007 年版

导读

舒婷，原名龚佩瑜，当代女诗人。主要作品有诗集《双桅船》《会唱歌的鸢尾花》《始祖鸟》，散文集《心烟》等。她与同时代的北岛、顾城是朦胧诗派的代表，他们在中国诗坛上掀起了一股“朦胧诗大潮”。舒婷的《致橡树》是朦胧诗派的代表作之一。

《致橡树》以木棉和橡树这两种乔木为象征，运用了对比、对偶、比喻、排比、反衬等多种修辞手法。全诗从头至尾押一个韵，音节连贯绵长，一气呵成。诗歌采用内心独白的抒情方式，摆脱了传统的男尊女卑的爱情观，传达了一种正确的爱情观：相互依存、心心相印、同甘共苦、平等独立、坚贞不渝、外内兼蓄，既尊重对方存在又珍视自身价值，感情真挚，思想崇高。

思考与讨论

1. 在鲁迅《伤逝》中，你如何看待涓生和子君的爱情悲剧？

2. 请就张爱玲《金锁记》中“黄金的枷”这一意象，谈谈你对张爱玲小说中女性的命运的理解。

3. 舒婷《致橡树》中向往的真正的爱情是什么样子的？

4. 请以“爱情”为话题，阐述一下你心中的理想爱情。

拓展阅读

崔莺莺待月西厢记

第四本 · 第三折

王实甫

（夫人长老上云）今日送张生赴京，十里长亭，安排下筵席；我和长老先行，不见张生小姐来到。（旦、末、红同上）（旦云）今日送张生上朝取应，早是离人伤感，况值那暮秋天气，好烦恼人也呵！“悲欢聚散一杯酒，南北东西万里程。”

［正宫］［端正好］碧云天，黄花地[1]，西风紧，北雁南飞。晓来谁染霜林醉？总是离人泪。

［滚绣球］恨相见得迟，怨归去得疾。柳丝长玉骢难系，恨不倩疏林挂住斜晖。马儿迍迍的行，车儿快快的随[2]，却告了相思回避，破题儿又早别离[3]。听得道一声去也，松了金钏；遥望见十里长亭，减了玉肌：此恨谁知？

（红云）姐姐今日怎么不打扮？（旦云）你那知我的心里呵？

［叨叨令］见安排着车儿、马儿，不由人熬熬煎煎的气；有甚么心情花儿、靥儿，打扮得娇娇滴滴的媚；准备着被儿、枕儿，只索昏昏沉沉的睡；从今后衫儿、袖儿，都揾做重重叠叠的泪。兀的不闷杀人也么哥？兀的不闷杀人

《西厢记图页》画册，［明］仇英（款），绢本，设色，18.5 cmx38 cm，
弗利尔美术馆藏

也么哥？久已后书儿、信儿，索兴我凄凄惶惶的寄。

（做到）（见夫人科）（夫人云）张生和长老坐，小姐这壁坐，红娘将酒来。张生，你向前来，是自家亲眷，不要回避。俺今日将莺莺与你，到京师休辱末[4]了俺孩儿，挣揣一个状元回来者。（末云）小生托夫人余荫，凭着胸中之才，视官如拾芥[5]耳。（洁云）夫人主见不差，张生不是落后的人。（把酒了，坐）（旦长吁科）

［脱布衫］下西风黄叶纷飞，染寒烟衰草萋迷。酒席上斜签着坐的[6]，蹙愁眉死临侵地[7]。

［小梁州］我见他阁泪汪汪不敢垂[8]，恐怕人知；猛然见了把头低，长吁气，推整素罗衣。

［幺篇］虽然久后成佳配，奈时间怎不悲啼。意似痴，心如醉，昨宵今日，清减了小腰围。

（夫人云）小姐把盏者！（红递酒，旦把盏长吁科云）请吃酒！

［上小楼］合欢未已，离愁相继。想着俺前暮私情，昨夜成亲，今日别离。我谂知这几日相思滋味，却原来比别离情更增十倍。

［幺篇］年少呵轻远别，情薄呵易弃掷。全不想腿儿相挨，脸儿相偎，手儿相携。你与俺崔相国做女婿，妻荣夫贵[9]，但得一个并头莲，煞强如状元及第。

（夫人云）红娘把盏者！（红把酒科）（旦唱）[10]

［满庭芳］供食太急，须臾对面，顷刻别离。若不是酒席间子母每当回避，有心待与他举案齐眉。虽然是厮守得一时半刻，也合着俺夫妻们共桌而食。眼底空留意，寻思起就里，险化做望夫石。

（红云）姐姐不曾吃早饭，饮一口儿汤水。（旦云）红娘，甚么汤水咽得下！

［快活三］将来的酒共食，尝着似土和泥。假若便是土和泥，也有些土气息，泥滋味。

［朝天子］暖溶溶玉醅，白泠泠似水，多半是相思泪。眼面前茶饭怕不待要吃[11]，恨塞满愁肠胃。“蜗角虚名，蝇头微利[12]”，拆鸳鸯在两下里。一个这壁，一个那壁，一递一声长吁气[13]。

（夫人云）辆起车儿，俺先回去，小姐随后和红娘来。（下）（末辞洁科）

（洁云）此一行别无话儿，贫僧准备买登科录看，做亲的茶饭少不得贫僧的。先生在意，鞍马上保重者！“从今经忏无心礼，专听春雷第一声。”（下）（旦唱）

［四边静］霎时间杯盘狼籍，车儿投东，马儿向西，两意徘徊，落日山横翠。知他今宵宿在那里？有梦也难寻觅。

张生，此一行得官不得官，疾便回来。（末云）小生这一去白夺一个状元，正是“青霄有路终须到，金榜无名誓不归”。（旦云）君行别无所赠，口占一绝，为君送行。“弃掷今何在，当时且自亲。还将旧来意，怜取眼前人。”（末云）小姐之意差矣，张珙更敢怜谁？谨赓一绝，以剖寸心。“人生长远别，孰与最关亲？不遇知音者，谁怜长叹人？”（旦唱）

［耍孩儿］淋漓襟袖啼红泪[14]，比司马青衫更湿。伯劳东去燕西飞，未登程先问归期。虽然眼底人千里，且尽生前酒一杯。未饮心先醉[15]，眼中流血，心内成灰。

［五煞］到京师服水土，趁程途节饮食，顺时自保揣身体[16]。荒村雨露宜眠早，野店风霜要起迟！鞍马秋风里，最难调护，最要扶持。

［四煞］这忧愁诉与谁？相思只自知，老天不管人憔悴。泪添九曲黄河溢[17]，恨压三峰华岳低。到晚来闷把西楼倚，见了些夕阳古道，衰柳长堤。

［三煞］笑吟吟一处来，哭啼啼独自归。归家若到罗帏里，昨宵个绣衾香暖留春住，今夜个翠被生寒有梦知。留恋你别无意，见据鞍上马，阁不住泪眼愁眉。

（末云）有甚言语嘱付小生咱？（旦唱）

［二煞］你休忧“文齐福不齐[18]”，我只怕你“停妻再娶妻[19]”。休要“一春鱼雁无消息[20]”！我这里青鸾有信频须寄，你却休“金榜无名誓不归[21]”。此一节君须记，若见了那异乡花草，再休似此处栖迟。

（末云）再谁似小姐？小生又生此念[22]。（旦唱）

［一煞］青山隔送行，疏林不做美，淡烟暮霭相遮蔽。夕阳古道无人语，禾黍秋风听马嘶。我为甚么懒上车儿内，来时甚急，去后何迟？

（红云）夫人去好一会，姐姐，咱家去！（旦唱）

［收尾］四围山色中，一鞭残照里[23]。遍人间烦恼填胸臆，量这些大

小车儿如何载得起？[24]

（旦、红下）（末云）仆童赶早行一程儿，早寻个宿处。泪随流水急，愁逐野云飞。（下）

选自《西厢记》，［元］王实甫著，王季思校注，
上海古籍出版社 1978 年版

注释

［1］“碧云天”二句：范仲淹《苏幕遮》词：“碧云天，黄叶地。”

［2］“马儿迍迍（zhūn）的行”二句：毛西河曰：“马在前，故行慢；车在后，故随快；不欲离也。”迍迍，状行动之迟缓，今温州方言尚以行动迟缓为慢迍迍。《张生煮海》剧第三折《脱布衫》曲：“你慢迍迍好去商量”可证。

［3］“却告了相思回避”二句：毛西河曰：“言相思才了，别离又起。”元剧“却”“恰”可通用。却告了相思回避，意即恰回避了个相思。破题儿，开头。唐宋文人称诗赋起头几句为破题。明清小说中常有“破题儿第一遭”，有“头一次”的含义。

［4］辱末：即辱没，玷辱之甚也。亦作辱抹。

［5］拾芥：比喻轻而易举，意思是说功名富贵唾手可得。芥，小草。

［6］斜签着坐的：指张生。签，插也，今温州方言尚如此。

［7］死：程度副词，意思为“极”。临侵：憔悴无力。

［8］阁泪汪汪不敢垂：强忍泪水而不敢任其流出。宋某妓鹧鸪天词：“尊前只恐伤郎意，阁泪汪汪不敢垂。”

［9］妻荣夫贵：崔莺莺既是相国家小姐，已具身份，那么张生无须上京博取功名，可以凭借相国家女婿的身份取得富贵。这里有埋怨之意。

［10］（夫人云）红娘把盏者！（红把酒科）（旦唱）：此行科白原在次曲快活三前，而次曲快活三前“（红云）姐姐不曾吃早饭”一行白，原在满庭芳曲前。此从毛本互易，使曲白语气，可以相接。

［11］怕不待要：难道不要。

［12］蜗角虚名：《庄子》：“有国于蜗之左角者，曰蛮氏；有国于蜗之右角者，曰蛮氏。时相与争地而战，伏尸数万。”后以“蜗角”比喻微小之地。蝇头微利：如同苍蝇头那样的小利。

［13］一递一声长吁气：谓更互的吁气也。递，接连不断。指莺莺与张生两人不断地吁叹。

［14］红泪：《拾遗记》：“薛灵芸选入宫时，别父母，以玉唾壶承泪，壶即红色。”后世因而称女子的眼泪为“红泪”。

［15］未饮心先醉：刘禹锡《酬令狐相公杏园花下饮有怀见寄》诗中句。

［16］保揣：保重。揣，量度意，谓自量体力而顺时自报，勿过劳也。

［17］九曲黄河：古之黄河，自孟津而北，分为九道。

［18］文齐福不齐：当时成语，亦见《秋胡戏妻》《渔樵记》《百花亭》诸剧。

［19］停妻再娶妻：重婚。封建社会有停妻再娶条例，士人金榜题名后多再婚权贵之行，故莺莺出此语。

［20］一春鱼雁无消息：秦少游《鹧鸪天》词名。

［21］金榜无名誓不归：此当时成语，亦见《冻苏秦》剧楔子。

［22］“再谁似小姐”二句：凌濛初曰“徐文长评本，张生此语之后，即上马而去。莺徘徊目送，不忍遽归，乃有一青山隔送行”等语，情景实较合。

［23］“四围山色中”二句：《阳春白雪·卷三》载马致远寿阳曲：“四围山一竿残照里，锦屏风又添铺翠。”

［24］这些大小：大小义视语气而定。如邵康节云“程明道兄弟大小聪明”是称其大；此处“这些大小车儿如何载得起”便嫌其小矣。

导读

《西厢记》是元代爱情剧中的杰作。故事虽源自元稹《莺莺传》，实际上是从董解元《西厢记诸宫调》脱胎而来的。剧情写书生张珙与相国小姐崔莺莺在普救寺一见钟情，却因礼教的阻隔无从亲近。恰值叛将孙飞虎率兵围寺，索取莺莺；张生在老妇人亲口许婚后，依靠友人白马将军杜确的帮助，解除了危难。不料老夫人却食言赖婚，致使张生相思成病。在红娘的热情帮助下，莺莺经历了艰苦的思想斗争，终于冲破了礼教的约束，与张生自由结合，可是顽固的老夫人却以门第为由，强迫张生上京应试，张生高中状元，实现了与莺莺团聚的夙愿。作品在批判封建礼教与婚姻制度的同时，通过莺莺与张生等反抗礼教的典型形象的塑造，热情地讴歌了青年一代追求个性解放与美好理想的战斗精神，从而把崔、张的爱情故事提到了一个新的高度。

在崔、张的婚事定下来后，老夫人又提出张生必须进京应试，中得状元方能成亲的条件。这一折写崔、张的分别。全折情意缠绵，辞句华美，为古代文学批评家所称道。

杜十娘怒沉百宝箱（节选）

冯梦龙

话中单表万历二十年间[1]，日本国关白作乱，侵犯朝鲜。朝鲜国王上表告急，天朝发兵，泛海往救。有户部官奏准："目今兵兴之际，粮饷未充，暂开纳粟入监之例。"[2]原来纳粟入监的，有几般便宜：好读书，好科举，好中，结末来又有个小小前程结果。以此宦家公子、富室子弟，到不愿做秀才，都去援例做太学生。自开了这例，两京太学生，各添至千人之外。内中有一人，姓李，名甲，字干先，浙江绍兴府人氏。父亲李布政所生三儿[3]，惟甲居长。自幼读书在庠[4]，未得登科[5]，援例入于北雍[6]。因在京坐监[7]，与同乡柳遇春监生同游教坊司院内[8]，与一个名姬相遇。那名姬姓杜，名媺，排行第十，院中都称为杜十娘，生得：

浑身雅艳，遍体娇香，两弯眉画远山青，一对眼明秋水润。脸如莲萼，分明卓氏文君[9]；唇似樱桃，何减白家樊素[10]。可怜一片无瑕玉，误落风尘花柳中。

那杜十娘自十三岁破瓜[11]，今一十九岁，七年之内，不知历过了多少公子王孙，一个个情迷意荡，破家荡产而不惜。院中传出四句口号来，道是：

坐中若有杜十娘，斗筲之量饮千觞[12]。

院中若识杜老媺，千家粉面都如鬼。

却说李公子，风流年少，未逢美色，自遇了杜十娘，喜出望外，把花柳情怀，一担儿挑在他身上。那公子俊俏庞儿，温存性儿，又是撒漫的手儿[13]，帮衬的勤儿[14]，与十娘一双两好，情投意合。十娘因见鸨儿贪财无义[15]，久有从良之志[16]；又见李公子忠厚志诚，甚有心向他。奈李公子惧怕老爷，不敢应承。虽则如此，两下情好愈密，朝欢暮乐，终日相守，如夫妇一般，海誓山盟，各无他志。真个：

恩深似海恩无底，义重如山义更高。

再说杜妈妈女儿，被李公子占住，别的富家巨室，闻名上门，求一见而不可得。初时李公子撒漫用钱，大差大使，妈妈胁肩谄笑[17]，奉承不暇。日往月来，不觉一年有余，李公子囊箧渐渐空虚，手不应心，妈妈也就怠慢了。老布政在家闻知儿子嫖院，几遍写字来唤他回去。他迷恋十娘颜色，终日延挨。后来闻知老爷在家发怒，越不敢回。古人云："以利相交者，利尽而疏。"那杜十娘与李公子真情相好，见他手头愈短[18]，心头愈热。妈妈也几遍教女儿打发李甲出院，见女儿不统口[19]，又几遍将言语触突李公子，要激怒他起身。公子性本温克[20]，词气愈和。妈妈没奈何，日逐只将十娘叱骂道："我们行户人家[21]，吃客穿客，前门送旧，后门迎新，门庭闹如火，钱帛堆成垛。自从那李甲在此，混帐一年有余[22]，莫说新客，连旧主顾都断了。分明接了个锺馗老[23]，连小鬼也没得上门。弄得老娘一家人家，有气无烟，成什么模样！"杜十娘被骂，耐性不住，便回答道："那李公子不是空手上门的，也曾费过大钱来。"妈妈道："彼一时，此一时，你只教他今日费些小钱儿，把与老娘办些柴米，养你两口也好。别人家养的女儿便是摇钱树，千生万活，偏我家晦气，养了个退财白虎[24]。开了大门七件事[25]，般般都在老身心上。到替你这小贱人白白养着穷汉，教我衣食从何处来？你对那穷汉说：'有本事出几两银子与我，到得你跟了他去，我别讨个丫头过活却不好？'"十娘道："妈妈，这话是真是假？"妈妈晓得李甲囊无一钱，衣衫都典尽了，料他没处设法。便应道："老娘从不说谎，当真哩。"十娘道："娘，你要他许多银子？"妈妈道："若是别人，千把银子也讨了，可怜那穷汉出不起，只要他三百两，我自去讨一个粉头代替[26]。只一件，须是三日内交付与我。左手交银，右手交人。若三日没有银时，老身也不管三七二十一，公子不公子，一顿孤拐[27]，打那光棍出去。那时莫怪老身！"十娘道："公子难在客边乏钞，谅三百金还措办得来。只是三日忒近，限他十日便好。"妈妈想道："这穷汉一双赤手，便限他一百日，他那里来银子？没有银子，便铁皮包脸，料也无颜上门。那时重整家风，媺儿也没得话讲。"答应道："看你面，便宽到十日。第十日没有银子，不干老娘之事。"十娘道："若十日内无银，料他也无颜再见了。只怕有了三百两银子，妈妈又翻悔起来。"妈妈道："老身年五十一岁了，又奉十斋[28]，怎敢说谎？不信时与你拍掌为定。若翻悔时，做猪做狗！"

从来海水斗难量，可笑虔婆意不良[29]；

料定穷儒囊底竭，故将财礼难娇娘。

是夜，十娘与公子在枕边议及终身之事。公子道："我非无此心。但教坊落籍[30]，其费甚多，非千金不可。我囊空如洗，如之奈何！"十娘道："妾已与妈妈议定只要三百金，但须十日内措办。郎君游资虽罄，然都中岂无亲友可以借贷。倘得如数，妾身遂为君之所有，省受虔婆之气。"公子道："亲友中为我留恋行院，都不相顾。明日只做束装起身，各家告辞，就开口假借路费，凑聚将来，或可满得此数。"起身梳洗，别了十娘出门。十娘道："用心作速，专听佳音。"公子道："不须分付。"

公子出了院门，来到三亲四友处，假说起身告别，众人到也欢喜。后来叙到路费欠缺，意欲借贷。常言道："说着钱，便无缘。"亲友们就不招架[31]。他们也见得是，道李公子是风流浪子，迷恋烟花[32]，年许不归，父亲都为他气坏在家。他今日抖然要回，未知真假，倘或说骗盘缠到手，又去还脂粉钱，父亲知道，将好意翻成恶意，始终只是一怪；不如辞了干净。便回道："目今正值空乏，不能相济，惭愧，惭愧！"人人如此，个个皆然，并没有个慷慨丈夫，肯统口许他一十二十两。

李公子一连奔走了三日，分毫无获，又不敢回决十娘，权且含糊答应。到第四日又没想头，就羞回院中。平日间有了杜家，连下处也没有了，今日就无处投宿。只得往同乡柳监生寓所借歇。柳遇春见公子愁容可掬，问其来历。公子将杜十娘愿嫁之情，备细说了。遇春摇首道："未必，未必。那杜媺曲中第一名姬[33]，要从良时，怕没有十斛明珠，千金聘礼。那鸨儿如何只要三百两？想鸨儿怪你无钱使用，白白占住他的女儿，设计打发你出门。那妇人与你相处已久，又碍却面皮，不好明言。明知你手内空虚，故意将三百两卖个人情，限你十日。若十日没有，你也不好上门。便上门时，他会说你笑你，落得一场亵渎[34]，自然安身不牢，此乃烟花逐客之计。足下三思，休被其惑。据弟愚意，不如早早开交为上[35]。"

公子听说，半晌无言，心中疑惑不定。遇春又道："足下莫要错了主意。你若真个还乡，不多几两盘费，还有人搭救；若是要三百两时，莫说十日，就是十个月也难。如今的世情，那肯顾缓急二字的。那烟花也算定你没处告债，故意设法难你。”公子道：“仁兄所见良是。”口里虽如此说，心中割舍不下。依旧又往外边东央西告，只是夜里不进院门了。

公子在柳监生寓中，一连住了三日，共是六日了。杜十娘连日不见公子进院，十分着紧，就教小厮四儿街上去寻。四儿寻到大街，恰好遇见公子。四儿叫道：“李姐夫，娘在家里望你。”公子自觉无颜，回复道：“今日不得工夫，明日来罢。”四儿奉了十娘之命，一把扯住，死也不放。道：“娘叫咱寻你。是必同去走一遭。”李公子心上也牵挂着表子，没奈何，只得随四儿进院。见了十娘，嘿嘿无言。十娘问道：“所谋之事如何？”公子眼中流下泪来。十娘道：“莫非人情淡薄，不能足三百之数么？”公子含泪而言，道出二句：“不信上山擒虎易，果然开口告人难。

一连奔走六日，并无铢两[36]。一双空手，羞见芳卿，故此这几日不敢进院。今日承命呼唤，忍耻而来，非某不用心，实是世情如此。”十娘道：“此言休使虔婆知道。郎君今夜且住，妾别有商议。”

十娘自备酒肴，与公子欢饮。睡至半夜，十娘对公子道：“郎君果不能办一钱耶？妾终身之事，当如何也？”公子只是流涕，不能答一语。渐渐五更天晓。十娘道：“妾所卧絮褥内藏有碎银一百五十两，此妾私蓄，郎君可持去。三百金，妾任其半，郎君亦谋其半，庶易为力。限只四日，万勿迟误！”

十娘起身将褥付公子，公子惊喜过望。唤童儿持褥而去。径到柳遇春寓中，又把夜来之情与遇春说了。将褥拆开看时，絮中都裹着零碎银子，取出兑时果是一百五十两。遇春大惊道：“此妇真有心人也。既系真情，不可相负。吾当代为足下谋之。”公子道：“倘得玉成，决不有负。”当下柳遇春留李公子在寓，自出头各处去借贷。两日之内，凑足一百五十两交付公子道：“吾代为足下告债，非为足下，实怜杜十娘之情也。”

李甲拿了三百两银子，喜从天降，笑逐颜开，欣欣然来见十娘，刚是第九日，还不足十日。十娘问道：“前日分毫难借，今日如何就有一百五十两？”公子将柳监生事情又述了一遍。十娘以手加额道：“使吾二人得遂其愿者，柳君之力也。”两个欢天喜地，又在院中过了一晚。

次日，十娘早起，对李甲道：“此银一交，便当随郎君去矣。舟车之类，合当预备。妾昨日于姊妹中借得白银二十两，郎君可收下为行资也。”公子正愁路费无出，但不敢开口，得银甚喜。说犹未了，鸨儿恰来敲门叫道：“媺儿，今日是第十日了。”公子闻叫，启门相延道：“承妈妈厚意，正欲相请。”便将银三百两放在桌上。鸨儿不料公子有银，嘿然变色，似有悔意。十娘道：“儿在妈妈家中八年，所致金帛，不下数千金矣。今日从良美事，又妈妈亲口所订，三百金不欠分毫，又不曾过期。倘若妈妈失信不许，郎君持银去，儿即刻自尽。恐那时人财两失，悔之无及也。”鸨儿无词以对。腹内筹画了半晌，只得取天平兑准了银子，说道：“事已如此，料留你不住了。只是你要去时，即今就去。平时穿戴衣饰之类，毫厘休想！”说罢，将公子和十娘推出房门，讨锁来就落了锁。此时九月天气。十娘才下床，尚未梳洗，随身旧衣，就拜了妈妈两拜。李公子也作了一揖。一夫一妇，离了虔婆大门：

鲤鱼脱却金钩去，摆尾摇头再不来。

公子教十娘且住片时：“我去唤个小轿抬你，权往柳荣卿寓所去，再作道理。”十娘道：“院中诸姊妹平昔相厚，理宜话别。况前日又承他借贷路费，不可不一谢也。”乃同公子到各姊妹处谢别。姊妹中惟谢月朗、徐素素与杜家相近，尤与十娘亲厚。十娘先到谢月朗家。月朗见十娘秃髻旧衫，惊问其故。十娘备述来因。又引李甲相见。十娘指月朗道：“前日路资，是此位姐姐所贷，郎君可致谢。”李甲连连作揖。月朗便教十娘梳洗，一面去请徐素素来家相会。十娘梳洗已毕，谢、徐二美人各出所有，翠钿金钏，瑶簪宝珥，锦袖花裙，鸾带绣履，把杜十娘装扮得焕然一新，备酒作庆贺筵席。月朗让卧房与李甲杜媺二人过宿。次日，又大排筵席，遍请院中姊妹。凡十娘相厚者，无不毕集。都与他夫妇把盏称喜。吹弹歌舞，各逞其长，务要尽欢，直饮至夜分。十娘向众姊妹，一一称谢。众姊妹道：“十姊为风流领袖，今从郎君去，我等相见无日。何日长行[37]，姊妹们尚当奉送。”月朗道：“候有定期，小妹当来相报。但阿姊千里间关[38]，同郎君远去，囊箧萧条，曾无约束[39]，此乃吾等之事。当相与共谋之，勿令姊有穷途之虑也。”众姊妹各唯唯而散。

是晚，公子和十娘仍宿谢家。至五鼓，十娘对公子道：“吾等此去，何处安身？郎君亦曾计议有定着否？”公子道：“老父盛怒之下，若知娶妓而归，必然加以不堪，反致相累。展转寻思，尚未有万全之策。”十娘道：“父子天性，岂能终绝。既然仓卒难犯，不若与郎君于苏杭胜地，权作浮居[40]。

郎君先回，求亲友于尊大人面前劝解和顺，然后携妾于归[41]，彼此安妥。”公子道：“此言甚当。”

次日，二人起身，辞了谢月朗，暂往柳监生寓中，整顿行装。杜十娘见了柳遇春，倒身下拜，谢其周全之德：“异日我夫妇必当重报。”遇春慌忙答礼道：“十娘钟情所欢，不以贫窭易心[42]，此乃女中豪杰。仆因风吹火，谅区区何足挂齿！”三人又饮了一日酒。次早，择了出行吉日，雇倩轿马停当。十娘又遣童儿寄信，别谢月朗。临行之际，只见肩舆纷纷而至，乃谢月朗与徐素素拉众姊妹来送行。月朗道：“十姊从郎君千里间关，囊中消索，吾等甚不能忘情。今合具薄赆[43]，十姊可检收，或长途空乏，亦可少助。”说罢，命从人挈一描金文具至前[44]，封锁甚固，正不知什么东西在里面。十娘也不开看，也不推辞，但殷勤作谢而已。须臾，舆马齐集，仆夫催促起身。柳监生三杯别酒，和众美人送出崇文门外，各各垂泪而别。正是：

他日重逢难预必，此时分手最堪怜。

再说李公子同杜十娘行至潞河[45]。舍陆从舟，却好有瓜洲差使船转回之便[46]，讲定船钱，包了舱口。比及下船时，李公子囊中并无分文余剩。你道杜十娘把二十两银子与公子，如何就没了？公子在院中嫖得衣衫蓝缕，银子到手，未免在解库中取赎几件穿着[47]，又制办了铺盖，剩来只勾轿马之费。公子正当愁闷，十娘道：“郎君勿忧，众姊妹合赠，必有所济。”及取钥开箱。公子在傍自觉惭愧，也不敢窥觑箱中虚实。只见十娘在箱里取出一个红绢袋来，掷于桌上道：“郎君可开看之。”公子提在手中，觉得沉重。启而观之，皆是白银，计数整五十两。十娘仍将箱子下锁，亦不言箱中更有何物。但对公子道：“承众姊妹高情，不惟途路不乏，即他日浮寓吴越间，亦可稍佐吾夫妻山水之费矣。”公子且惊且喜道：“若不遇恩卿，我李甲流落他乡，死无葬身之地矣。此情此德，白头不敢忘也！”自此，每谈及往事，公子必感激流涕。十娘亦曲意抚慰，一路无话。

不一日，行至瓜州，大船停泊岸口，公子别雇了民船，安放行李。约明日侵晨，剪江而渡。其时仲冬中旬，月明如水，公子和十娘坐于舟首。公子道：“自出都门，困守一舱之中，四顾有人，未得畅语。今日独据一舟，更无避忌。且已离塞北，初近江南，宜开怀畅饮，以舒向来抑郁之气，恩卿以为何如？”

十娘道："妾久疏谈笑，亦有此心，郎君言及，足见同志耳。"公子乃携酒具于船首，与十娘铺毡并坐，传杯交盏。饮至半酣，公子执卮对十娘道："恩卿妙音，六院推首[48]。某相遇之初，每闻绝调[49]，辄不禁神魂之飞动。心事多违，彼此郁郁，鸾鸣凤奏，久矣不闻。今清江明月，深夜无人，肯为我一歌否？"十娘兴亦勃发，遂开喉顿嗓，取扇按拍，呜呜咽咽，歌出元人施君美《拜月亭》杂剧上"状元执盏与婵娟"一曲，名《小桃红》[50]。真个：

声飞霄汉云皆驻，响入深泉鱼出游。

却说他舟有一少年，姓孙，名富，字善赉，徽州新安人氏。家资巨万，积祖扬州种盐[51]。年方二十，也是南雍中朋友。生性风流，惯向青楼买笑，红粉追欢，若嘲风弄月，到是个轻薄的头儿。事有偶然，其夜亦泊舟瓜州渡口，独酌无聊。忽听得歌声嘹亮，凤吟鸾吹，不足喻其美。起立船头，伫听半晌，方知声出邻舟。正欲相访，音响倏已寂然。乃遣仆者潜窥踪迹，访于舟人。但晓得是李相公雇的船，并不知歌者来历。孙富想道："此歌者必非良家，怎生得他一见？"展转寻思，通宵不寐。捱至五更，忽闻江风大作。及晓，彤云密布，狂雪飞舞。怎见得，有诗为证：

千山云树灭，万径人踪绝。

扁舟蓑笠翁，独钓寒江雪[52]。

因这风雪阻渡，舟不得开。孙富命艄公移船，泊于李家舟之傍，孙富貂帽狐裘，推窗假作看雪。值十娘梳洗方毕，纤纤玉手，揭起舟傍短帘，自泼盂中残水，粉容微露，却被孙富窥见了，果是国色天香。魂摇心荡，迎眸注目，等候再见一面，杳不可得。沉思久之，乃倚窗高吟高学士《梅花诗》二句道[53]：

雪满山中高士卧，月明林下美人来。

李甲听得邻舟吟诗，舒头出舱，看是何人。只因这一看，正中了孙富之计。孙富吟诗，正要引李公子出头，他好乘机攀话。当下慌忙举手，就问："老兄尊姓何讳？"李公子叙了姓名乡贯，少不得也问那孙富。孙富也叙过了。又叙了些太学中的闲话，渐渐亲熟。孙富便道："风雪阻舟，乃天遣与尊兄相会，实小弟之幸也。舟次无聊，欲同尊兄上岸，就酒肆中一酌，少领清诲，万望不拒。"公子道："萍水相逢，何当厚扰？"孙富道："说那里话！'四海之内，皆兄弟也'。"喝教艄公打跳[54]，童儿张伞，迎接公子过船，就于船头作揖。然后让公子先行，自己随后，各各登跳上涯。行不数步，就有个酒楼，二人上楼，拣一副洁净座头，靠窗而坐。酒保列上酒肴。孙富举杯相劝，二人赏雪饮酒。先说些斯文中套话。渐渐引入花柳之事。二人都是过来之人，志同道合，说得入港[55]，一发成相知了。孙富屏去左右，低低问道："昨夜尊舟清歌者，何人也？"李甲正要卖弄在行，遂实说道："此乃北京名姬杜十娘也。"孙富道："既系曲中姊妹，何以归兄？"公子遂将初遇杜十娘，如何相好，后来如何要嫁，如何借银讨他，始末根由，备细述了一遍。孙富道："兄携丽人而归，固是快事，但不知尊府中能相容否？"公子道："贱室不足虑。所虑者，老父性严，尚费踌躇耳！"孙富将机就机，便问道："既是尊大人未必相容，兄所携丽人何处安顿？亦曾通知丽人，共作计较否？"公子攒眉而答道："此事曾与小妾议之。"孙富欣然问道："尊宠必有妙策。"公子道："他意欲侨居苏杭，流连山水。使小弟先回，求亲友宛转于家君之前。俟家君回嗔作喜，然后图归，高明以为何如？"孙富沉吟半晌，故作愀然之色，道："小弟乍会之间，交浅言深，诚恐见怪。"公子道："正赖高明指教，何必谦逊？"孙富道："尊大人位居方面[56]，必严帷薄之嫌[57]，平时既怪兄游非礼之地，今日岂容兄娶不节之人。况且贤亲贵友，谁不迎合尊大人之意者？兄枉去求他，必然相拒。就有个不识时务的进言于尊大人之前，见尊大人意思不允，他就转口了。兄进不能和睦家庭，退无词以回复尊宠。即使留连山水，亦非长久之计。万一资斧困竭[58]，岂不进退两难！"

公子自知手中只有五十金，此时费去大半，说到资斧困竭，进退两难，不觉点头道是。孙富又道："小弟还有句心腹之谈，兄肯俯听否？"公子道："承兄过爱，更求尽言。"孙富道："疏不间亲，还是莫说罢。"公子道："但说何妨？"孙富道："自古道：'妇人水性无常。'况烟花之辈，少真多假。他既系六院名姝，相识定满天下；或者南边原有旧约，借兄之力，挈带而来，以为他适之地。"公子道："这个恐未必然。"孙富道："即不然，江南子弟，最工轻薄，兄留丽人独居，难保无逾墙钻穴之事[59]。若挈之同归，愈增尊大人之怒。为兄之计，未有善策。况父子天伦，必不可绝。若为妾而触父，因妓而弃家，海内必以兄为浮浪不经之人。异日妻不以为夫，弟不以为兄，同袍不以为友[60]，兄何以立于天地之间？兄今日不可不熟思也！"

公子闻言，茫然自失，移席问计：“据高明之见，何以教我？”孙富道：“仆有一计，于兄甚便。只恐兄溺枕席之爱[61]，未必能行，使仆空费词说耳！”公子道：“兄诚有良策，使弟再睹家园之乐，乃弟之恩人也。又何惮而不言耶？”孙富道：“兄飘零岁余，严亲怀怒，闺阁离心，设身以处兄之地，诚寝食不安之时也。然尊大人所以怒兄者，不过为迷花恋柳，挥金如土，异日必为弃家荡产之人，不堪承继家业耳！兄今日空手而归，正触其怒。兄倘能割衽席之爱，见机而作，仆愿以千金相赠。兄得千金以报尊大人，只说在京授馆，并不曾浪费分毫，尊大人必然相信。从此家庭和睦，当无间言[62]。须臾之间，转祸为福。兄请三思，仆非贪丽人之色，实为兄效忠于万一也！”

李甲原是没主意的人，本心惧怕老子，被孙富一席话，说透胸中之疑，起身作揖道：“闻兄大教，顿开茅塞。但小妾千里相从，义难顿绝，容归与商之。得其心肯，当奉复耳。”孙富道：“说话之间，宜放婉曲。彼既忠心为兄，必不忍使兄父子分离，定然玉成兄还乡之事矣。”二人饮了一回酒，风停雪止，天色已晚。孙富教家僮算还了酒钱，与公子携手下船。正是：

逢人且说三分话，未可全抛一片心。

却说杜十娘在舟中摆设酒果，欲与公子小酌，竟日未回，挑灯以待。公子下船，十娘起迎。见公子颜色匆匆，似有不乐之意，乃满斟热酒劝之。公子摇首不饮，一言不发，竟自床上睡了。十娘心中不悦，乃收拾杯盘，为公子解衣就枕，问道：“今日有何见闻，而怀抱郁郁如此？”公子叹息而已，终不启口。问了三四次，公子已睡去了。十娘委决不下，坐于床头而不能寐。到夜半，公子醒来，又叹一口气。十娘道：“郎君有何难言之事，频频叹息？”公子拥被而起，欲言不语者几次，扑簌簌掉下泪来。十娘抱持公子于怀间，软言抚慰道：“妾与郎君情好，已及二载，千辛万苦，历尽艰难，得有今日。然相从数千里，未曾哀戚。今将渡江，方图百年欢笑，如何反起悲伤？必有其故。夫妇之间，死生相共，有事尽可商量，万勿讳也。”

公子再四被逼不过，只得含泪而言道：“仆天涯穷困，蒙恩卿不弃，委曲相从，诚乃莫大之德也。但反复思之，老父位居方面，拘于礼法，况素性方严，恐添嗔怒，必加黜逐。你我流荡，将何底止？夫妇之欢难保，父子之伦又绝。日间蒙新安孙友邀饮，为我筹及此事，寸心如割。”十娘大惊道：“郎君意将如何？”公子道：“仆事内之人，当局而迷。孙友为我画一计颇善，但恐恩卿不从耳！”十娘道：“孙友者何人？计如果善，何不可从？”公子道：“孙友名富，新安盐商，少年风流之士也。夜间闻子清歌，因而问及。仆告以来历，并谈及难归之故，渠意欲以千金聘汝。我得千金，可借口以见吾父母，而恩卿亦得所天[63]。但情不能舍，是以悲泣。”说罢，泪如雨下。

十娘放开两手，冷笑一声道：“为郎君画此计者，此人乃大英雄也。郎君千金之资，既得恢复，而妾归他姓，又不致为行李之累，发乎情，止乎礼，诚两便之策也。那千金在那里？”公子收泪道：“未得恩卿之诺，金尚留彼处，未曾过手。”十娘道：“明早快快应承了他，不可挫过机会。但千金重事，须得兑足交付郎君之手，妾始过舟，勿为贾竖子所欺[64]。”

时已四鼓，十娘即起身挑灯梳洗，道：“今日之妆，乃迎新送旧，非比寻常。”于是脂粉香泽，用意修饰，花钿绣袄，极其华艳，香风拂拂，光采照人。装束方完，天色已晓。孙富差家童到船头候信。十娘微窥公子，欣欣似有喜色，乃催公子快去回话，及早兑足银子。公子亲到孙富船中，回复依允。孙富道：“兑银易事，须得丽人妆台为信。”公子又回复了十娘，十娘即指描金文具道：“可便抬去。”孙富喜甚。即将白银一千两送到公子船中。十娘亲自检看，足色足数，分毫无爽。乃手把船舷，以手招孙富。孙富一见，魂不附体。十娘启朱唇，开皓齿道：“方才箱子可暂发来，内有李郎路引一纸[65]，可检还之也。”孙富视十娘已为瓮中之鳖，即命家童送那描金文具，安放船头之上。十娘取钥开锁，内皆抽替小箱[66]。十娘叫公子抽第一层来看，只见翠羽明珰，瑶簪宝珥，充牣于中[67]，约值数百金。十娘遽投之江中。李甲与孙富及两船之人，无不惊诧。又命公子再抽一箱，乃玉箫金管。又抽一箱，尽古玉紫金玩器，约值数千金。十娘尽投之于水。舟中岸上之人，观者如堵。齐声道：“可惜，可惜！”正不知什么缘故。最后又抽一箱，箱中复有一匣。开匣视之，夜明之珠，约有盈把。其他祖母绿，猫儿眼[68]，诸般异宝，目所未睹，莫能定其价之多少。众人齐声喝采，喧声如雷。十娘又欲投之于江。李甲不觉大悔，抱持十娘恸哭，那孙富也来劝解。

十娘推开公子在一边，向孙富骂道：“我与李郎备尝艰苦，不是容易到此，汝以奸淫之意，巧为谗说，一旦破人姻缘，断人恩爱，乃我之仇人，我死而有知，必当诉之神明，尚妄想枕席之欢乎！”又对李甲道：“妾风尘数年[69]，私有所积，本为终身之计。自遇郎君，山盟海誓，白首不渝。前出都之际，假托众姊妹相赠，箱中韫藏百宝，不下万金。将润色郎君之装，归见父母，或怜妾有心，收佐中馈[70]，得终委托，生死无憾。谁知郎君相信不深，惑于浮议[71]，中道见弃，负妾一片真心。今日当众目之前，开箱出视，使郎君知区区千金未为难事。妾椟中有玉[72]，恨郎眼内无珠。命之不辰[73]，风尘困瘁，甫得脱离，又遭弃捐。今众人各有耳目，共作证明，妾不负郎君，郎君自负妾耳！”

于是众人聚观者，无不流涕，都唾骂李公子负心薄幸。公子又羞又苦，且悔且泣，方欲向十娘谢罪。十娘抱持宝匣，向江心一跳。众人急呼捞救。但见云暗江心，波涛滚滚，杳无踪影。可惜一个如花似玉的名姬，一旦葬于江鱼之腹！

三魂渺渺归水府，七魄悠悠入冥途。

当时旁观之人，皆咬牙切齿，争欲拳殴李甲和那孙富。慌得李、孙二人，手足无措，急叫开船，分途遁去。李甲在舟中，看了千金，转忆十娘，终日愧悔，郁成狂疾，终身不痊。孙富自那日受惊，得病卧床月余，终日见杜十娘在傍诟骂，奄奄而逝。人以为江中之报也。

却说柳遇春在京坐监完满，束装回乡，停舟瓜步[74]。偶临江净脸，失坠铜盆于水，觅渔人打捞。及至捞起，乃是个小匣儿。遇春启匣观看，内皆明珠异宝，无价之珍。遇春厚赏渔人，留于床头把玩。是夜梦见江中一女子，凌波而来，视之，乃杜十娘也。近前万福，诉以李郎薄幸之事。又道：“向承君家慷慨，以一百五十金相助，本意息肩之后[75]，徐图报答。不意事无终始。然每怀盛情，悒悒未忘。早间曾以小匣托渔人奉致，聊表寸心，从此不复相见矣。”言讫，猛然惊醒，方知十娘已死，叹息累日。

后人评论此事，以为孙富谋夺美色，轻掷千金，固非良士；李甲不识杜十娘一片苦心，碌碌蠢才，无足道者。独谓十娘千古女侠，岂不能觅一佳侣，共跨秦楼之凤，乃错认李公子，明珠美玉，投于盲人，以致恩变为仇，万种恩情，化为流水，深可惜也！有诗叹云：

不会风流莫妄谈，单单情字费人参。

若将情字能参透，唤作风流也不惭。

选自《冯梦龙全集》，［明］冯梦龙，凤凰出版社 2007 年版

注释

［1］万历：明神宗朱翊钧的年号（1573—1619 年）。

［2］纳粟入监：捐纳粟米（或银子）取得进入国子监的权利。监，国子监，当时的最高学府。有了监生的资格，就可以去考举人。

［3］布政：布政使。明初分全国为十三个承宣布政使司，相当于十三个省，每司设一布政使，作为最高的行政长官。

［4］在庠（xiáng）：已经进了学。

［5］登科：中举。

［6］北雍：周代太学有五，中曰“辟雍”，后世以此为国学的代称。明代北京和南京均设有国子监，故称在北京的为北雍，在南京的为南雍。

［7］坐监：正式在国子监里读书的叫坐监。

［8］监生：国子监生员的简称，又称太学生。教坊司：原为古代主管音乐歌舞的机关，明代的教坊司专管乐舞承应，属礼部，娼妓也属教坊司管。此处的院内，指妓院。

［9］卓氏文君：卓文君。

［10］白家樊素：白居易的姬妾，善歌。

［11］破瓜：女子破身。

［12］斗筲之量：酒量很小。斗，量器。筲，竹制容器。容量都很小。

［13］撒漫：挥霍，用钱阔绰。

［14］帮衬：巴结、献殷勤。

［15］鸨：年老的妓女，此处指下文的杜妈妈。

［16］从良：妓女脱离乐籍，嫁作良家妻妾。

［17］胁肩谄笑：耸着肩架，装出媚笑。

［18］手头：手里的钱。短：少。

［19］不统口：不搭理。

［20］温克：温恭自持。温，温和。克，克制。

[21] 行户：与下文的“行院”都是妓院的隐喻。
[22] 混帐：胡闹，这里指糊里糊涂过日子。
[23] 锺馗老：即锺馗，民间传说他是管鬼的。
[24] 退财白虎：不让钱财上门的凶神。
[25] 开了大门七件事：柴米油盐酱醋茶。
[26] 粉头：妓女。
[27] 孤拐：脚踝骨。
[28] 十斋：信佛的人于夏历每月初一、初八、十四、十五、十八、廿三、廿四、廿八、廿九、三十日不吃荤腥。
[29] 虔婆：贼婆，此处指老鸨。
[30] 教坊落籍：从教坊司除去名籍。
[31] 招架：招揽，应酬。
[32] 烟花：妓女的代称。
[33] 曲中：曲本是里内的小巷，后来指妓女所居之处。
[34] 亵渎：轻慢、侮辱。
[35] 开交：放手、丢开。
[36] 铢两：二十四铢为一两，是说极少的一点银子。
[37] 长行：远行。
[38] 间关：道路的艰难。
[39] 曾无约束：物资上全无准备。
[40] 浮居：暂住。
[41] 于归：古代称女子出嫁为于归。
[42] 贫窭：贫穷。
[43] 赆：送给人的路费。
[44] 文具：文具箱子或首饰箱子。
[45] 潞河：一称白河，为北运河上游。
[46] 瓜洲：镇名，在江苏省。差使船：给官府临时当差的船。
[47] 解库：当铺。
[48] 六院：明初南京的妓院。
[49] 绝调：卓绝的音调。
[50] 《拜月亭》杂剧：明人相传为元代施惠所撰。
[51] 种盐：制盐。

［52］此为柳宗元《江雪》，文字有出入。
［53］高学士：明初诗人高启。
［54］打跳：把跳板铺起来。跳，船上跳板。
［55］入港：言语投合。
［56］位居方面：古时封疆大臣，独当一面称为方面官。
［57］必严帷薄之嫌：必定严格地维持男女之间的封建礼防。
［58］资斧：盘缠、旅费。
［59］逾墙钻穴：偷情、幽会之事。
［60］同袍：朋友。
［61］枕席之爱：夫妻之情。
［62］间言：嫌隙之言。
［63］所天：丈夫。
［64］贾竖子：市侩。
［65］路引：出行时所领的执照，此处指国子监发的回籍证。
［66］抽替：抽屉。
［67］充牣：充满。
［68］祖母绿：又名绿柱石，一种纯色的绿宝石。猫儿眼：又名猫睛石。
［69］风尘：妓女艰苦屈辱的生活。
［70］佐中馈：妾。中馈，进食于尊长叫馈，旧时妇女多在家中料理饮食之事，故称妇职为主持中馈，引申为妻子的代称。
［71］浮议：没有根据的议论。
［72］椟中有玉：箱里有珍珠宝物。
［73］命之不辰：命不好。不辰，生不逢时。
［74］瓜步：瓜步镇，在江苏省六合县。
［75］息肩：放下担子，此处指获得安定的生活。

导读

冯梦龙（1574—1646年），字犹龙，又字子犹，号龙子犹、墨憨斋主人、顾曲散人、吴下词奴、姑苏词奴、前周柱史等。南直隶苏州府长洲县（今江苏省苏州市）人。冯梦龙出身士大夫家庭，与兄冯梦桂、弟冯梦熊并称“吴下三冯”。他的作品强调感情和行为，最有名的作品为《喻世明言》（又名《古今小说》）、《警世通言》、《醒世恒言》，合称“三言”。三言与明代凌濛初的《初刻拍案惊奇》《二刻拍案惊奇》合称“三言两拍”，是中国白话短篇小说的经典代表。冯梦龙以其对小说、戏曲、民歌、笑话等通俗文学的创作、搜集、整理、编辑，为中国文学做出了独异的贡献。

杜十娘为了摆脱七年来屈辱的妓女生活，选择李甲作为从良的对象，可是纨绔公子李甲，却在她从良后的旅途中出卖了她。绝望之余，杜十娘抱着百宝箱投江自尽。杜十娘的不幸遭遇是对当时黑暗社会的控诉，作品对杜十娘的同情和对李甲、孙富的揭露，表现了作者的爱憎。这个故事在形式上表现出来的是李甲和杜十娘的矛盾，而实质上却是杜十娘美好的生活愿望与当时社会制度的矛盾，因为怯懦、自私的李甲，绝不敢毅然打破在封建制度维护下的虚伪的阶级体面，与杜十娘共同生活。这篇作品在当时白话短篇小说中，是艺术性较高的一篇，所塑造的主人公形象，相当真实生动。

如果这就是爱情

彼特拉克

如果这就是爱情，天哪，究竟什么是它的滋味？
如果这不是爱情，那么，我的感受又算什么？
如果它是善良的，为什么这样残酷地折磨我？
如果它是凶狠的，这折磨怎么又夹杂着甜蜜？
如果是自寻烦恼。我何必怨天尤人，暗自哭泣？
如果不是心甘情愿，伤心悲恸又为了什么？
啊，你生命与死亡，啊啊，你痛苦与欢乐，
为什么你们同一时间都驻扎在我的心里？
如果我是心甘情愿，就不必忧伤、苦闷。
我如今好象在撑着一条破旧不堪的船，
在暴风雨中失去了船舵，毫无办法；

盛暑中我冷得发抖，严寒里我心中如焚，
我想知道这是怎么回事，又难准确地判断，
我究竟在追求什么，自己也无法回答。

（《歌集》第一百三十二首）

选自《歌集》，［意大利］彼特拉克著，李国庆、王行人译，
花城出版社 2000 年版

导读

弗兰齐斯科·彼特拉克（1304—1374 年），意大利学者、诗人，文艺复兴第一个人文主义者，被誉为“文艺复兴之父”。他以其十四行诗著称于世，为欧洲抒情诗的发展开辟了道路，后世人尊他为“诗圣”。他与但丁、薄伽丘齐名，文学史上称他们为“三颗巨星”。

彼特拉克收于《歌集》中的 366 首歌绝大部分是十四行体的情歌，属于所谓抒情诗范畴。这些抒情诗基本是写给终身恋人劳拉的。诗人 23 岁时在阿维农的圣基亚拉教堂遇到美丽少女劳拉，一见钟情，遂终生不渝，即便追求无望，即便在其 44 岁时劳拉死于黑死病，她始终是激发他创作灵感和诗情的源泉，至死不渝。《歌集》里的诗篇，风格清新，结构周密，语言淡雅，音韵优美。诗人擅长把讴歌劳拉和抒写自然结合起来，想象驰骋，使人物心理与外界联系自然贴切，巧借自然的美来歌颂劳拉，反映出人文主义者热爱生活的世界观。不过，他也在对劳拉的爱与对这种爱的恐惧之间徘徊，尘世与上天、荣誉与禁欲主义之间的冲突，存在他的内心世界，他的作品犹如一面镜子，映照出文艺复兴与中世纪两个时代的矛盾，映照出文艺复兴初期的人文主义者的矛盾。

我怎么能够把你来比作夏天？

莎士比亚

我怎么能够把你来比作夏天？
你不独比它可爱也比它温婉；
狂风把五月宠爱的嫩蕊作践，
夏天出赁的期限又未免太短；
天上的眼睛有时照得太酷烈，
它那炳耀的金颜又常遭掩蔽；
被机缘或无常的天道所摧折，
没有芳艳不终于雕残或销毁。
但是你的长夏永远不会凋落，
也不会损失你这皎洁的红芳，
或死神夸口你在他影里漂泊，
当你在不朽的诗里与时同长。
　　只要一天有人类，或人有眼睛，
　　这诗将长存，并且赐给你生命。

选自《莎士比亚全集》，［英］威廉·莎士比亚，朱生豪译，
第六册，人民文学出版社 1994 年版

导读

《我怎么能够把你来比作夏天？》是莎士比亚十四行诗集的第 18 首，是表达艺术与时间相抗衡这一思想的代表性诗作。正如国内王佐良等学者所说，该诗作的主题表达了“唯有文学可以与时间相抗衡；文学既是人所创造的业绩，因此这里又是宣告了人的伟大与不朽”。这样，该诗就具有了明显的人文主义思想。

从诗中可以感受到对爱的信念，正是相信这种爱，使他的诗能够永恒，而诗歌又使情人的美得以永恒。

莎士比亚的十四行诗通常有五个音步，每个音步有一轻一重两个音节（抑扬格）。韵式与彼特拉克的诗有所不同，不再是4433结构，而是4442结构，韵脚排列形式是abab，cdcd，efef，gg。而且有的论者认为莎士比亚许多的十四行诗都有鲜明的起、承、转、合。头四行是“起”，表明他所歌颂的年轻友人的不同凡响的美丽；中间四行是“承”，伤感爱情，讲岁月无常，青春难驻；后四行是“转”，宣告虽然别人的美貌难以存留，可他所爱的人却可以通过他的不朽的诗篇来得以永存；最后两行是“合”，是对一首诗所作的小结。以富有思辨的语言总结了人类、诗歌艺术以及所歌颂对象之间的关联：只要人类尚有生息，歌颂你的诗篇就会流传，而正是这些永久流传的诗篇使你的生命与美丽可以与时间抗衡，得以永存。

思考与讨论

1. 西方文学中的爱情故事与中国文学中的爱情故事在表现形式上有哪些异同？

2. 以《杜十娘怒沉百宝箱》为例，简单谈谈作品里的爱情主题与当时的社会现实问题是怎样结合起来的。

推荐阅读

福楼拜《包法利夫人》

茨威格《一个陌生女人的来信》

奥尼尔《榆树下的欲望》

大学语文

上册

主编　刘蔼萍
副主编　李珊珊　乔安琪　孟心

重庆大学出版社

图书在版编目（CIP）数据

大学语文 / 刘蔼萍主编. --重庆：
重庆大学出版社，2020.8（2022.7重印）
ISBN 978-7-5689-2227-2

Ⅰ.①大… Ⅱ.①刘… Ⅲ.①大学语文课—高等学校
教材 Ⅳ.①H193.9

中国版本图书馆CIP数据核字（2020）第099427号

大学语文
DAXUE YUWEN
主编　刘蔼萍
副主编　李珊珊　乔安琪　孟心
责任编辑：李桂英　　版式设计：李桂英
责任校对：刘志刚　　责任印制：邱　瑶
*
重庆大学出版社出版发行
出版人：饶帮华
社址：重庆市沙坪坝区大学城西路21号
邮编：401331
电话：（023）88617190　88617185（中小学）
传真：（023）88617186　88617166
网址：http：//www.cqup.com.cn
邮箱：fxk@cqup.com.cn（营销中心）
全国新华书店经销
重庆市国丰印务有限责任公司印刷
*
开本：787mm × 1092mm　1/16　印张：25.75　字数：396千
2020年8月第1版　　2022年7月第3次印刷
ISBN 978-7-5689-2227-2　定价：98.00元（上、下册）

前言

“大学语文”是集人文性与实用性于一体的课程，可以提供东西方文化养料，浸润人文情怀，激发崇德尚善的爱与良知，塑造文质彬彬的谈吐。近年来，尽管人们对语文教育的思考与争论不绝于耳，但我们从未放弃思考。那么，与声音、画面、色彩、节奏、韵律、表演打交道的艺术类专业的学生需要什么样的“大学语文”？

我们希望它能让我们产生共鸣，不断激荡我们的内心；我们希望它给我们提供知识，为我们打开认识世界的一扇门；我们希望它是多种元素的融合，能给我们提供范例，让我们可以从中获得借鉴与启发；我们希望它能引领我们在逸趣横生中感悟，于喧嚣浮躁中沉淀，在信仰迷失中坚守。基于此，我们编写了本书。

本书注重思想性与趣味性的结合，重视优秀文化的熏陶。正如习近平总书记 2014 年在文艺工作座谈会上的讲话中说的那样：“‘求木之长者，必固其根本；欲流之远者，必浚其泉源。’”中华优秀传统文化是中华民族的精神命脉，是涵养社会主义核心价值观的重要源泉，也是我们在世界文化激荡中站稳脚跟的坚实根基。增强文化自觉和文化自信，是坚定道路自信、理论自信、制度自信的题中应有之义。”用文字写就、流传下来的各种历史文化典籍浩如烟海，积淀着中华民族最深层的精神追求，蕴含着丰富的思想道德资源，为我们以文化人、以文育人提供了丰富的养分。阅读、学习、欣赏那些经过漫长时间筛选和众多读者严格检验的外国文学发展史上里程碑式的作品，可以帮助我们了解外国人的生存方式、思维方式，让我们知道什么是世界的、什么是民族的，进而有助于培养我们的民族自豪感，可开阔我们的视野，增强思辨能力，便于我们多角度、多方位地思考问题，在全球化时代树立我们的民族意识。

本书还注重实用性与灵活性的结合，按内在联系分为了十一章，将系统性评述和横向性比较贯穿始终，覆盖古今，地域上包罗中外。每一章前有主题介绍，后有围绕主题设计的“思考与讨论”；每一章选文分为“核心作品”“拓展阅读”“推荐阅读”三个层次；每一篇选文设有“注释”“导读”。这样的结构安排，既便于广大教师在具体的教学活动中，根据层次、学时灵活地选择教学内容，也便于在教学过程中启发、引导学生对文学、文化进行探索、思考。

本书亦十分注重专业性与艺术性的结合，用画面、色彩、节奏诠释了文字。每一主题的选文大体有五个特点：一是诗画相和。不仅有文学作品，还有绘画作品，注重文字与画面的呼应。二是点面结合。尽量选择最能体现每章主题的作品，以点带面，便于拓展。三是避熟求新。尽量避开中学已经学过的作品。四是各体兼备。以诗文为主，亦选取了赋、小说、戏曲、戏剧、演讲稿等多种文体的代表作品。五是便于诵读。将文字与节奏、韵律相结合，通过反复诵读来理解、欣赏诗词文赋等经典作品，进而形成良好的语感，提升自身语言文字应用水平。

本书在编写过程中得到了众同仁的支持，尤其是左旭舟老师对本书给予了莫大的关心与帮助，重庆大学出版社的工作人员为此书的出版付出了辛勤劳动，在此谨以诚挚之心表示感谢！书中如有疏漏或不足之处，还请读者不吝赐教。

编　者

2020 年 6 月

目录

第一章　神话史诗 / 001

玄鸟（商颂） / 003
思文（周颂） / 005
盘古开天辟地 / 006
工作与时日（节选） / 007
希腊神话二则 / 010
荷马史诗（节选） / 017
拓展阅读 / 039
　埃涅阿斯纪（节选） / 039
　神曲（节选） / 048
推荐阅读 / 057

第二章　边塞行役 / 059

击鼓（邶风） / 061
白马篇 / 062
代出自蓟北门行 / 064
从军行 / 066
燕歌行 / 067
石州慢・雨急云飞 / 069
金陵驿 / 070
拓展阅读 / 072
　无衣（秦风） / 072

战城南 / 073
白雪歌送武判官归京 / 075
陇西行四首（其二） / 077
关山月 / 078
推荐阅读 / 080

第三章　民生百态 / 081

七月（豳风） / 083
伐檀（魏风） / 088
东门行 / 089
七哀诗 / 090
卖炭翁 / 092
老夫采玉歌 / 094
拓展阅读 / 096
孤儿行 / 096
断魂枪 / 097
一滴水可以活多久 / 104
推荐阅读 / 107

第四章　立身处世 / 109

《论语》十三章 / 111
郑伯克段于鄢 / 114
晋毕阳之孙豫让 / 117
咏怀诗 / 120
晁错论 / 122
相信未来 / 126
选择塑造人生 / 128
拓展阅读 / 131
节妇吟·寄东平李司空师道 / 131

回答 / 132
裘力斯・凯撒（节选） / 134
推荐阅读 / 144

第五章　士之不遇 / 145

拟行路难 / 147
感遇・兰若生春夏 / 148
感遇・兰叶春葳蕤 / 150
长相思 / 150
记承天寺夜游 / 152
鹧鸪天・壮岁旌旗拥万夫 / 155
拓展阅读 / 156
重赠卢谌 / 156
东下三旬苦于风土马上戏作 / 158
八声甘州・对潇潇暮雨洒江天 / 160
踏莎行・郴州旅舍 / 162
满江红・金甲雕戈 / 166
推荐阅读 / 168

第六章　离别之情 / 169

行行重行行 / 171
与朝歌令吴质书 / 172
悼亡诗 / 174
哀江南赋序 / 175
月夜 / 180
踏莎行・候馆梅残 / 182
玉楼春・尊前拟把归期说 / 184
满庭芳・山抹微云 / 185

拓展阅读 / 186
别赋 / 186
与浩初上人同看山寄京华亲故 / 193
鹊踏枝·槛菊愁烟兰泣露 / 195
兰陵王·柳 / 196
贺新郎·送胡邦衡谪新州 / 199
想从前我们俩分手 / 200
推荐阅读 / 202

第一章　神话史诗

国之大事，在祀与戎。

——《左传·成公十三年》

如果说神话是人对世界的初步探索，史诗就是民族发祥的伟大纪念。神话与史诗，是每个民族历史上璀璨的第一页，它带着原始而神秘的血液，审视着这充满未知的世界。人们将自己的想象谱写成书，作为对这个世界的回答，也成为对自己民族的信仰。在这里，我们为个人的命运纵情高歌，也对大自然的馈赠照单全收。这里有英雄、有悲歌，也有斗争中无穷的礼赞；这里有幻想、有思索，也有个人光芒的绽放。人类创造神话，在神话中探索未知；人类创作史诗，在史诗里记录文明。

玄鸟（商颂）

《诗经》

天命玄鸟[1]，降而生商[2]，宅殷土芒芒[3]。古帝命武汤[4]，正域彼四方[5]。方命厥后[6]，奄有九有[7]。商之先后[8]，受命不殆[9]，在武丁孙子[10]。武丁孙子，武王靡不胜[11]。龙旂十乘[12]，大糦是承[13]。邦畿千里[14]，维民所止[15]，肇域彼四海[16]。四海来假[17]，来假祁祁[18]，景员维河[19]。殷受命咸宜[20]，百禄是何[21]。

选自《诗经注析》，程俊英、蒋见元著，中华书局 1991 年版

注释

[1] 玄鸟：黑色燕子。传说有娀氏之女简狄吞燕卵而怀孕生契，契建商。

[2] 商：指商的始祖契。

[3] 宅：居住。芒芒：芒，通“茫”，“芒芒”就是“茫茫”，广大的样子。

[4] 古：从前。帝：天帝，上帝。武汤：成汤，汤号曰武。

[5] 正：即“征”；又，修正疆域。方：遍，普。

[6] 后：上古称君主，此指各部落的酋长首领（诸侯）。

[7] 奄：拥有。九有：九州。传说禹划天下为九州。有：“域”的借字，疆域。

[8] 先后：先君，先王。这里指的是商汤。

[9] 命：天命。殆：通“怠”，懈怠。

[10] 武丁：殷高宗，汤的后代。

[11] 武王：武汤，成汤。胜：胜任。

[12] 旂（qí）：古时一种旗帜，上画龙形，竿头系铜铃。乘（shèng）：四马一车为乘。

[13] 糦（xī）：同“饎”，酒食。宾语前置，“大糦”作“承”的前置宾语。承：捧，进献。

[14] 邦畿：封畿，疆界。

[15] 止：停留，居住。

[16] 肇域彼四海：始拥有四海之疆域。四海，《尔雅》以“九夷、八狄、七戎、六蛮”为“四海”；或释“肇”通“兆”，兆域，即疆域。开辟疆域以至于四海。

[17] 来假（gé）：来朝。假，通“格”，到达。
[18] 祁祁：纷杂众多之貌。
[19] 景：一说景山，在今河南商丘，古称亳，为商之都城所在；一说广大的意思。员：幅员。
[20] 咸宜：人们都认为适宜。
[21] 百禄：多福。何（hè）：通“荷”，承受，承担。

导读

《诗经》是我国最早的诗歌总集，收集了从西周初期至春秋中叶大约500年间的诗歌305篇，另有6篇有目无辞，在燕礼、乡饮酒礼等仪式上用笙演奏，称为“笙诗”。他们从各个方面表现了当时的社会生活，对周人的建国经过、周初的经济制度和生产情况，某种重大的政治历史事件，都有直接或间接的反映，对人民所遭受的痛苦、西周后期以迄春秋的政治混乱局面、统治者的残暴和丑恶行为，尤有深刻的揭露。

《诗经》按音乐的不同分为风、雅、颂三大类；多采用赋、比、兴的艺术手法；句式以四言为主，多采用重章叠句的形式；语言朴素优美，韵律和谐，写景抒情富有艺术感染力，对后代文学有深远的影响。

《玄鸟（商颂）》是宋君祭祀并歌颂祖先的乐歌，带有神话及史诗性质。清朝方玉润赞此篇：“诗骨奇秀，神气浑穆，而意亦复隽永，实为三颂压卷。”

《周颂清庙之什图》（局部），［南宋］马和之（传）
长卷，绢本，32.6cm×973cm，
辽宁省博物馆藏

思文（周颂）

《诗经》

思文后稷[1]，克配彼天[2]。立我烝民[3]，莫匪尔极[4]。贻我来牟[5]，帝命率育[6]。无此疆尔界[7]，陈常于时夏[8]。

选自《诗经注析》，程俊英、蒋见元著，中华书局 1991 年版

注释

［1］思：语助词。一说“思念”。文：文德，即治理国家、发展经济的功德。后稷：周人始祖，姓姬氏，名弃，号后稷，舜时为农官。

［2］克：能够。配：配享，即一同受祭祀。

［3］立：通“粒”，米食；一说“养育”。此处用如动词，养育的意思。烝民：众民。

［4］极：最，极致，此指无量功德。

[5] 贻：遗留。来牟：亦作“麳（lái）麰（móu）”，小麦。一说“来”是小麦，“牟”是大麦。

[6] 率育：普遍养育。

[7] 疆、界：都是指疆域。

[8] 陈：布陈，遍布。常：常法，常规，此指种植农作物的方法。时：此。夏：中国。

导读

这是祭祀周族祖先后稷以配天的乐歌，因后稷的传奇性经历和“诞降嘉种”、“是获是亩”、赐民百谷的无量功德，广泛流传于民间。此诗篇幅简短，仅八句。当时，祭祀是具有重大意义的政治活动，祭祀的程序随着乐歌曲调缓缓进行，简短的歌辞一再回环重复，气氛非常庄严，人们感觉置身于神奇力量的控制之中，参与盛典的自豪荣幸和肩负上天使命的虔诚在此间密切融合。

盘古开天辟地

天地混沌如鸡子[1]，盘古生其中，万八千岁，天地开辟，阳清为天[2]，阴浊为地[3]，盘古在其中，一日九变[4]，神于天[5]，圣于地，天日高一丈[6]，地日厚一丈，盘古日长一丈，如此万八千岁，天数极高，地数极深，盘古极长，后乃有三皇。

选自《艺文类聚》，[唐]欧阳询撰，汪绍楹校，上海古籍出版社 1985 年版

注释

[1] 鸡子：鸡蛋。

[2] 阳清为天：轻而清的阳气上升为天。

[3] 阴浊为地：重而浊的阴气下沉为地。

[4] 九：多次。
[5] 神于天：比天还要高超。于，比。
[6] 日：每天。

导读

《艺文类聚》是唐代文学家、书法家欧阳询与令狐德棻、陈叔达、裴矩、赵弘智、袁朗等十余人于武德七年（624年）编纂而成的一部综合性类书。该书是中国现存最早的一部完整的官修类书，全书共100卷，100万余字，征引古籍1431种，分门别类，摘录汇编。它保存了中国唐代以前丰富的文献资料，尤其是许多诗文歌赋等文学作品。

此文是《艺文类聚》引三国时东吴徐整的《三五历纪》中所载的“盘古开天辟地”，主要讲述了盘古生前完成开天辟地的伟大业绩，死后留给后人无穷无尽的宝藏，成为中华民族崇拜的英雄的故事。

工作与时日（节选）

赫西俄德

如果你愿意，我将简要而又动听地为你再说一个故事，请你记在心上：诸神和人类有同一个起源。

首先，奥林波斯山上不朽的诸神创造了一个黄金种族的人类。这些凡人生活在克洛诺斯时代，那时他是天上的国王。人们象神灵那样生活着，没有内心的悲伤，没有劳累和忧愁。他们不会可怜地衰老，手脚永远一样有劲；除了远离所有的不幸，他们还享受筵宴的快乐。他们的死亡就象熟睡一样安详，他们拥有一切美好的东西。肥沃的土地自动慷慨地出产吃不完的果实。他们和平轻松地生活在富有的土地上。羊群随处可见，幸福的神灵眷爱着他们。

自从这个种族被大地埋葬之后，他们被称为大地上的神灵。他们无害、善良，是凡人的守护者。他们身披云雾漫游于大地各处，注视着人类的公正和邪恶的行为。他们是财富的赐予者，因为他们也获得了这种国王的权利。此后，奥林波斯诸神创造了第二代种族，一个远远不如第一代种族优秀的白银种族，在肉体和心灵两方面都一点不象黄金种族。这个种族的孩子在其善良的母亲身旁一百年长大，语言贫乏，在家里孩子气十足地玩耍。但是，当他长大成人、渐渐步入风华正茂的青春期时，他的成人经历非常短暂，并且由于愚昧无知而使悲伤始终与之相伴。他们不能避免犯罪和彼此伤害，又不愿意崇拜神灵和给幸福神灵的祭坛献上祭品。——这是无论居住在哪儿的凡人都应该做的。于是，克洛诺斯之子宙斯气愤地抛弃了他们，因为他们不敬居住在奥林波斯的幸福神灵。

但是，当这个种族也被埋进泥土时，他们被人类称作地下的快乐神灵。尽管他们品位低一级，但仍然得到人类的崇敬。诸神之父宙斯又创造了第三代人类——青铜种族，产生于墨利亚神女，他们可怕而且强悍，一点不象白银时代的人类。他们喜爱阿瑞斯制造哀伤的工作和暴力行为，不食五谷，心如铁石，令人望而生畏。他们力气很大，从壮实的躯体、结实的双肩长出的双臂不可征服。他们的盔甲兵器由青铜打造，房屋是青铜的，所用工具也是青铜的。那时还没有黑铁。他们用自己的手毁灭了自己，去了冷酷的哈得斯的潮湿的王国，没有留下姓名。尽管他们强大可怕，但为黑死病所征服，离开了阳光普照的大地。

在这个种族也被埋进大地后，克洛诺斯之子宙斯又在富有果实的大地上创造了第四代种族，一个被称作半神的神一般的比较高贵公正的英雄种族，是广阔无涯的大地上我们前一代的一个种族。不幸的战争和可怕的厮杀，使他们中的一部分人丧生。有些人是为了俄狄浦斯的儿子战死在七座城门的忒拜-卡德摩斯的土地上；有些人为了美貌的海伦渡过广阔的大海去特洛伊作战，结果生还无几。但是，诸神之父、克洛诺斯之子宙斯让另一部分人活下来，为他们安置了远离人类的住所，在大地之边。他们无忧无虑地生活在涡流深急的大洋岸边的幸福岛上，出产谷物的土地一年三次为幸福的英雄们长出新鲜、香甜的果实。远离不朽的众神，克洛诺斯王统治着他们。因为人类和众神之父释放了克洛诺斯。这些结局一样光荣和受崇敬。

目光遥远的宙斯又创造了第五代人类，让他们生活在广阔的大地上。

我但愿不是生活在属于第五代种族的人类中间，但愿或者在这之前已经死去，或者在这之后才降生。因为现在的确是一个黑铁种族：人们白天没完没了地劳累烦恼，夜晚不断地死去。诸神加给了他们严重的麻烦。尽管如此，还有善与恶搅和在一起。如果初生婴儿鬓发花白[1]，宙斯也将毁灭这一种族的人类。父亲和子女、子女和父亲关系不能融洽，主客之间不能相待以礼，朋友之间、兄弟之间也将不能如以前那样亲密友善。子女不尊敬瞬即年迈的父母，且常常恶语伤之，这些罪恶遍身的人根本不知道畏惧神灵。这些人不报答年迈父母的养育之恩，他信奉力量就是正义；有了它，这个人可以据有那个人的城市。他们不爱信守誓言者、主持正义者和行善者，而是赞美和崇拜作恶者以及他的蛮横行为。在他们看来，力量就是正义，虔诚不是美德。恶人用恶语中伤和谎言欺骗高尚者。忌妒、粗鲁和乐于作恶，加上一副令人讨厌的面孔，将一直跟随着所有罪恶的人们。羞耻和敬畏两女神以白色长袍裹着绰约多姿的体形，将离开道路宽广的大地去奥林波斯山，抛弃人类加入永生神灵的行列。人类将陷入深重的悲哀之中，面对罪恶而无处求助。

选自《工作与时日　神谱》，［古希腊］赫西俄德著，张竹明、蒋平译，商务印书馆 1991 年版

注释

［1］指堕落到极点。

导读

赫西俄德是古希腊的第一位个人作家。近代以来，学者们倾向认为，他生活和创作的年代在公元前 8 世纪上半叶。他以长诗《工作与时日》和《神谱》闻名于后世。

《工作与时日》包括 5 个部分：①序曲，包括原诗 1—10 行，是献给缪斯，赞颂宙斯万能的。②包括原诗 11—382 行，劝导人们要勤奋工作。③包括原诗 383—694 行，这部分告诉人们，要避免匮乏和窘困的境况，只有在农业生产和海上贸易中勤奋劳而又谨慎小心才能做到。④包括原诗 695—764 行，充

满各种各样的格言，大都是关于家庭内的日常生活活动。⑤包括原诗765—828行，教人注意每个月里的一些日子，注意这些日子对于农业生产和其他活动是吉利还是不吉利，是当地农民关于吉日凶日的宗教观念甚至迷信信条的汇集，是④部分不可渎神思想的发挥。

选文来自②部分，主要描述人类生活的5个时代，探究恶逐渐增加的原因，强调人世生活现状的艰辛和斗争的不可避免。

希腊神话二则

古斯塔夫·施瓦布

欧罗巴

在太尔与西顿地方，阿革诺耳国王的女儿欧罗巴，深居于父亲的宫殿。一次，在半夜中，正当人们做着虚幻的但骨子里总是包含着真实的梦的时候，天神给她一个奇异的梦，那好像两块大陆——亚细亚及其对面的大陆——变成两个妇人的样子正斗争着要占有她。妇人中的一个有着一种异国人的风度。别一人——而这便是亚细亚——外表和动作都如欧罗巴自己的女同乡一样，温和而热情地要求得到她，说这个可爱的孩子是她诞生并养育的。但是那个外乡的妇人将她抱在怀里像一件偷来的宝物一样，并将她带走。梦中最奇怪的是欧罗巴并没有挣扎也没有企图拒绝她。

“和我来吧，小小的情人哟，”这外乡人说。“我将带你到宙斯，即持盾者那里，因为命运女神指定你作为他的情人。”

欧罗巴醒来，她的血液涌上面颊，她从床榻上坐起；夜间的梦如同白天的真事一样分明。她呆坐了很久，张大眼睛望着，仍然看见这两个妇人在她的眼前。最后她的嘴唇动起来，她在惊惧中问自己：“什么样的神祇给我这个梦呢？当我很安全地睡在我父亲的屋子里，什么奇怪的梦诱惑我呢？这陌生的妇人是谁呀？看到她，我就产生了一种什么样的新的欲望呀？她如何可爱地向我走来！甚至将我带走的时候，她仍是以一种母亲的慈爱的眼光看顾我。让神祇使我的梦成一个吉兆吧！”

清晨时，白天的美丽的阳光使梦中的暗影从欧罗巴的头上消失了。她起来，忙着自己女孩子的日常工作和娱乐。和她同年岁的朋友和伴侣，贵族家庭的女儿们，聚拢来在她的周围，陪她散步、歌舞和祀神。她们引导她们的年轻的女主人来到紧靠着海边，开放着许多花朵的草地。在那里，这地方的女郎们都集合来欣赏盛开的花朵和冲击着海岸的浪花声。所有的女郎都持着花篮。欧罗巴自己也持着一只金花篮，上面雕刻着神祇生活的灿烂的景致。那是赫淮斯托斯的制作。很久以前，波塞冬，大地之撼震者，当他向利彼亚求爱的时候，将它献给了她。它一代一代地流传下来，直到阿革诺耳承受它作为一种家传的宝物。可爱的欧罗巴摇摆着这更像新娘的饰品而不是日常用品的花篮跑在她的游伴的前头，来到这金碧辉煌的海边的草地上。女郎们散发着快乐的言语和欢笑，每个人都摘取她们心爱的花朵。一人采摘灿烂的水仙花，另一人折取芳香的风信子，第三个又选中美丽的紫罗兰。有些人喜欢百里香，别的又喜欢黄色番红花。她们在草地上这里那里的跑着，但欧罗巴很快就找到她所要寻觅的花朵。她站在她的朋友们中间，比她们高，就如同从水沫所生的爱之女神之在美惠三女神中间一样。她双手高高地举着一大枝火焰一样的红玫瑰。

当她们采集了她们所要的一切，她们蹲下来在柔软的草地上开始编制花环，想拿这作为挂在绿树枝上献给这地方的女神们的谢恩的礼物。但她们从精美的工作中得到的欢乐是注定要中断的，因为突然间昨夜的梦所兆示的命运闯进了欧罗巴的无忧无虑的处女的心里。

宙斯，这克洛诺斯之子，为爱神阿佛洛狄忒的金箭所射中。在诸神中只有她可以征服这不可征服的万神之父。因此，宙斯为年轻的欧罗巴的美所动心。但由于畏惧嫉妒的赫拉的愤怒，并且若以他自己的形象出现，很难诱动这纯洁的女郎，他想出一种诡计，变形为一匹牡牛。但这不是平凡的牡牛啊！也不是那行走在常见的田野，背负着轭，拖着重载的车的牡牛！他高贵而华丽，有着粗颈和宽肩。他的两角细长而美丽，就如人工雕凿的一样，并比无瑕的珠宝还要透明。他的身体是金黄色的，但在前额当中则闪烁着一个新月形的银色标记。燃烧着情欲的亮蓝的眼睛在眼窝里不住地转动。在自己变形以前，宙斯曾把赫耳墨斯召到俄林波斯圣山（他的心思却一字不提），指示他给他做一件事。“快些，我的孩子，我的命令的忠实的执行者，”他说，“你看见我们下面的陆地吗？向左边看，那是腓尼基。去到那里，把在山坡上吃草的阿革诺耳国王的牧群赶到海边去。”即刻这有翼的神祇听从他父亲的话，飞到西顿的牧场，把阿革诺耳国王的牛群（其中有着变形的宙斯而为赫耳墨斯所不知道）赶到国王的女儿和太尔的女郎们快乐地玩着花环的草地上。牛群散开来，在距离女郎们很远的地方啮着青草。只有神祇化身的美丽的牡牛来到欧罗巴和她的女伴们坐着的葱绿的小山上。他十分美丽地移动着。他的前额并无威胁，发光的眼光也不可怕。他好像是很和善的。欧罗巴和她的女伴们夸赞这动物的高贵的身体和他的和平的态度。她们要在近处更仔细地看他，轻抚着他的光耀的背部。这牡牛好像知道她们的意思，愈走愈近，最后终于来到欧罗巴的面前。最初她吃了一惊，并瑟缩着后退，但这牛并不移动。他表现出十分驯善，所以她又鼓着勇气走来，将散放着香气的玫瑰花放在他的嘘着泡沫的嘴唇边。他亲爱地舐着献给他的花朵，舐着那只给他拭去嘴上的泡沫并开始温柔爱抚地拍着他的美丽的手。渐渐地这生物使女郎更加着迷了。她甚至冒险去吻他的锦缎一样的前额。对于这，他快乐地做着牛鸣，但不是普通的牛鸣，而是如同在高山峡谷中响着回声的吕狄亚[1]人的芦笛的声音。后来他蹲伏在她的脚下，十分爱慕地望着她，并扭转他的头好像向她指点他的宽阔的牛背。

现在欧罗巴叫唤着她的女伴们。“走近来呀，”她喊道。“让我们爬上这美丽牡牛的背并骑着他。我想他同时可以坐得下我们四个人。看看他如何地驯良，如何地温柔！和别的牡牛一点也不相同！我确信他会思想如同人类一样。他所缺乏的只是不会说话！”她一面说着，一面从她的同伴们的手中取过花环，一一地将它们挂在低着头的牛角上。最后她灵巧地跃上牛背，但别的女郎们则瑟缩退后，踌躇着而且害怕。

当这牡牛如是达到了他的要求，就从地上跃起。起初他缓缓地走着，但仍使欧罗巴的女伴们追赶不上。当草原走尽，空旷的海岸伸展在面前，他就加倍速度像飞马一样前进。在这女郎还来不及知道发生了什么事情，他就跳到海里，背负着他的俘虏泅泳着离开海岸。她用右手攀着他的一只角，用左手扶着牛背，让自己坐稳。海风吹着她的外衣如同风帆一样。在恐怖中她回头看远离着的海岸，呼叫她的伴侣们——但是无效。海浪拍击着牡牛腹部，她恐怕濡湿而紧缩着她的两脚。这牡牛浮游着如同一只船一样。不久陆地消失，太阳沉落，在夜晚的微光中，她除了浪花和星光以外什么也看不见。第二天一整天，这牡牛在海上游行得更远，但他这么灵巧地分辟着水，所以没有一滴水接触到他的骑者。最后，到晚间，他们到达一块远方的陆地。牡牛跳上岸来，在一棵伞样的树下，他让这女郎从他的背上滑下来。于是他突然消失，在原地方却站着一个美丽得如同天神一样的男子。他告诉她，他是她

《劫夺欧罗巴》（*The Rape of Europa*），提香 · 韦切利奥（Tiziano Vecellio）

所来到的这海岛即克瑞忒岛[2]的管领者，并愿意保护她，假使她同意委身于他。在忧愁和寂寞中，欧罗巴给他以她的手，表示同意，宙斯于是达到了他的愿望。

欧罗巴从昏迷的长睡中醒来，太阳已高高地升到天上。她独自一人，无助而惶惑，望着她的四周，就好像她希望发现是在自己的家里一样。“父亲，父亲哟，”她在绝望中喊叫。后来她想起一切，她说：“我怎敢说‘父亲’这两个字呢，我这个不慎失身了的人！什么样的热狂使我失去了处女的爱和真诚？”她又望着她的四周，慢慢地一切事情都回想起来了。“我从哪里来，并在哪里呢？”她说。“由于我的失足，我真是该死。但我真的清醒了么？我是在悲悼一件真的丑事么？或者只是一种迷雾一样的梦在搅扰我，当我再闭上眼睛它就会消失了么？我怎么会自动爬上怪物的背，泅过大海，而不是幸福而又安全地在采摘鲜花呢！”

当她说着，她的手揉着眼睛，就好像要驱除梦魔一样。她睁开眼睛，所看见的仍然是陌生的景物：不熟识的树林和岩石，雪白的潮水冲击着远处的岩石，并流向她从来没有见过的海岸。“啊，现在，但愿将那牡牛交给我罢！”她在愤怒中叫着。“我将劈裂他的身体，并折断他的两角。但这是多么愚蠢的想头呀！我无头无脑不顾羞耻地离开了我的家，所以如今我只有一死！假使神祇们全都丢弃了我，让他们至少遣送一只狮子或一只老虎来吧。或者我的美会引起它们的食欲，我就用不着等候饥饿来雕残我面颊上的花朵了。”

但没有野兽出现。陌生的风景，明媚而幽静地展开在她的面前，太阳也在无云的苍天上照耀着。就好像为复仇女神们所追逐，这女郎一跃而起。“可怜的欧罗巴哟，”她叫着：“你没听见你父亲的声音么？他虽在远方，但仍然会诅咒你，除非你完结你的可耻的生命。你不看见他指点那棵白杨树么，在那里你可以用带子自己吊死；或者那陡峻的悬崖，从那里可以投身于狂暴的大海。或者你宁愿成为一个野蛮暴君的妾妇，夜以继日地作他的奴隶，纺织羊毛，啊，你，一个伟大而有权力的国王的女儿！”

这样，她以死的思想苦恼着自己而又没有死的勇气。突然，她听到一种嘲弄的低语，她怕有人窃听，吃惊地向后望着。那里闪射着非凡的光辉，站立着阿佛洛狄忒和在她旁边带着小弓箭的厄洛斯，她的儿子。女神的嘴角上露着微笑。“平静你的愤怒，不要再反抗了，”她说，“你所憎恶的牡牛会走来并伸着他的两角让你折断。在你父亲的宫殿里送给你这梦的便是我。请息怒吧，欧罗巴哟！你被一个神祇带走。你命定要做不可征服的宙斯的人间的妻。你的名字是不朽的，因为从此以后，收容你的这块大陆将被称为欧罗巴。”

坦塔罗斯

宙斯的儿子坦塔罗斯统治着吕狄亚的西皮罗斯。他富有人世间各种物品，并以他在亚洲和希腊的财富而著名。如果说俄林波斯圣山的神祇曾向一个人类致敬，那正是向他。因为他的祖先是神祇，他们看待他如同一个友人，最后并许可他在宙斯的餐桌上饮宴，听神祇们的言谈。但他的虚荣的人类的灵魂受不住天上的福祉，所以他开始用各种方法对诸神犯罪：他泄露他们的秘密。他从他们的餐桌上窃取美酒和香膏，分给人世间的朋友。他隐藏别人从克瑞忒的宙斯神庙里偷来的用黄金雕铸的金狗，当诸神之父宙斯要他归还，他发誓说他没有看见。最后，他在无比的傲慢中，为酬谢诸神，邀请诸神到他的宫殿里来，并试探他们是否真的明察一切，他杀了他的亲生儿子，为他们预备酒席。只有得墨忒耳吃了这可怕的肴馔——一块人类的肩胛骨。别的神祇知道摆在他们面前的是些什么，所以将这孩子的割裂的肢体投在一只盆里。从这盆里，命运三女神之一的克罗托将他取出，仍然美丽完整。但有一只肩膀却是象牙做的！

以此，坦塔罗斯恶贯满盈，神祇们将他打入地狱，受着酷烈苦痛的惩罚。他站在大湖中央，湖水深齐他的下颔，他却焦渴着不能有滴水沾唇。当他俯身就水，水即随之而退，脚下只剩一片焦干的黑土。同时他也不能不忍受饥饿的痛苦。在他的后面，在湖边，生长着美丽的果木树，枝叶低垂到他的头上。他抬头看见蜜梨，鲜红的苹果，火红的石榴，甜熟的无花果和绿色的橄榄。但当他想要摘取，一阵大风就把树枝吹到云中去。他的最可怕的痛苦则是永续不断的对于死神的恐惧。一块大石头悬挂在他的头上，永久威胁着要将他压成粉碎。这样，嘲笑了神祇的不敬的坦塔罗斯，命定在地狱里永久地遭受三种苦刑。

选自《希腊神话和传说》，［德］古斯塔夫·施瓦布著，楚图南译，人民文学出版社1959年版

注释

［1］吕狄亚：吕底亚（Lydia），小亚细亚中西部一古国（公元前1300年或更早—公元前546年），濒临爱琴海，位于今土耳其西北部。

［2］克瑞忒岛：克里特岛。

导读

古斯塔夫·施瓦布（1792—1850年）生于德国符腾堡一宫廷官员家庭。1809—1814年在蒂宾根大学攻读神学和哲学。担任过编辑、牧师、教师等职务。文学上的贡献在于发掘和整理古代文化遗产，曾出版《美好的故事和传说集》《德国民间话本》《希腊神话和传说》等。

希腊神话是希腊民族关于神和英雄的故事的总汇。几千年来，希腊神话已渗透古希腊的文学艺术乃至西方文化的各个方面，对人类文明的发展起到了不可磨灭的作用。从《欧罗巴》与《坦塔罗斯》我们可以看出：希腊神话中的神与人同形同性，既有人的体态美，也有人的七情六欲，懂得喜怒哀乐，参与人的活动。神与人的区别仅仅在于前者永生，无死亡期；后者生命有限，有生老病死。希腊神话中的神个性鲜明，没有禁欲主义因素，也很少有神秘主义色彩。希腊神话的美丽就在于神依然有命运，依然会为情所困，为自己的利益做坏事。因此，希腊神话不仅是希腊文学的土壤，而且对后来的欧洲文学有着深远的影响。

荷马史诗（节选）

荷马

第二十二卷

——赫克托尔被阿基琉斯杀死遭凌辱

特洛亚人像一群惊鹿逃进城里，
他们抹去汗污，饮水解除了燥渴，
依靠着坚固的雉堞喘息。阿开奥斯人[1]
继续向城墙冲来，把盾牌靠在肩头。
恶毒的命运却把赫克托尔束缚在原地，
把他阻留在伊利昂[2]城外斯开埃门前。
福波斯·阿波罗这时对佩琉斯之子这样说：
“佩琉斯之子，你为何这样快腿追赶我，
一个有死的凡人追赶不朽的神明？
显然你没认出我是神，才这样追赶。
你放弃同那些逃跑的特洛亚人作战，
他们已经逃进城，可你却跑来这里。
你杀不了我，因为命运注定我不死。”

捷足的阿基琉斯无比愤怒地回答说：
“射神，最最恶毒的神明，你欺骗了我，
把我从城墙引来这里，要不还会有
许多人没逃进伊利昂便先趴下啃泥土。
你夺走了我的巨大荣誉，轻易地挽救了
那些特洛亚人，因为你不用担心受惩处。
倘若有可能，这笔账我定要跟你清算。”

他这样说，重新勇猛地奔向城市，
如同竞赛中得胜的骏马拖着战车，
奔跑得那样轻快，敏捷地奔过平原，
阿基琉斯也这样快捷地迈动两腿和双膝。

老王普里阿摩斯第一个看见他奔来，
如同星辰浑身光闪地奔过平原。
那星辰秋季出现，光芒无比明亮，
在昏暗的夜空超过所有其他星星，
就是人称猎户星座中狗星的那一颗。
它在群星中最明亮，却把凶兆预告，
把无数难熬的热病送来可怜的人间，
阿基琉斯奔跑时胸前的铜装也这样闪亮。
老王长叹一声，不由得举起双手
捶打自己的脑门，连连沉重长叹，
恳求儿子回城；赫克托尔站在城外，
心情热切地要同阿基琉斯打一场恶战。
老王把手伸向赫克托尔，可怜地哀求：
“赫克托尔，儿子啊，不要独自在那里
等那家伙，你这是想让他打倒寻死，
因为他远比你强大，又很凶残。
如果他令神明也像令我这样讨厌，
那他早就该躺在地上死于非命，
被猎狗鹰鹫撕碎，消释我心头的痛隐。
他夺走了我的许多高贵的儿子，
卖往遥远的海岛或把他们杀死。
在逃进城里的特洛亚人中我没有看见
吕卡昂和波吕多罗斯，我的两个儿子，
拉奥托埃——一个杰出的女子生了他们。

如果他们活在敌营，我们便用
青铜和黄金去赎他们：家里有贮存，
高贵的老人阿尔特斯给女儿丰厚的馈赠。
如果他们已被杀死前往哈得斯，
便又给我和他们的母亲增添了哀楚。
特洛亚人不会为他们痛心太长久，
除非你也一起被阿基琉斯杀死。
我的孩子，进城来吧，为了拯救
特洛亚男女，也为了不让阿基琉斯赢得
巨大的荣誉，你不至于失去宝贵的生命。
可怜可怜不幸的我吧，我还活着，
已进入老迈，天父宙斯却要让我
度过可怕的残年，看见许多不幸：
看见我的儿子们一个个惨遭屠戮，
女儿们被掳丧失自由卧室遭洗劫，
幼儿被敌人无情地杀害抛到地上，
儿媳们一个个落入阿开奥斯人的魔掌。
当有人用锐利的铜刃把我刺中或砍伤，
灵魂离开身体，我最后死去的时候，
贪婪的狗群将会在门槛边把我撕碎，
它们本是我在餐桌边喂养的看门狗，
却将吮吸我的血，餍足地躺在大门口。
年轻人在战斗中被锐利的铜器杀死，
他虽已倒地，一切仍会显得很得体，
他虽已死去，全身仍会显得很美丽，
但一个老人若被人杀死倒在地上，
白发银须，甚至腹下被狗群玷污，
那形象对于可怜的凡人最为悲惨。”

老王说完，伸手乱扯他那头白发，
但仍不能动摇赫克托尔既定的决心。
他的母亲这时也伤心得痛哭流涕，
她一手拉开衣襟，一手托起乳部，
含泪对他说出有翼飞翔的话语：
“儿啊，赫克托尔，可怜我，看在这份上，
我曾经用它里面的汁水平抚你哭泣！
想想这些，亲爱的孩儿，退进城来，
回击敌人，不要单独和那人对抗。
阿基琉斯性情凶残，如果你被他杀死，
亲爱的儿啊，你便不可能安卧停尸床，
被我和妻子哭泣，你会远离我们，
在阿尔戈斯船舶边被敏捷的狗群饱餐。”

他们一面痛哭，一面对儿子这样说，
苦苦哀求，但没能打动赫克托尔的心灵，
他仍站在原地，等待强大的阿基琉斯。
有如一条长蛇在洞穴等待路人，
那蛇吞吃了毒草，心中郁积疯狂，
蜷曲着盘踞洞口，眼睛射出凶光；
赫克托尔也这样心情激越不愿退缩，
把那面闪亮的盾牌依着突出的城墙，
但他也不无忧虑地对自己的傲心这样说：
“天哪，如果我退进城里躲进城墙，
波吕达马斯会首先前来把我责备，
在神样的阿基琉斯复出的这个恶夜，
他曾经建议让特洛亚人退进城里，
我却没有采纳，那样本会更合适。
现在我因自己顽拗损折了军队，

愧对特洛亚男子和曳长裙的特洛亚妇女，
也许某个贫贱于我的人会这样说：
‘只因赫克托尔过于自信，损折了军队。’
人们定会这样指责我，我还远不如
出战阿基琉斯，或者我杀死他胜利回城，
或者他把我打倒，我光荣战死城下。
当然我也可以放下这突肚盾牌，
取下沉重的头盔，把长枪依靠城墙，
自作主张与高贵的阿基琉斯讲和，
答应把海伦和他的全部财产交还
阿特柔斯之子，阿勒珊德罗斯当初用空心船
把它们运来特洛亚，成为争执的根源。
我还可以向阿开奥斯人提议，让他们
和我们均分城里贮藏的所有财富，
我可以召集全体特洛亚人起誓，
什么都不隐藏，把我们可爱的城市
拥有的一切全都交出来均分两半。
可我这颗心为什么考虑这些事情？
我绝不能走近他，他丝毫不会可怜我，
不会尊重我，他会视我如同弱女子，
赤裸裸地杀死，当我卸下这身铠甲时。
现在我和他不可能像一对青年男女
幽会时那样从橡树和石头絮絮谈起，
青年男女才那样不断喁喁情语。
还是让我和他尽快地全力拼杀吧，
好知道奥林波斯神究竟给谁胜利。”

　　赫克托尔思虑等待，阿基琉斯来到近前，
如同埃倪阿利奥斯，头盔颤动的战士，

那支佩利昂产的梣木枪在他的右肩
怖人地晃动，浑身铜装光辉闪灿，
如同一团烈火或初升的太阳的辉光。
赫克托尔一见他心中发颤，不敢再停留，
他转身仓皇逃跑，把城门留在身后，
佩琉斯之子凭借快腿迅速追赶。
如同禽鸟中飞行最快的遊隼在山间
敏捷地追逐一只惶惶怯逃的野鸽，
野鸽迅速飞躲，遊隼不断尖叫着
紧紧追赶，一心想扑上把猎物逮住。
阿基琉斯当时也这样在后面紧追不舍，
赫克托尔在前面沿特洛亚城墙急急逃奔。
他们跑过丘冈和迎风摇曳的无花果树，
一直顺着城墙下面的车道奔跑，
到达两道涌溢清澈水流的泉边，
汹涌的斯卡曼得罗斯的两个源头。
一道泉涌流热水，热气从中升起，
笼罩泉边如同缭绕着烈焰的烟雾。
另一道涌出的泉水即使夏季也凉得
像冰雹或冷雪或者由水凝结的寒冰。
紧挨着泉水是条条宽阔精美的石槽，
在阿开奥斯人到来之前的和平时光，
特洛亚人的妻子和他们的可爱的女儿们
一向在这里洗涤她们的漂亮衣裳。
他们从这里跑过，一个逃窜一个追，
逃跑者固然英勇，追赶者比他更强，
迈着敏捷的双脚，不是为争夺祭品
或者牛革这些通常的竞赛奖赏，
而是为了夺取驯马的赫克托尔的性命。

如同在为牺牲的战士举行的葬礼竞赛中
许多单蹄马为能夺得三脚鼎或女人
这样丰厚的奖品，绕着标杆飞驰，
他们也这样绕着普里阿摩斯的都城，
迈着快腿绕了三周，神明众睽睽。
天神和凡人之父终于对神明这样说：
“啊，我亲眼看见我们宠爱的人被追赶，
沿城墙落荒奔逃，赫克托尔使我怜悯，
他经常在崎岖的伊达山的高峰上，
或在特洛亚城堡虔诚地敬献给我
壮牛的肥厚腿肉，现在被勇敢的阿基琉斯
围绕着普里阿摩斯的都城紧紧追赶。
神明们，你们好好想想，帮我拿主意，
我们是救他的性命，还是让这个高尚的人
今天倒毙于佩琉斯之子阿基琉斯的手下。”

目光炯炯的女神雅典娜立即回答说：
“掷闪电的父亲，集云之神，你说什么话！
一个有死的凡人命运早作限定，
难道你想让他免除可怕的死亡？
你看着办吧，但别希望我们赞赏。”

集云之神宙斯这样回答雅典娜：
“特里托革尼娅[3]，亲爱的孩子，你别着急，
我所言并非有什么打算，但愿你称心，
你想怎么办就怎么办，不要迟延。”

宙斯的话鼓励了跃跃欲试的女神，
雅典娜迅速飞下奥林波斯峰巅。

捷足的阿基琉斯继续疯狂追赶赫克托尔，
有如猎狗在山间把小鹿逐出窝穴，
在后面紧紧追赶，赶过溪谷和沟壑，
即使小鹿转身窜进树丛藏躲，
也要寻踪觅迹地追赶把猎物逮住。
赫克托尔也这样摆脱不了捷足的阿基琉斯，
每当他偏向达尔达尼亚城门方向，
企图挨着建造坚固的城墙奔跑，
城上的人们朝下放箭保护他的时候；
每次阿基琉斯都抢先把他挡向平原，
自己始终占着靠近城墙的道路。
有如人们在梦中始终追不上逃跑者，
一个怎么也逃不脱，另一个怎么也追不上，
阿基琉斯也这样怎么也抓不着逃跑的赫克托尔。
赫克托尔怎么能这样躲过残忍的死神？
只因为阿波罗最后一次来到他身边，
向他灌输力量，给他敏捷的脚步。
神样的阿基琉斯向他的部队摇头示意，
不许他们向赫克托尔投掷锐利的枪矢，
免得有人击中得头奖，他屈居次等。
当他们一逃一追第四次来到泉边，
天父取出他的那杆黄金天秤，
把两个悲惨的死亡判决放进秤盘，
一个属阿基琉斯，一个属驯马的赫克托尔，
他提起秤杆中央，赫克托尔一侧下倾，
滑向哈得斯，阿波罗立即把他抛弃。
目光炯炯的女神雅典娜迅速来到
佩琉斯之子身边，说出有翼飞翔的话语：
“宙斯的宠儿阿基琉斯，我们可望

今天让阿开奥斯人带着全胜回船，
难以制服的赫克托尔将被我们杀死。
现在他已不可能逃脱我们的手掌，
不管射神阿波罗怎样费心帮助他，
甚至匍伏着哀求提大盾的天父宙斯。
你且停住脚步喘喘气，我这就去
上前找他，劝他和你一决胜负。”

阿基琉斯听从雅典娜心中欢喜，
拄着那杆铜尖梣木枪停住脚步。
雅典娜离开他赶上神样的赫克托尔，
模仿得伊福波斯的外貌和洪亮的嗓音，
站到他近旁说出有翼飞翔的话语：
“亲爱的兄弟，捷足的阿基琉斯如此快步，
绕着普里阿摩斯的都城把你追赶，
现在让我们停下来就在这里迎战。”

头盔闪亮的伟大的赫克托尔回答雅典娜：
“得伊福波斯，在赫卡柏和普里阿摩斯
给我的所有兄弟中，你一向对我最亲近，
现在我心中比以前更为深挚地敬爱你，
只有你看见我被追赶，愿意出城帮助我，
其他人都不敢出来，在城里惊惶地藏躲。”

目光炯炯的女神雅典娜这样回答说：
“亲爱的兄弟，父王和母后都曾抱膝
哀求我不要出城，部下也这样力劝，
他们全都如此害怕那个阿基琉斯，
但我在城里心中为你痛苦难忍，

现在让我们大胆迎战和他厮杀，
枪下不留情面，看看如何结果：
是他杀死我们，带着血污的铠甲
返回空心船，还是他倒在你的枪下。”

雅典娜这样说，用狡计带领他冲上前去，
待他们这样相向而行，互相逼近时，
头盔闪亮的伟大的赫克托尔首先说话：
“佩琉斯之子，我不再逃避你，像刚才
绕行普里阿摩斯的都城三遭不停步，
现在心灵吩咐我停下来和你拼搏，
或是我得胜把你杀死，或是你杀我。
但不妨让我们敬请神明前来作证，
神明能最好地监督和维护我们的誓言：
如果宙斯让我获胜，把你杀死，
我不会侮辱你的躯体，尽管你残忍，
阿基琉斯，我只剥下你那副辉煌的铠甲，
尸体交阿开奥斯人。你也要这样待我。”

捷足的阿基琉斯狠狠地看他一眼回答说：
“赫克托尔，最可恶的人，没什么条约可言，
有如狮子和人之间不可能有信誓，
狼和绵羊永远不可能协和一致，
它们始终与对方为恶互为仇敌，
你我之间也这样不可能有什么友爱，
有什么誓言，唯有其中一个倒下，
用自己的血喂饱持盾的战士阿瑞斯。
鼓起你的全部勇气，现在正是你
表现自己是名枪手和无畏战士的时候。

不会有别的结果，帕拉斯·雅典娜将用
我的枪打倒你，你杀死了我那么多朋友，
使我伤心，你将把欠债一起清算。”

阿基琉斯说完，举起长杆枪投了出去。
光辉的赫克托尔临面看见，把枪躲过。
他见枪飞来，蹲下身让铜枪从上面飞过，
插进泥土，但帕拉斯·雅典娜把它拔起，
还给阿基琉斯，把士兵的牧者赫克托尔瞒过。
赫克托尔对勇敢的佩琉斯之子大声说：
“神样的阿基琉斯，你枉费力气没投中，
并非由宙斯得知我的命运告诉我。
你这是企图用花言巧语把我蒙骗，
想这样威吓我失去作战的力量和勇气。
我不会转身逃跑让你背后掷投枪，
我要临面冲上来让你正面刺胸膛，
如果这是神意。现在你先吃我一枪，
但愿你把这支铜枪能全部吃进肉里。
只要你一死，这场战争对于特洛亚人
便会变容易：你是他们最大的灾祸。”

赫克托尔说完，晃动着投出他的长杆枪，
击中佩琉斯之子的神造盾牌的中心，
他没有白投，但长枪却被盾牌弹回。
赫克托尔懊恼长杆枪白白从手里飞去，
又不禁愕然，因为没有第二支梣木枪。
他大声叫喊手持白盾的得伊福波斯，
要他递过来长杆枪，但已匿迹无踪影。
赫克托尔明白了事情真相，心中自语：

“天哪，显然是神明命令我来受死，
我以为英雄得伊福波斯在我身边，
其实他在城里，雅典娜把我蒙骗。
现在死亡已距离不远就在近前，
我无法逃脱，宙斯和他的射神儿子
显然已这样决定，尽管他们曾那样
热心地帮助过我：命运已经降临。
我不能束手待毙，暗无光彩地死去，
我还要大杀一场，给后代留下英名。”

赫克托尔这样说，一面抽出锋利的长剑，
那剑又大又重，佩戴在他的腰边，
他挥剑猛扑过去，有如高飞的苍鹰，
那苍鹰穿过乌黑的云气扑向平原，
一心想捉住柔顺的羊羔或胆怯的野兔，
赫克托尔也这样挥舞利剑冲杀过去。
阿基琉斯也冲杀上来，内心充满力量，
把那面装饰精美的盾牌举在胸前，
头上晃动着闪亮的四行饰槽的头盔，
美丽的金丝在盔顶不断摇曳，
赫菲斯托斯把它们密密地紧镶盔脊。
夜晚的昏暗中金星太白闪烁于群星间，
无数星辰繁灿于天空，数它最明亮，
阿基琉斯的长枪枪尖也这样闪光辉。
他右手举枪为神样的赫克托尔构思祸殃，
看那美丽的身体哪里戳杀最容易。
赫克托尔全身有他杀死帕特罗克洛斯
夺得的那副精美的铠甲严密护卫，
只有连接肩膀和颈脖的锁骨旁边

露出咽喉，灵魂最容易从那里飞走。
神样的阿基琉斯一枪戳中向他猛扑的
赫克托尔的喉部，枪尖笔直穿过柔软的颈脖。
沉重的梣木铜枪尚未能戳断气管，
赫克托尔还能言语，和阿基琉斯答话。
阿基琉斯见赫克托尔倒下这样夸说：
“赫克托尔，你杀死帕特罗克洛斯无忧虑，
见我长时间罢战无惊无恐心安然，
愚蠢啊，那里还有一个比帕特罗克洛斯
强很多的人在，我还留在空心船前，
现在我杀了你，恶狗飞禽将把你践踏，
阿开奥斯人却将为帕特罗克洛斯行葬礼。”

头盔闪亮的赫克托尔声音虚弱地回答说：
“我求你，以你的心灵、双膝和双亲的名义，
不要把我丢给阿开奥斯船边的狗群，
你会得到许多黄金、铜块作赎金，
我的父王和母后会给你送来厚礼，
让我的身体运回去吧，好让特洛亚人
和他们的妻子给我的遗体火葬行祭礼。”

捷足的阿基琉斯怒目而视回答说：
“你这条狗，不要提膝盖和我的父母，
凭你的作为在我的心中激起的怒火，
恨不得把你活活剁碎一块块吞下肚。
绝不会有人从你的脑袋旁把狗赶走，
即使特洛亚人为你把十倍二十倍的
赎礼送来，甚至许诺还可以增添。
即使普里阿摩斯吩咐用你的身体

秤量赎身的黄金，你的生身母亲
也不可能把你放上停尸床哭泣，
狗群和飞禽会把你全部吞噬干净。

　头盔闪亮的赫克托尔临死这样回答说：
“我这下看清了你的本性，我曾预感
不可能说服你，因为你有一颗铁样的心。
不过不管你如何勇敢，也请你当心，
我不要成为神明迁怒于你的根源，
当帕里斯和阿波罗把你杀死在斯开埃城门前。”

　他这样说，死亡降临把他罩住，
灵魂离开肢体前往哈得斯的居所，
留下青春和壮勇，哭泣命运的悲苦。
捷足的阿基琉斯对死去的赫克托尔这样说：
“你就死吧，我的死亡我会接受，
无论宙斯和众神何时让它实现。”

　阿基琉斯这样说，从尸体上拔出铜枪，
搁置一旁，再剥取肩上血污的铠甲。
其他阿开奥斯人拥过来四面围上，
惊异赫克托尔身材魁梧相貌俊美，
没有人不使他再增加一点新的伤迹。
人们都对自己近旁的同伴开言这样说：
“啊呀呀，这位赫克托尔现在确实显得
比他把熊熊火把抛向船舶时要温和。”

　大家一面说，一面戳击不动的尸体，
捷足的阿基琉斯剥下赫克托尔身上的铠甲，

开始对阿开奥斯人把带翼的话这样说：
“朋友们，阿尔戈斯各位首领和君王们，
既然不朽的神明让我打倒了他，
他给我们造成的灾害超过其他人，
现在让我们全副武装绕城行进，
看看特洛亚人怎样想，有什么打算，
他们是见赫克托尔被杀死放弃高城，
还是没有赫克托尔也仍要继续作战。
可我这颗心为什么考虑这些事情？
帕特罗克洛斯还躺在船里，没有被埋葬，
没有受哀礼。只要我还活在人世间，
还能行走，我便绝不会把他忘记；
即使在哈得斯的处所死人把死人忘却，
我仍会把我那亲爱的同伴牢牢铭记。
阿开奥斯战士们，现在让我们高唱凯歌，
返回空心船，带上这具躺着的尸体。
我们赢得了巨大的光荣，杀死了赫克托尔，
城里的特洛亚人把他夸耀得如同神明。”

他一面这样说，一面构思如何凌辱
赫克托尔的尸体。他把赫克托尔的双脚
从脚踝到脚跟的筋腱割开穿进皮带，
把它们系上战车，让脑袋在后面拖地。
他跳上战车，举着那副辉煌的铠甲，
扬鞭驱策那两匹战马如飞般捷驰。
赫克托尔拖曳在后扬起一片尘烟，
黑色的鬈发飘散两边，俊美的脑袋
沾满厚厚的尘土，宙斯已把他交给
他的敌人，在他的祖国恣意凌辱他。

赫克托尔的脑袋就这样在尘埃里翻滚，
他的母亲见儿子受辱，扯乱了头发，
把扯下的闪亮头巾扔掉，放声哭喊。
他的父亲也悲惨地痛哭，周围的人们
也一片哭嚎，整座城市陷入悲泣。
到处是凄惨的哭声，有如巍峨的伊利昂
从高堡到窄巷突然被熊熊的大火吞噬。
老王狂乱地奔向达尔达尼亚城门，
想冲出城去，人们好容易把他拦住。
老人趴在污泥里向大家急切地恳求，
一一称呼每个人的姓名对他们这样说：
“朋友们，不要管我，你们关心我过分，
让我出城前往阿开奥斯人的船舶，
去向那个无恶不作的家伙请求。
或许他会自惭年轻敬重我老年，
他也有一个像我这样年纪的父亲
佩琉斯，养育了他给特洛亚人为祸，
在所有的人中给我造成最大的苦难，
我那么多儿子正值华年被他杀死。
我曾为他们惨遭不幸伤心地哀哭，
但这次为赫克托尔却使我悲痛欲绝。
啊，即使他能死在我的怀里也好，
那样他那个生他到世间的母亲和我
便可为他行哀悼，尽情地流泪哭泣。”

老人放声哭诉，居民们一片哀号，
赫卡柏也对特洛亚妇女们这样悲诉：
“孩儿啊，我多命苦，现在你已死去，
我为何还苟延残喘在人世，受苦挨熬煎？

你在特洛亚夜以继日地令我骄傲，
全城的男女视你如救星，敬你如神明。
你活着的时候曾是他们的巨大希望，
但现在死亡和残忍的命运把你追上。”

　赫卡柏这样大声哭诉，赫克托尔的妻子
还没有听到消息：没有哪个忠实的信使
前来禀告她丈夫留在城外的事情。
她正在高宅深院的一角忙着织一匹
双幅紫色布，织上各种样的花卉图案。
她刚才还吩咐那些美发的侍女们进屋，
把大三脚鼎架上旺火，从战场回来的
赫克托尔可以痛痛快快地洗个热水澡。
她绝没想到丈夫不可能再回来把澡洗，
雅典娜已通过阿基琉斯之手把他杀死。
她听见了堞垛传来的哀号悲泣声，
全身一震，梭子从手里一滑落地面。
她重又召唤美发的女侍对她们这样说：
“你们俩过来跟我走，看看是什么事情。
我听见尊贵的婆婆的哭声，我胸中的心
好像要跳出嘴来，双脚麻木无感知，
普里阿摩斯的孩子们定然灾难临近。
但愿我不会听到那样的不幸消息，
可我又担心，神样的阿基琉斯不要
已把英勇的赫克托尔与城市隔开，
赶往平原，制服了他那可怕的勇敢，
因为他从不畏缩于一般士兵之间，
一向勇猛无人可比拟，冲杀在前。”

她这样说，忐忑不安地冲出家门，
如疯狂的酒神伴侣，女仆们侍后随行。
她急急来到城墙边，穿过聚集的人群，
爬上城墙放眼探望，看见城外
快马正拖曳着她的丈夫的尸体，
无情地把它拖向阿开奥斯人的空心船。
晦夜般的黑暗罩住了安德罗马克的双眼，
她仰身晕倒在地，立即失去了灵知。
漂亮的头饰远远地甩出，掉落地上，
有女冠、护发、精心编制的发带和头巾，
那头巾系由黄金的阿佛罗狄忒馈赠，
头盔闪亮的赫克托尔送上无数聘礼，
把她从埃埃提昂家族迎娶的那一天。
姑嫂们立即一起紧紧围拢过来，
把她扶起，她沉沉昏厥犹如死去。
等她苏醒过来，灵知回复心中，
立即放声悲恸，对特洛亚妇女泣诉：
“赫克托尔，不幸啊，我们以同样的苦命出生；
你生在特洛亚高贵的普里阿摩斯家中，
我生在特拜林木覆盖的普拉科斯山下
埃埃提昂家里，不幸的他生了不幸的我，
把我抚养成人，悔当初真不该降世。
现在你已前往哈得斯的昏冥处所，
奥深莫测的下界，独把我孤零零撇下，
在家中守寡，无限悲凉，无限凄楚。
儿子尚幼，来自这对苦命的父母。
赫克托尔，你死了，不能再保护他，
他也不能保护你；即使他能逃过
阿开奥斯人的惨战，未来仍将多苦难，

外人会来侵夺他的家业和财产。
无依无靠的孤儿不会有玩耍的伙伴，
他将终日垂头伤心，泪洗面颊，
贫困迫使年幼的他去找父辈挚友，
掇掇这人的外袍，扯扯那人的衣衫，
直到引起人们的怜悯，把酒杯传给他，
也只及沾沾唇沿，仍是舌燥口干。
一个父母双全的孩子会把他推开，
横暴地对他拳脚相加，肆意欺凌：
‘快滚开，你又没有父亲在这里饮宴。’
孩子只好哭着回来找他的寡母，
可怜的阿斯提阿那克斯[4]，从前他惯于坐在
父亲的膝头，吃的是骨髓和肥嫩的羊脂。
在他感觉困乏，停止孩童玩耍后，
他便躺在奶妈的怀里甜甜入眠，
床榻柔软，无限的满足充满心尖。
现在他失去了父亲，将忍受无穷的辱难，
阿斯提阿那克斯，特洛亚人对他的别称，
因为你为他们保卫城门和巍峨的护垣。
现在你躺在翘尾船旁，远离双亲，
待狗群吃饱，蠕动的蛆虫又来吞噬，
赤身裸露，家中空有华服无数，
精美艳丽，由妇女们巧手缝制。
我将把它们抛进火堆付之一炬，
它们于你已无用，你不会再穿着它们，
只好在特洛亚人面前用作对你的祭奠。”

她这样大声恸诉，妇女们一起悲泣。

选自《荷马史诗·伊利亚特》，［古希腊］荷马，罗念生、王焕生译，
人民文学出版社 1994 年版

帕特罗克洛斯之死

阿基琉斯绕着特洛伊城拖赫克托尔的遗体

《安德洛玛刻为赫克托尔哀伤》（*Andromache Mourning Hector*），
雅克－路易·大卫（Jacques-Louis David）

注释

[1] 阿开奥斯人：古代希腊人部落，来自北方，主要居住在伯罗奔尼撒半岛北部，该地区称阿开亚。诗中泛指希腊人。

[2] 伊利昂：特洛亚的别称。

[3] 特里托革尼娅：雅典娜的别称，意为“出生在特里托尼斯湖畔的”。

[4] 阿斯提阿那克斯：意思是“城邦的王”，因为他的父亲是特洛亚的保护者。

导读

古希腊人为后代传下两部光辉的史诗：《伊利亚特》和《奥德赛》，这两部史诗相传为古希腊盲歌手荷马所作，因而统称“荷马史诗”。但关于荷马，古希腊人却未给我们传下任何确凿的史料，围绕着荷马和荷马史诗，存在很多争议，不过一般的看法是：荷马是一个历史人物，约生活在公元前 9 世纪至公元前 8 世纪，根据史诗的内容和语言特点，他可能是小亚细亚西部的伊奥尼亚人。

《伊利亚特》全诗 24 卷，共 15693 行，叙述的是古希腊人与特洛亚人之间的一场战争，但诗人没有像历史叙述那样叙述它的全过程及其他方面，而是截取其中一段进行叙述，集中叙述了发生在战争进行到第十年时约 50 天里所发生的事件。诗人始终围绕一个人——阿基琉斯，围绕一个事件——阿基琉斯的愤怒展开，叙述了愤怒的起因、后果和愤怒的消解。这种精心的题材剪裁和结构安排，表明当时的史诗叙事艺术已经达到了很高的水平。

思考与讨论

1. 讲述一个中国神话或希腊神话故事。

2.《生民》《公刘》等篇勾勒出了周民族的历史发展，尽管如此，汉民族文学史上却没有形成规模宏伟的史诗。你对此有什么看法？

3. 东西方不同的自然地理条件和文化差异为两种不同的神话体系带来了哪些影响？

4. 为什么说阿基琉斯的“愤怒”是《伊利亚特》的主题？《荷马史诗》中的英雄与我们今天理解的英雄有何不同？史诗中的英雄具有哪些品质？

拓展阅读

埃涅阿斯纪（节选）

维吉尔

卷二

（1—56 行　埃涅阿斯叙述经历。希腊人设木马计。拉奥孔力陈毁马）

大家都安静下来了，集中注意把脸朝着埃涅阿斯。接着特洛亚人的领袖高坐在榻上开始说道：

“女王啊，你要我重新说一遍我的苦难，这苦难却是难以言传啊，它包括希腊人是怎样把富饶的特洛亚这可悲的王国夷为平地，和我亲眼看到并且大部分是亲身经历的悲惨事件。说起这些事情，就连阿奇琉斯父子手下的士卒或铁石心肠的奥德修斯的兵丁也会忍不住流泪的。现在夜露正在从天空降落，群星西下，也该到睡眠的时候了。但是既然你这么想知道我们的命运，想简单地听一听特洛亚的末日灾难，尽管一想起来就令人毛骨悚然，瑟缩哀痛，那我还是开始讲吧。

“希腊的将领们鉴于战争没有希望，命运挫败了他们，时间年复一年地流逝，就用从雅典娜那里学来的神技建造了一匹像小山丘一样大小的马，马的两肋是用杉板拼成的，他们假装是为了安全回国而献给神的，这消息就传了出来。他们用抽签的办法选了一批精兵，把他们偷偷地藏在黑洞洞的马肚子里，马肚子又空又大，被这些武装了的战士填满了。

“从陆地远远望去有一座非常著名的岛，叫泰涅多斯，在普利阿姆斯统治它的时代，这岛十分富足，现在只剩下一个海湾，就连船只在此抛锚也很危险。希腊人撤出大陆后就隐藏在这里荒凉的海滩上。我们以为他们已经走了，乘着有风回希腊去了。因此，在长期的忧患之后，整个特洛亚都感到了轻松；城门打开了；人们兴高采烈地走出城来，去看看希腊人的营盘，被抛弃的场地和留下的海滩。这里是多罗皮亚军队的驻地，那里是凶狠的阿奇琉斯的营帐；这里是敌人舰队驻留的地点，那里是他们和我们经常较量胜负的

《埃涅阿斯向戴朵讲述特洛伊的陷落》（*Aeneas tells Dido about the fall of Troy*），
皮耶尔 - 纳西斯 · 盖兰（Pierre-Narcisse Guerin）

地方。有的人以惊讶的眼光看着处女神雅典娜留下的置人于死地的礼物，这匹庞然大物的马使他们惊叹；提摩厄特斯，也许出于他的阴谋，也许命运就是这样给特洛亚安排的，首先建议把这匹马拉进城去，放在城堡里。但是卡皮斯和一些头脑更加明智的人则建议把诡计多端的希腊人留下的可疑的礼物掷到海里去，或者一把火把它烧了，或者把马的空肚子刺一下看看里面藏着什么。众人打不定主意，在对立的意见中间摇摆不定。

“这时拉奥孔一马当先，率领着一大群人怒气冲冲从城堡上面跑下来，老远就高喊道：‘可怜的公民们，你们疯成这个样子了？你们以为敌人撤走了吗？你们不觉得希腊人留下的礼物里头有鬼吗？你们认为奥德修斯是怎么样一个人啊？不是这匹木马里暗藏着希腊人，就是他们造了这部机器是为了攻城的，从上面瞭望城里的建筑，从上面跳进城里，再不就是其中隐藏着其他什么花招；特洛亚的人们，你们不要相信这匹马。不管它是什么，我警惕希腊人，尽管他们是带着礼物来的。’他说完之后用足气力把一根长矛向马腹刺去，深深扎进这木板镶成的弯弯的马腹里。这支长矛就扎在马腹上，不住地颤动，空心的马腹发出一阵回声，像是叹息。如果不是神已经注定了我们的厄运，如果我们的头脑不是那么反常，拉奥孔一定能说服众人用兵器亵渎这希腊人藏身的巢穴，那么，特洛亚啊，你至今还屹立着，普利阿姆斯的高耸的城堡啊，你至今还会安然无恙呢。

（57—198 行　一群特洛亚牧羊人捉到希腊奸细西农，西农伪称被希腊人遗弃，特洛亚人怜悯他，给他松了绑。西农骗特洛亚人说，把木马拉进城去，特洛亚人必胜）

“看，就在这时候，一些特洛亚的牧羊人高声呼哨着拉着一个青年人来见国王，这青年人两手反绑在背后，他自动地让经过的特洛亚人看到他，当然谁也不认得他，但他的目的就是要人发现他，然后为希腊人打开特洛亚；他信心十足，准备了两条出路，一是成功地实现他的阴谋，一是在必然的死亡面前倒下。一群特洛亚青年很快把他团团围住，想看看他是什么样儿，争先恐后地嘲弄这俘虏。现在就请听听希腊人的奸诈吧，从一件罪恶勾当就能了解他们全体。

“再说这个人，他站在地当中，身上没带武器，在众目睽睽下显得惊慌失措，他环视着一排排特洛亚人，说道：‘唉，什么国土，哪片海洋能收容我呀？可怜的我，如今什么是我最后的归宿呢？在希腊人中我已没有地位，再加上和我敌对的特洛亚人又要求用血来偿还血债。’他的痛苦的呻吟改变了我们的情绪，压下了我们全部的激忿。我们敦促他说下去，说一说他出身什么族系，带来什么消息，说一说他为什么敢冒被俘的危险。他终于打消了顾虑，说道：‘陛下，不管后果怎样，我将把全部真实情况对你讲出来，我也不否认我是希腊族的人。这是我首先要说的。如果说命运女神已经把我变成了一个可怜虫，那么她再无情也不能让我变成一个说假话的骗子。在谈话时你耳朵里也许听到过帕拉墨得斯王的名字，他声名显赫，但是希腊人却用假证据捏造莫须有的罪名，说他反对战争，把他无辜杀害，现在他已离开人世，他们却悔恨不迭。在我年轻的时候，我父亲很穷，就把我送到这儿来打仗，做帕拉墨得斯的副官，因为我们是近亲。当帕拉墨得斯作为国王的地位还很巩固，在众王的会议上还有影响的时候，我当时也有些名气，受到一些尊敬。后来，由于奥德修斯的嫉妒和诡计（我说的这些事恐怕大家也都知道），帕拉墨得斯离开了人间，我很伤心，在阴暗中过着悲痛的生活，我独自一个为我的无辜的朋友之死感到不平。但是我真是发了疯，没有保持缄默；我发誓如果我有机会，如果我能胜利地回到我的希腊祖国，我一定要替他报仇，结果我的话引起了强烈的仇恨。从此我就走上了灾难的下坡路，奥德修斯不住地用花样翻新的罪状恫吓我，在众人之中散布风言风语，他做贼心虚，竟想杀害我。但是他并没有到此为止，他拉上卡尔卡斯——咳，为什么我尽说这些你们不爱听的没用的话呢？为什么要耽误时间呢？反正你们把希腊人都看成是一路货色的，只要你们听说我是希腊人，这就够了，马上惩罚我吧；这会叫奥德修斯高兴的，阿加门农和墨涅劳斯会出高价买我这条命的。’

“这时候我们当然很想知道，很想追问事情的结果，我们当时不知道希腊人竟这么诡计多端啊。西农怀着一肚子鬼胎，假装战战兢兢地接着说道：

“‘希腊人经过多年的战争感到厌倦，常常想怎样撤退，离开特洛亚，放弃战争；他们真要是撤退了倒好了！但是每次都是严酷的海上风暴挡住了他们的归路，使他们畏缩不前。尤其是当这匹用枫木板制成的马做好的时候，狂风暴雨大作，响彻天空。我们当时手足无措，就派欧利皮鲁斯去求阿婆罗的神谕，他从神龛得来的答复是很可怕的。神谕说：“希腊人，你们当初出发到特洛亚的时候，杀死了一个处女，奉献了血的牺牲，才平息了风暴；你们今天要回去，也必须用一个希腊人的血祭献神灵。”众人听到这话之后，惊慌失措，从骨髓里感到一阵寒战，不知道谁是阿婆罗要的人，不知道命运准备叫谁去死。这时人们嘈杂混乱，奥德修斯就把卜人卡尔卡斯拉到众人之中，逼着他说神意指的是谁。很多人都预言这罪恶的圈套一定无情地落到我头上了，他们都默默无言，静观结果。

“‘卡尔卡斯把自己关在帐篷里，一言不发，不宣布也不揭示谁必须死，如此者十天。但是奥德修斯大喊大叫地催他，最后，卡尔卡斯说话了，按照事先约定，他指定我做牺牲。众人都同意，每个人为自己担心的事现在由一个可怜虫去独当了，都心平气和地接受了。这可怕的一天来到了；他们准备把我祭献，把谷粮用盐拌过，把红白彩带箍在我头上。不过说老实话，我挣脱了捆绑，逃脱了死亡，我躲进泥泞的沼泽里，钻进水草丛中，呆了一夜，看他们是否开船，什么时候开船。我再也没有希望看到我的古老的祖国了，看到我的儿子们和我渴望看到的父亲了；也许因为我的逃跑，希腊人会惩罚他们，用他们的死抵偿我的过失呢，可怜呀。因此，看在天神的分上，看在知道什么是真理的众神灵的分上，看在人间还存在的那一点纯真的信义的分上，我请求你们可怜可怜我这受尽苦难、满腹冤屈的人吧！’

“他这一哭，使我们饶了他的性命，而且还产生了怜悯之情。普利阿姆斯首先亲自下令把他的手铐和绑紧的绳索解开，然后亲切地对他说道：‘不管你是谁，现在希腊人已经撤退，把他们忘了吧。你是我们自己人了，现在你要如实回答我的问题：他们为什么要造这样一匹大马？谁出的主意？他们求的是什么？这马是为举行什么仪式用的？还是一件打仗用的机器？’普利阿姆斯说完，那个骗人的老手，诡计多端的希腊人西农把解脱了捆绑的双手向天高举，手心朝上，说道：‘永恒的星火，不可玷污的神灵，神坛，可诅咒的、没有把我杀死的刀斧。作为牺牲在我头上箍着的彩带，你们都来替我做见证吧。我有权解除我的一切义务，这些义务只在希腊人眼中是神圣的，我有权痛恨他们，把一切揭露在光天化日之下，如果他们还隐藏着什么的话；我不再受我的国家的任何法律所约束。特洛亚，我下面将把实情说出来以报答你的大恩，我相信只有你是守信的，你自己保全了，所以也会保全信义的。

“‘从战争一开始，希腊人的一切希望和信心一直寄托在雅典娜的帮助上。但是有一天亵渎神灵的狄俄墨得斯和罪恶不断翻新的奥德修斯摸到特洛亚城堡高处雅典娜的神庙，杀死守卫，把对特洛亚生死攸关的雅典娜神像起了下来，并且竟敢用沾满鲜血的手玷污了这位处女神头上的彩带，从此希腊人的希望就流走了，倒退了，沉没了，他们的力量粉碎了，女神的心背离了他们。女神还以无可怀疑的朕兆显示她的不快；当她的塑像刚刚安放在希腊营帐里，从塑像的睁着的眼睛里就发出耀眼的火焰，四肢流出咸涩的汗水，说来奇怪，她三次从地上跳起来，手里拿着盾牌和颤动的长矛。

“‘立刻卡尔卡斯按照神示宣称希腊人必须下海，逃离特洛亚，因为希腊人想要靠武力消灭特洛亚是不可能的了，除非回希腊再去请求神的指示，再得到神的祝福，像当初带着神的祝福乘风破浪来到特洛亚那样。至于他们现在之所以回到祖国去，正是因为他们准备重新武装自己，重新得到神的祝福，以便在神的庇佑下，再渡大海，出其不意地回到特洛亚来。这就是卡尔卡斯对神示的解释。他们听了卡尔卡斯的告诫之后就造了这匹马来赎盗窃雅典娜像和亵渎神灵之罪，抵补那可悲的错误。卡尔卡斯叫人用木板把马造成这样一个庞然大物，高入云霄，目的是让人不能把它拉进城门，或越过城墙进入城内，使它不能像过去雅典娜神像那样保护居民。如果你们的手玷污这件献给雅典娜的礼物，那么，他说，普利阿姆斯的王国和特洛亚人必将遭到大灾大难——我倒希望这大灾大难降到卡尔卡斯自己头上，但是如果这匹马靠你们的手登上了你们的城堡，那么亚细亚就将发动一场大战，直逼阿加门农的城下，这场厄运就将临到我们子孙的头上了。’

“狄俄墨得斯和阿奇琉斯，十年战争和希腊人一千艘船舰，没有能够征服我们，而西农却用欺骗和狡诈使我们相信了他的谎话，他的诡计和假惺惺的眼泪却把我们征服了。

（199—249 行　这时两条水蛇从海里爬出来，把拉奥孔和他两个儿子缠住，咬死。特洛亚人认为这是神对拉奥孔枪刺木马的惩罚，他们决定把木马拉进城去）

“这时，一件对可怜的特洛亚人说来是更可怕的事情发生了，我们思想毫无准备，因此非常惊慌。拉奥孔不久前经过抽签当选为海神涅普图努斯的祭司，他正在举行祭礼的神坛前屠宰一头大公牛，忽然从泰涅多斯岛的方向，沿着平静的海面——我现在提起这事都觉得毛骨悚然——匍匐着一对巨大无比的水蛇，并排向海岸游来。在水波之间它们昂起胸膛，它们血红的冠露出海面；蛇体的其余部分拖在后面，在水里游动，大幅度蜿蜒前进，冲破海沫，发出洪亮的声音。很快它们就游到了岸上，眼睛里充满了炽热的火和血，舌头在抖动，不住地舔嘴，发出嘶叫声。我们面无血色，四散奔逃。两条蛇就直奔拉奥孔而去；先是两条蛇每条缠住拉奥孔的一个儿子，咬他们可怜的肢体，把他们吞吃掉；然后这两条蛇把拉奥孔捉住，这时拉奥孔正拿着长矛来救两个儿子，蛇用它们巨大的身躯把他缠住，拦腰缠了两遭，它们的披着鳞甲的脊梁在拉奥孔的颈子上也绕了两圈，它们的头高高昂起。这时，拉奥孔挣扎着想用手解开蛇打的结，他头上的彩带沾满了血污和黑色的蛇毒，同时他那可怕的呼叫声直冲云霄，就像一头神坛前的牛没有被斧子砍中，它把斧子从头上甩掉，逃跑时发出的吼声。这两条蛇这时开始退却，向城堡高处可怕的雅典娜的神庙溜走，躲进女神脚下的圆盾牌下面去了。这景象使已经怕得发抖的众人更加感到胆战心惊，人们说拉奥孔用枪刺投掷这神圣的木马，用罪恶的长矛去扎穿马背，他为这罪行付出了代价，咎由自取。人们高喊道，快把这匹马拉到神座去，向女神的神灵祷告吧。

"说着我们就在城墙上打开一道豁口，城里的建筑一览无遗。人们摩拳擦掌，在马蹄底下安上轮子，以便转动，又用麻绳套住马颈。这部灾难性的机器就被推上城墙豁口，里面孕藏着武士。童男童女们围绕着它朗诵圣诗，他们用手摸着绳索，希望得到幸福。马爬上来了，滑行到城市的中心，高大可怖。我的祖国啊！众神的驻地伊利乌姆啊！军威烜赫的特洛亚城堡啊！恰恰在城墙的入口处这匹马四次被绊住了，四次从马肚里发出兵器撞击的声音；但是我们继续努力，毫不在意，疯狂使我们盲目，最后把这不祥的怪物安放到神圣的城堡之中。这时卡桑德拉也出来宣布我们即将面临的灾祸，但是神是禁止特洛亚人相信她的预言的。我们这些可怜的人不知道这一天就是我们的末日，却把全城的神龛都用节日的花叶装点起来。

（250—267 行　夜幕降临，特洛亚人入睡。希腊人从泰涅多斯出发，点

火为号，西农打开木马，伏兵出来，接应城外希腊军队）

“再说天宇运转，黑夜从瀛海升起，用无边的阴影遮盖住大地和天空，也遮盖了希腊人的奸诈；特洛亚人睡下了，全城静悄悄的；睡眠笼罩着他们疲倦的肢体。这时希腊人的舰队排成队列离开了泰涅多斯岛，在静默的月亮的友好的掩护下，直向早先登陆的地点驶去，忽然间阿加门农的主舰上点起了信号火，西农在不公正的命运之神的保护下，偷偷地打开了木马的机关，放出了关在马肚里的希腊人。马肚子打开了，里面的人又高兴地呼吸到新鲜空气；从马肚里沿着一条绳子溜下来的有特桑德鲁斯和斯特涅鲁斯两位领袖，还有残忍的奥德修斯，有阿卡玛斯和托阿斯，还有阿奇琉斯的儿子皮鲁斯，有玛卡翁王，有墨涅劳斯，还有制造这骗人的木马的厄佩俄斯。他们占领这被睡眠和美酒埋葬了的城市；他们把卫兵杀死，打开各个城门，把他们的同伴全部接进城里，两支队伍按计划会合了。

（268—297 行　赫克托尔的亡魂托梦给埃涅阿斯。劝他赶快逃离特洛亚）

“这正是疲劳了一天之后人们开始安详地睡眠的时候，睡眠作为最受人欢迎的神赐的礼物悄悄地袭来了。正在我熟睡的时候，忽然赫克托尔呈现在我眼前，他满面愁苦，痛哭流涕；他就像当初拖在战车后面，尘土和血污使他变得黧黑，用皮带穿透的两只脚是肿的。天呀，真是惨不忍睹啊！已经变得完全不是原来的赫克托尔了，当初是胜利归来，披着阿奇琉斯的盔甲，当初是向希腊船舰投掷特洛亚火把的人啊！他的胡须肮脏，头发上结着血块，遍体鳞伤，这些是他被拖着环绕他出生的城市时所受的创伤。我在梦中好像不由自主地哭了起来，用悲伤的声调问他道：‘特洛亚的明灯，特洛亚人最可靠的希望，你怎么耽搁得这么久啊？赫克托尔，我们在盼你，你这是从什么地方来啊？你的家人有多少已经倒下，我们的人也好，国家也好，经历了各种灾难，我们十分疲惫，能看到你真是高兴啊！是什么卑劣的东西把你高贵的容颜抹黑了？这些伤疤是怎样来的？’他没有回答，不理会我这些没有用的问题，而是深深地悲痛地叹了一口气，说道：‘唉，女神之子，逃跑吧，逃开这熊熊烈火吧。敌人已经占领了城邦，特洛亚高耸入云的城堡已经倒塌了。你为祖国、为普利阿姆斯已经尽了力；如果人力能保卫特洛亚，我早就能把它保卫住了。现在特洛亚把它的一切圣物，把它的神祇，都托付给你了；

把它们带着，和你同命运，再给它们找一个城邦，当你漂洋过海之后，最终你是要建立一个伟大城邦的。’他说着就从神庙的后堂捧出了彩带、威力强大的维斯塔女神像和她的永不熄灭的火。

（298—317 行　埃涅阿斯醒来，爬上屋顶，看到城市被毁，他准备投入战斗）

“这时，城市里一片哀号和混乱，虽然我父亲安奇塞斯的邸宅地点偏僻而且被树木遮盖着，但是厮杀声也越来越清楚，兵器交锋的可怕的声响不断袭来。我从睡梦中惊醒，我爬上了屋顶的最高处，站在那儿，竖起耳朵谛听，就像当一片麦田在狂风中起了火，又像当山洪暴发冲进了田野，淹没了微笑的庄稼，毁灭了耕牛的劳动，冲倒了高大的林木，而牧羊人高高地站在岩石顶上，听着这吼声，吓得不知所措一样。事情已经是很清楚的了，希腊人的诡计已昭然若揭。火神伏尔坎肆虐，代佛布斯宽敞的府邸早已倒塌，旁边乌卡勒冈的房子也在燃烧；火光映红了希格乌姆宽阔的海峡。人声、号角声四面升起。我头脑发昏，拿起了武器，但拿起武器，我也没有明确的目的；我心里只想召集一批同伴，冲向城堡去战斗；疯狂和忿怒使我丧失了理性，我心里只想：在战斗中死去是光荣的。”

选自《埃涅阿斯纪》，［古罗马］维吉尔著，杨周翰译，译林出版社 1999 年版

导读

普布留斯·维吉留斯·马罗（Publius Vergilus Maro），通称维吉尔，在欧洲文学发展中占据关键地位。他生活在欧洲古代文明的结尾、基督教即将对欧洲开始其统治的时期，他的历史地位颇像生活在中世纪和近代之交的但丁的历史地位。他开创了一种新型的史诗，在他手里，史诗脱离了在宫廷或民间集会上说唱的口头文学传统和集体性。他给诗歌注入了新的内容，赋予它新的风格，产生了深远的影响。他的作品具有历史感和思想的成熟性。此后，他对文艺复兴和古典主义文学影响最大。

《埃涅阿斯纪》作于公元前30年至公元前19年，共十二卷，约一万二千行，主要描写了特洛伊被希腊军攻陷后，特洛伊英雄埃涅阿斯在天神护卫下携家出逃，辗转到了意大利，娶当地公主为妻，建立了罗马城，开始朱里安族的统治。

这部史诗的主题是谈帝国的命运。诗人歌颂罗马祖先建国的功绩，歌颂罗马的光荣，并说明罗马称霸的使命是神所决定的。他把埃涅阿斯的儿子尤鲁斯写成是凯撒和屋大维这一族的祖先，因而肯定了屋大维的“神统”。

神曲（节选）

但丁

第三歌　可畏的铭文和黑色的江河

“从我，是进入悲惨之城的道路；
　从我，是进入永恒的痛苦的道路；
　从我，是走进永劫的人群的道路。
正义感动了我的‘至高的造物主’；
　‘神圣的权力’，‘至尊的智慧’
　以及‘本初的爱’把我造成。
在我之前，没有创造的东西，
　只有永恒的事物；而我永存：
　你们走进这里的，把一切希望捐弃吧。”[1]

我看到在一座大门之上
　刻着这些模模糊糊的字句；我说：
　“夫子，这些字句于我意义艰深。”
他好象一个深有经验的人，对我说：

《但丁像》（*Portrait of Dante*），桑德罗·波提切利（Sandro Botticelli）

“在这里定要放弃一切的猜疑；
一切的怯懦定要在这里死灭。
我们已到了我对你说过的地方，
你要在那里看到悲惨的幽魂，
他们已失去了理智的幸福[2]。”
于是把他的手放在我的手上，
脸上露着使我欣慰的高兴的颜色，
他把我领到幽冥的事物中去。
这里喟叹，哀哭，和深沉的号泣
响彻了无星的天空：
这在开初时使得我流泪。
奇怪的语言，可怖的叫喊，
痛苦的言词，愤怒的语调，
低沉而喑哑的声音，还有掌击声，
合成了一股喧嚣，无休止地
在那永远漆黑的空中转动，
如同旋风中的飞沙走石一样。
于是，心中怀着恐怖，我说道：
“夫子，这我所听到的是什么？
这些似乎那么地不胜痛苦的人是谁？”
他对我说：“处于这悲惨的命运中的，
是那些人的凄凉的幽魂，
他们在人世过了无毁无誉的一生。
同他们混合在一起的
还有一队卑贱的天使[3]，他们对神
不叛逆，也不忠诚；只顾到自己。
天堂把他们逐出，为了使自己的美
不受损害；幽深的地狱也不收容他们，
怕罪恶之徒还可以向他们夸耀[4]。”

《神曲》（ *the Divine Comedy* ）插图，桑德罗 · 波提切利（ Sandro Botticelli ）

我说："夫子，什么事情使他们那么悲痛，
　他们要哭得这样地辛酸啊？"
　他回答说："我要十分简单地告诉你。
这些幽魂没有死灭的希望；
　他们盲目的生命是那么卑鄙，
　凡是其他的命运他们都嫉妒。
他们的消息不许留在人间；
　'慈悲'和'正义'鄙弃他们：
　我们且别谈他们；只是看一看就走。"
我抬头望了，只见有一面旗子
　在翻舞着向前疾行，
　仿佛无论如何不肯停下来的样子；
后面跟着一个那么长的行列，
　我以前决不会相信
　死竟使得这么许多人失去生命。
在我认出了其中的一些人之后，
　我看到而且认识了一个幽魂[5]，
　他由于懦怯而逊位于人。
我立刻知道而且确信
　这就是卑贱者的一群，
　他们为上帝和他的敌人所痛恨。
这些从没有生活过的可怜家伙
　是赤裸着，又为那里的胡蜂
　和大黄蜂所痛刺着。
这使得他们血流满面，
　血和着泪流到他们的脚边，
　又为可憎的蛆虫所吮吸。
于是，当我向前望去时，
　我看到一群人在一条大河的岸上[6]；

我就说："夫子，现在请允许
我知道这些人是谁；
而且据我由那微弱的亮光所看到的，
什么规矩使得他们仿佛那么急欲过去。"
他对我说道："当我们在阿刻隆的
阴惨的河边停下我们的脚步时，
你就会知道这些事情。"
然后，我双眼含羞下垂，
恐怕我的说话会触怒他，
一直走到河边时我闭口不言。
看啊！一个须眉皆白的老人[7]，
驾着一只船向我们驶近，
大声叫道："该你们受罪，邪恶的鬼魂们啊！
不要再希望看到天堂：
我来把你们领到对岸；
领到永恒的黑暗；领到烈火和寒冰。
站在那里的你，你是活人，
快从那些死了的人那里离开。"
但是当他看到我不离开时，
他说道："你得从别的道路，别的渡口[8]
过去，不能从这里过去：
必得有一只较轻的船[9]渡你。"
我的引导者对他说："开隆，不要多虑：
这是天上的意志，天命所在，
定能完成；不要再问了。"
立时，那在铅色的沼泽上
停着船的舟子，眼睛周围发着火光，
他的多毛的双颊平静不动了。
但是那些衰弱而赤裸的鬼魂，

一听到这些可怕的言语，
都变了色，牙齿格格作声。
他们亵渎上帝和自己的父母；
亵渎人类；亵渎那地点，那时间，
那传下了他们和他们的子孙的根源。
然后，他们痛哭着，
大家一起逐渐靠近那被诅咒的河岸，
这河岸等待每个不敬畏上帝的人。
有着燃烧的煤块似的眼睛的恶鬼
开隆召唤着他们，把他们赶在一起；
谁踟蹰不前的，他用桨就打。
如同秋天的树叶一片接着一片
飘落下来，直到树枝看见
自己所有的猎获物[10]都落在地上，
亚当[11]的罪恶的子孙一个一个地
一见招手就从岸上纵身跳下船去，
好象听到呼唤的鸟儿一样。
他们就这样地在褐色的水上离开；
他们还没有登上对岸，
这边岸上又集合了新的一群。
“我的儿子，”那彬彬有礼的夫子说道，
“那些在上帝的盛怒之下死去的人，
从万邦会集在这里；
渡过这条河他们从不延迟，
因为‘神圣的正义’激励他们，
使恐惧变成了愿望。
善良的精灵从来不由这条路经过；
因此，假使开隆对你发什么怨言，
你现在很容易懂得他的意思。”

他说完话之后，那幽冥的境界
　发生剧烈的震动，回想起
　我那时的恐怖还使我浑身出着冷汗。
那阴惨惨的地上刮起了风，
　风中闪出一道红色的电光，
　使我全部失去了知觉；
我倒下了，好象一个突然睡去的人。

选自《神曲：地狱篇》，［意］但丁著，朱维基译，上海译文出版社1984年版

注释

［1］在这里，除了可畏的铭文外，没有守卫者，地狱的门是洞开着的。构成地狱的是“三位一体”，即圣父（“神圣的权力”）、圣子（“至尊的智慧”）及圣灵（“本初的爱”）。而感动上帝去造地狱的是“正义”。在地狱造成以前只有“永恒的事物”。“永恒的事物”指最初的物质，诸天体以及统治诸天体的各级天使。对于但丁，地狱是永远存在的，而地狱最可怕的责罚就是它的绝对没有希望。

［2］但丁用的“理智”一词，与普通的用法不同，其意义与我们说的“灵魂”或“精神”相差不远。

［3］这些天使在《圣经》里没有提起过，但丁所根据的显然是民间的传说。

［4］其他的罪人至少还能够下一个决心。

［5］一般认为这个幽魂是塞莱斯丁五世。他于1294年被选为教皇，在位5月即辞职，让位给菩尼腓斯八世。而菩尼腓斯八世在全诗中是但丁所讥嘲及咒骂的主要对象。

［6］“大河”指阿刻隆，地狱中四条河流中的第一条，形成地狱本境的边界。

［7］指开隆。开隆在地狱中，等于炼狱中的伽图。

［8］“别的道路，别的渡口”，指通到炼狱的路。

［9］“较轻的船”指《炼狱篇》第二歌里“上天的掌舵者”的轻舟。

［10］“猎获物”指树枝上的叶子。

［11］亚当是《旧约·创世纪》里的第一个人类。

导读

但丁·阿利吉耶里(Dante Alighieri，1265—1321 年)是意大利的民族诗人，现代意大利语的奠基者，中古到文艺复兴的过渡时期最有代表性的作家，以长诗《神曲》（原名《喜剧》）而闻名，恩格斯称他“是中世纪的最后一位诗人，同时又是新时代的最初一位诗人”。

《神曲》是世界文学史上最重要的作品之一，也是一部比较特殊的史诗，因为诗中叙述的既不是有关某个英雄人物的传说，也不是某一重大历史事件，而是诗人自己想象中的经历。全诗分《地狱》《炼狱》和《天堂》三部，每部由三十三首“歌”组成，加上全书的序曲，总共有一百歌，计一万四千多行。

这部长诗采用的是中古时期所特有的梦幻文学形式，通过但丁的自叙描述了他在 1300 年复活节前的那个星期五凌晨，在一座黑暗的森林里迷了路。黎明时分，他来到一座洒满阳光的小山脚下，正要登山，却被三只张牙舞爪的野兽（豹、狮、狼，象征淫欲、强暴、贪婪）拦住了去路，情势十分危急。这时，古罗马时代的伟大诗人维吉尔出现了。他受但丁青年时期所爱恋的对象贝亚特丽斯的嘱托前来搭救但丁，然后又作为他的向导带他游历地狱和炼狱。维吉尔把但丁带到地上乐园后就退去了，改由贝亚特丽斯前来引导但丁，经过了构成天堂的九重天之后，终于到达上帝的面前。

《神曲》的主题思想是比较清楚的，即人经过迷惘和苦难，最终到达真理和至善的境界。

思考与讨论

1. 简述维吉尔《埃涅阿斯纪》的思想内容。

2. 但丁的《神曲》如何表现新旧交替的时代特征？

3. 中世纪早期英雄史诗和后期英雄史诗有什么不同？它们各有哪些主要作品？

推荐阅读

赫西俄德.工作与时日　神谱[M].张竹明，蒋平，译.北京：商务印书馆，1991.

古斯塔夫·施瓦布.希腊神话和传说[M].楚图南，译.北京：人民文学出版社，2017.

埃达[M].石琴娥，斯文，译.北京：译林出版社，2000.

佚名.贝奥武夫[M].陈才宇，译.北京：译林出版社，2018.

佚名.罗兰之歌[M].马振骋，译.北京：译林出版社，2018.

加缪.西西弗斯的神话[M].闫正坤，赖丽薇，译.南京：江苏文艺出版社，2012.

第二章　边塞行役

愿为五陵轻薄儿，生在贞观开元时。

斗鸡走犬过一生，天地安危两不知。

——［宋］王安石《凤凰山》

大漠孤烟，长河落日。铁马秋风，千年霜雪。满天飞舞之狂沙，淹没了多少蹉跎岁月，却沉淀了一曲曲英雄的赞歌。当边塞风光、异域风情与思亲念家、离愁别绪交织在一起；当保家卫国、建功立业与英雄使命、责任担当碰撞在一起，该是怎样激荡人心的画面。会有孤独，“击鼓其镗，踊跃用兵。土国城漕，我独南行”；会有无畏，“捐躯赴国难，视死忽如归”；会有牺牲，“相看白刃血纷纷，死节从来岂顾勋”；会有思念，“少妇城南欲断肠，征人蓟北空回首”；会有苦寒，“瀚海阑干百尺冰，愁云惨淡万里凝”；会有悲戚，“可怜无定河边骨，犹是春闺梦里人”。

如果有一天，出征的号角响彻，我们依然会吟唱“黄沙百战穿金甲，不破楼兰终不还”的高昂战歌。因为，这是我们民族的英雄旋律，怎能断绝，每段为人民泣血的文字自当不朽。

击鼓（邶风）

《诗经》

击鼓其镗[1]，踊跃用兵[2]。土国城漕[3]，我独南行。从孙子仲[4]，平陈与宋[5]。不我以归[6]，忧心有忡[7]。爰居爰处[8]，爰丧其马[9]。于以求之[10]？于林之下。死生契阔[11]，与子成说[12]。执子之手，与子偕老。于嗟阔兮[13]，不我活兮[14]！于嗟洵兮[15]，不我信兮[16]！

选自《诗经注析》，程俊英、蒋见元著，中华书局 1991 年版

注释

［1］其镗（tāng）：即“镗镗”。镗，击鼓声。

［2］踊跃：鼓舞。兵：武器，刀枪之类。

［3］土：在此处用做动词，意为挖土。国：指都城。城：在此处用做动词，意为修城。漕：卫国的城市。

［4］孙子仲：公孙文仲，字子仲，是卫国的世卿，当时任南征的将领。

［5］平：平定两国纠纷。这里指救陈以调和陈宋关系。陈、宋：诸侯国名。

［6］不我以归：是“不以我归”的倒装，有家不让回。

［7］有忡：忡忡，忧虑不安的样子。

［8］爰居爰处：哪里可以住？爰，哪里，在何处。

［9］爰丧其马：我的马丢在哪里？丧，丧失，此处言跑失。

［10］于以：在哪里。

［11］契阔：聚散、离合的意思。契，合。阔，离。

［12］成说（shuō）：约定、成议、盟约。

［13］于嗟：叹词。于，同“吁”。阔：道路辽远。

［14］活：借为“佸”，相会。

［15］洵：久远。

［16］信：守信，守约

导读

《击鼓（邶风）》这首诗古人多认为与春秋鲁隐公四年（公元前 719 年）夏，卫公子州吁联合宋、陈、蔡三国共同伐郑有关。此诗可看作是一位远

征异国、长期不能归家的士兵唱的一首思乡之歌。全诗共五章，每章四句。前三章概括了征人从入伍到行伍涣散这一过程，后两章描写战士间的互相勉励、同生共死的决心，将征战之悲苦描写得触动人心。

白马篇[1]

曹植

白马饰金羁[2]，连翩西北驰[3]。借问谁家子？幽并游侠儿[4]。少小去乡邑[5]，扬声沙漠垂[6]。宿昔秉良弓[7]，楛矢何参差[8]。控弦破左的[9]，右发摧月支[10]。仰手接飞猱[11]，俯身散马蹄[12]。狡捷过猴猿[13]，勇剽若豹螭[14]。边城多警急，虏骑数迁移[15]。羽檄从北来[16]，厉马登高堤[17]。长驱蹈匈奴[18]，左顾陵鲜卑[19]。弃身锋刃端[20]，性命安可怀[21]！父母且不顾，何言子与妻！名在壮士籍[22]，不得中顾私[23]。捐躯赴国难[24]，视死忽如归。

选自《曹植集校注》，［魏］曹植著，赵幼文校注，人民文学出版社 1998 年版

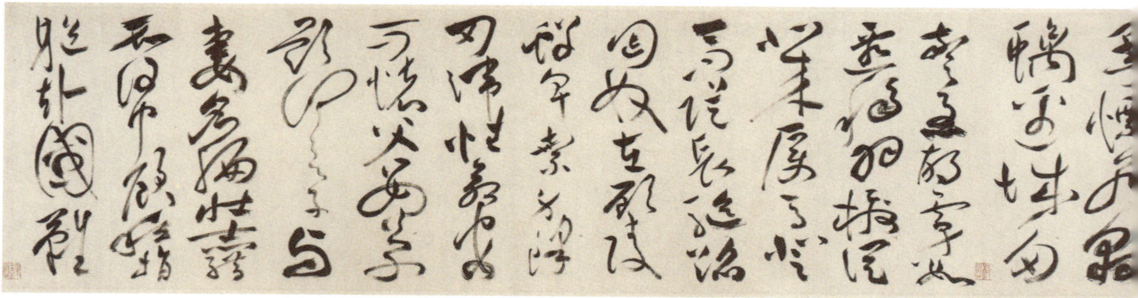

［明］祝允明草书诗帖《白马篇》，纸本 36.1cm × 1147.5cm，台北故宫博物馆藏

注释

[1]白马篇：又名“游侠篇”，是曹植创作的乐府新题，以开头二字为作品标题。

[2]金羁：金饰的马笼头。

[3]连翩：连续不断。

[4]幽并：幽州和并州。在今河北、山西、陕西一带。

[5]去乡邑：离开家乡。

[6]扬声：扬名。垂：同“陲”，边境。

[7]宿昔：早晚。秉：执、持。

[8]楛（hù）矢：用楛木做成的箭。何：多么。参差：长短不齐的样子。

[9]控弦：开弓。的：箭靶。

[10]摧：毁坏。月支：箭靶的名称。左、右是互文见义。

[11]接：接射。飞猱（náo）：飞奔的猿猴。猱，猿的一种，行动轻捷，攀缘树木，上下如飞。

[12]散：射碎。马蹄：箭靶的名称。

[13]狡捷：灵活敏捷。

[14]勇剽：勇敢剽悍。螭：传说中形状如龙的黄色猛兽。

[15]虏骑：匈奴、鲜卑的骑兵。数迁移：经常进兵入侵。

[16]羽檄：军事文书，插鸟羽以示紧急，必须迅速传递。

[17]厉马：扬鞭策马。

[18]长驱：向前奔驰不止。蹈：践踏。

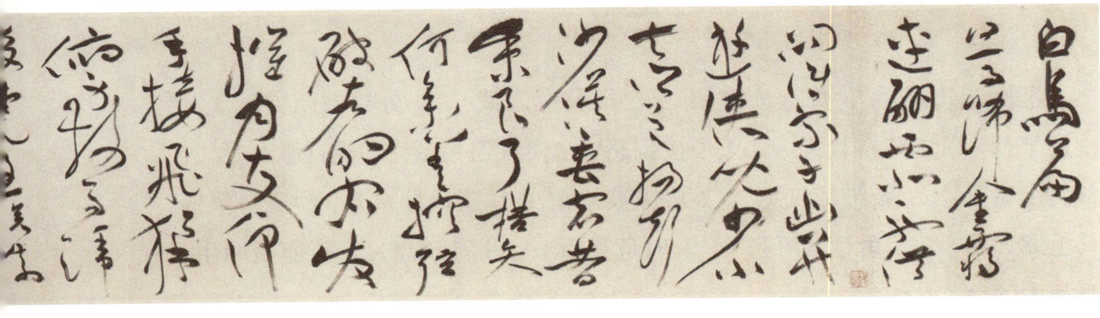

[19] 顾：看。陵：压制。鲜卑：中国东北方的少数民族，东汉末成为北方强族。
[20] 弃身：舍身。
[21] 怀：爱惜。
[22] 籍：名册。《文选》中此句为：名编壮士籍。
[23] 中顾私：心里想着个人的私事。中，内心。
[24] 捐躯：献身。赴：奔赴。

导读

曹植（192—232年），字子建，沛国谯（今安徽省亳州市）人，曹操与武宣卞皇后的第三子，生前曾为陈王，去世后谥号“思”，因此又称陈思王。后人因其文学上的造诣而将他与曹操、曹丕合称为“三曹”。其代表作有《白马篇》《洛神赋》《赠白马王彪》等。

此诗是曹植前期的代表作，塑造了边疆地区一位武艺高超、渴望卫国立功甚至不惜牺牲生命的游侠少年形象，以曲折动人的情节描写边塞游侠儿捐躯赴难、奋不顾身的英勇行为，表达了诗人建功立业的强烈愿望。全诗风格雄放，气氛热烈，语言精美，称得上是情调兼胜，诗中的英雄形象，既是诗人的自我写照，又凝聚和闪耀着时代的光辉。

代出自蓟北门行[1]

鲍照

羽檄起边亭[2]，烽火入咸阳[3]。征骑屯广武[4]，分兵救朔方[5]。严秋筋竿劲[6]，虏阵精且强[7]。天子按剑怒[8]，使者遥相望[9]。雁行缘石径[10]，鱼贯度飞梁[11]。箫鼓流汉思[12]，旌甲被胡霜[13]。疾风冲塞起，沙砾自飘扬。马毛缩如猬[14]，角弓不可张[15]。时危见臣节，世乱识忠良。投躯报明主，身死为国殇。

选自《鲍参军集注》，[南朝] 鲍照著，钱仲联增补集说校，
上海古籍出版社 1980 年版

注释

［1］蓟：古代燕国京都，在今北京市西南。

［2］羽檄：古代的紧急军事公文。边亭：边境上的瞭望哨。

［3］烽火：边防告警的烟火，古代边防发现敌情，便在高台上燃起烽火报警。咸阳：城名，秦曾建都于此，借指京城。

［4］征骑：征发的部队。一作“征师”。屯：驻兵防守。广武：地名，今山西代县西。

［5］朔方：汉郡名，在阴山以南的河谷地带。

［6］严秋：肃杀的秋天。这句的意思是弓弦与箭杆都因深秋的干燥变得强劲有力。

［7］虏阵：指敌方的阵容。虏，古代对北方入侵民族的恶称。

［8］天子按剑怒：指天子闻警后大怒。

［9］使者遥相望：意思是军情紧急，使者奔走于路，络绎不绝，遥相望见。

［10］雁行：像大雁的行列一样整齐而有次序。缘：沿着。

［11］鱼贯：像游鱼一样先后接续。飞梁：凌空飞架的桥梁。

［12］箫鼓：两种乐器，此指军乐。流汉思：流露出对家国的思念。

［13］被：通“披”。

［14］缩：蜷缩。猬：刺猬。

［15］角弓：以牛角做的硬弓。

导读

鲍照（约414—466年），字明远，祖籍东海（今山东省临沂市兰陵县），久居建康（今南京），南朝宋著名文学家，与颜延之、谢灵运合称“元嘉三大家”。他长于乐府诗，其七言诗对唐代诗歌的发展起了很重要的作用。有《鲍参军集》。

鲍照有远大的政治抱负，然家世贫贱，在政治上一直不得志。临海王刘子顼镇荆州时，鲍照任前军参军，后刘子顼作乱，鲍照为乱兵所杀。

本篇是拟乐府，通过对边庭紧急战事和边境恶劣环境的渲染，突出表现了壮士从军卫国、英勇赴难的壮志和激情。在表现壮士赴敌投躯的忠良气节时，穿插描写胡地风物奇观，是南北朝时期罕见的以边塞生活为内容的名篇。

从军行

王昌龄

其一

烽火城西百尺楼[1]，黄昏独坐海风秋[2]。更吹羌笛关山月[3]，无那金闺万里愁[4]。

注释

［1］百尺楼：置烽火的戍楼。
［2］海风秋：从青海湖上吹来阵阵带着秋意的寒风。
［3］关山月：乐府旧题，伤离别也。
［4］无那：同“无奈”，无可奈何的意思。金闺：住在华美闺房的少妇。

其二

青海长云暗雪山[1]，孤城遥望玉门关[2]。黄沙百战穿金甲[3]，不破楼兰终不还。[4]

选自《王昌龄集编年校注》，［唐］王昌龄著，胡问涛、罗琴校注，巴蜀书社出版社，2000年版

注释

［1］青海：青海湖。雪山：这里指甘肃省的祁连山。
［2］孤城：当时青海地区的一座城。一说孤城即玉门关。玉门关：汉武帝置，因西域输入玉石取道于此而得名。故址在今甘肃敦煌西北小方盘城。六朝时关址东移至今安西双塔堡附近。
［3］穿：磨破。金甲：战衣，金属制的铠甲。
［4］楼兰：汉代西域国名，这里泛指当时骚扰西北边疆的敌人。

导读

王昌龄（698—756 年），字少伯，汉族，河东晋阳（今山西太原）人，又一说京兆长安（今西安）人。盛唐著名边塞诗人，后人誉为“七绝圣手”。

《从军行》是乐府旧题，内容讲述军旅战争之事。本组诗共七首，这里选了两首。前一首写出征将士久戍边地的思归之情；后一首写他们扫尽边尘，以身许国的壮志。

燕歌行[1]

高适

开元二十六年，客有从元戎出塞而还者[2]；作《燕歌行》以示适，感征戍之事，因而和焉。

汉家烟尘在东北[3]，汉将辞家破残贼，男儿本自重横行，天子非常赐颜色[4]。摐金伐鼓下榆关[5]，旌旆逶迤碣石间[6]，校尉羽书飞瀚海[7]，单于猎火照狼山[8]。山川萧条极边土，胡骑凭陵杂风雨[9]，战士军前半死生，美人帐下犹歌舞！大漠穷秋塞草腓[10]，孤城落日斗兵稀，身当恩遇常轻敌，力尽关山未解围。铁衣远戍辛勤久[11]，玉箸应啼别离后[12]，少妇城南欲断肠[13]，征人蓟北空回首[14]。边庭飘飖那可度[15]，绝域苍茫无所有[16]，杀气三时作阵云[17]，寒声一夜传刁斗[18]。相看白刃血纷纷，死节从来岂顾勋？君不见沙场征战苦，至今犹忆李将军[19]。

选自《高适诗集编年笺注》，刘开扬著，中华书局 1981 年版

注释

［1］燕歌行：乐府《相和歌辞·平调曲》旧题。

［2］元戎：《全唐诗》作“御史大夫张公”。

［3］汉家：借指唐朝。烟尘：战地的烽烟和飞尘，此指战争警报。开元十八年（730 年）五月，契丹及奚族叛唐，此后唐与契、奚之间战事不断。

[4] 非常赐颜色：破格赐予荣耀。
[5] 摐（chuāng）金伐鼓：军中鸣金击鼓。摐金，敲锣。榆关：山海关。
[6] 逶迤：曲折行进貌。碣石：山名，在今河北昌黎县北。此借指东北沿海一带。
[7] 尉：武官，官阶次于将军。羽书：羽檄，插有羽毛的紧急军事文书。瀚海：大沙漠。
[8] 单于：秦汉时匈奴君主的称号，此指敌酋。猎火：狩猎时所举之火。狼山：阴山山脉西段，在今内蒙古自治区中部。此外，瀚海、狼山泛指当时战场。
[9] 凭陵：逼压。凭借威力，侵凌别人。
[10] 穷秋：深秋。腓（féi）：病，枯萎。
[11] 铁衣：借指将士。
[12] 玉箸：白色的筷子，此借喻眼泪。
[13] 城南：长安住宅区在城南，故云。
[14] 蓟北：蓟州、幽州一带，今河北省北部地区。此泛指东北战场。
[15] 边庭飘飖（yáo）：一作"边风飘飘"，指形势动荡、险恶。
[16] 绝域：更遥远的边陲。
[17] 三时：早、午、晚。阵云：战云。
[18] 刁斗：古代军中煮饭用的铜锅，可用来敲打巡逻。
[19] 李将军：李广。据《史记·李将军传》，李广善用兵，爱惜士卒，守右北平，匈奴畏之不敢南侵，称为飞将军。

导读

高适（704—765 年），字达夫，唐朝渤海郡（今河北景县）人，曾任刑部侍郎、散骑常侍、渤海县侯，世称高常侍。唐代著名的边塞诗人，后人将高适与岑参并称"高岑"，将高适、岑参、王昌龄、王之涣合称"边塞四诗人"。其诗笔力雄健、气势奔放，洋溢着盛唐时期所特有的奋发进取、蓬勃向上的时代精神，有《高常侍集》等传世。

这是一首七言乐府诗，主要揭露主将骄逸轻敌、不恤士卒，致使战事失利。全诗气势畅达，笔力矫健，气氛悲壮淋漓，主旨深刻含蓄。

石州慢

张元干

己酉秋[1]吴兴舟中作[2]

雨急云飞，惊散暮鸦[3]，微弄凉月。谁家疏柳低迷[4]，几点流萤明灭。夜帆风驶，满湖烟水苍茫，菰蒲零乱秋声咽[5]。梦断酒醒时，倚危樯清绝[6]。　心折[7]。长庚光怒[8]，群盗纵横[9]，逆胡猖獗[10]。欲挽天河，一洗中原膏血。两宫何处[11]？塞垣只隔长江[12]，唾壶空击悲歌缺[13]。万里想龙沙[14]，泣孤臣吴越[15]。

选自《芦川词》，［宋］张元干撰，孟斐校点，上海古籍出版社 1991 年版

注释

［1］己酉：宋高宗建炎三年（1129 年）。

［2］吴兴：今浙江湖州。

［3］惊散暮鸦：傍晚的乌鸦被惊散。

［4］低迷：模糊的样子。

［5］菰蒲：菰草和蒲草。秋声咽：西风声音凄切。

［6］危樯：船上高耸的桅杆。

［7］心折：心中摧折，伤心至极。江淹《别赋》：“使人意夺神骇，心折骨惊。”

［8］长庚：金星。据《史记・天官书》载，金星主兵戈之事。

［9］群盗：宋高宗建炎二年（1128 年）十二月，济南知府刘豫叛宋降金。三年（1129 年），苗傅、刘正彦作乱，逼迫高宗传位太子，兵败被杀。

［10］猖獗：亦作“猖蹶”，任意横行。

［11］两宫：指徽、钦二帝。

［12］塞垣：南宋与金国，夹岸陈兵，只隔长江一水。塞，边境。

［13］唾壶：借喻词人自己不能亲自杀敌雪耻的悲愤心情。刘义庆《世说新语・豪爽》：“王处仲每酒后，辄咏‘老骥伏枥，志在千里。烈士暮年，壮心不已’。以如意打唾壶，壶口尽缺。”

［14］龙沙：沙漠边远之地，指徽、钦二帝幽囚之所。

［15］孤臣：词人自指。吴越：古代的吴国、赵国，今江浙一带，为南宋政府所在地。

导读

张元干（1091—约 1161 年），字仲宗，号芦川居士、真隐山人，晚年自称芦川老隐。芦川永福（今福建永泰嵩口镇月洲村）人。历任太学上舍生、陈留县丞。金兵围汴，秦桧掌权时，入李纲麾下，坚决抗金，力谏死守。曾赋《贺新郎》词赠李纲，后秦桧闻此事，以他事追赴大理寺除名削籍。张元干尔后漫游江浙等地，客死他乡，卒年约七十，归葬闽之螺山。张元干与张孝祥一起号称南宋初期“词坛双璧”。

1129 年春天，金兵大举南下，直逼扬州。宋高宗（即南宋开国皇帝赵构）从扬州渡江南下，狼狈南逃，这时长江以北地区全部被金兵占领。词人为了避难而南行，是年秋天在吴兴（今浙江湖州）乘舟夜渡，感慨时事心生悲哀，写下了这首悲壮的词作。

该词主要采用了情景交融的写法，上阕所写的凄凉暗淡的景物，既包含着词人悲凉抑郁的感情，又暗寓着动荡危亡的政治局面；下阕从词人抬头所见的空中星宿——“长庚”“天河”——展开联想，进行议论和抒情，写出了自己的满腔悲愤与豪情壮志。

金陵驿[1]

文天祥

其一

草合离宫转夕晖[2]，孤云飘泊复何依？山河风景元无异，城郭人民半已非。满地芦花和我老，旧家燕子傍谁飞[3]？从今别却江南日[4]，化作啼鹃带血归[5]。

其二

万里金瓯失壮图[6]，衮衣颠倒落泥涂[7]。空流杜宇声中血[8]，半脱骊龙颔下须[9]。老去秋风吹我恶[10]，梦回寒月照人孤。千年成败俱尘土，消得人间说丈夫。

选自《文天祥全集》，［宋］文天祥著，北京市中国书店 1985 年版

注释

［1］金陵：今江苏南京。驿：古代官办的交通站，供传递公文的人和来往官吏休憩的地方。

［2］草合：草已长满。离宫：行宫，皇帝出巡时临时居住的地方。金陵是宋朝的陪都，所以有离宫。

［3］旧家燕子：化用刘禹锡《乌衣巷》“旧时王谢堂前燕，飞入寻常百姓家”意。

［4］别却：离开。

［5］啼鹃带血：用蜀王死后化为杜鹃鸟啼鸣时口角带血的典故，暗喻北行以死殉国，只有魂魄归来。

［6］金瓯：金属制成的盛酒器，后借喻疆土的完整坚固。

［7］衮衣：衮服，古代帝王及上公绣龙的礼服。

［8］杜宇：杜鹃鸟的别名。

［9］骊龙：黑龙。从德祐皇帝写到小皇帝昺，两句分写皇帝的一降一死，概括地反映了南宋亡国的悲惨。

［10］恶：病，情绪不佳。

导读

文天祥（1236—1283 年），初名云孙，字宋瑞，又字履善。道号浮休道人、文山。江西吉州庐陵（今江西省吉安市青原区富田镇）人，南宋末政治家、文学家，爱国诗人，抗元名臣，与陆秀夫、张世杰并称为“宋末三杰”。著有《文山诗集》《指南录》《指南后录》《正气歌》等。

文天祥抗元兵败被俘，由广州押往元大都路过金陵时，作了这两首《金陵驿》。第一首从景物写起，运用象征和对比的手法，抒写诗人的亡国之痛和殉国之志；第二首进一步抒发了自己的黍离之悲，并告诫自己，在生死关

头要以大丈夫自勉。全诗巧妙化用前人成语旧句，描写婉曲，风格悲壮，用典贴切，语言精练，具有很强的艺术感染力。

思考与讨论

1. 边塞诗有何特点？分析其产生的原因。

2. 王昌龄边塞诗有何特点？试比较他与高适、岑参边塞诗的异同。

3. 宋代边塞诗与唐代边塞诗的艺术风格有什么区别？

4. 试以“战争”为主题，写一篇小文章，除诗歌外，其余文体均可，字数在 800 字左右。

拓展阅读

无衣（秦风）

《诗经》

岂曰无衣？与子同袍[1]。王于兴师[2]，修我戈矛[3]，与子同仇[4]！岂曰无衣？与子同泽[5]。王于兴师，修我矛戟[6]，与子偕作[7]。岂曰无衣？与子同裳[8]。王于兴师，修我甲兵[9]，与子偕行[10]。

选自《诗经注析》，程俊英、蒋见元著，中华书局 1991 年版

注释

[1] 袍：长衣。行军者日以当衣，夜以当被。就是今之披风，或名斗篷。古代特指絮旧丝绵的长衣。“同袍”是友爱之辞。

[2] 王于兴师：国家要出兵打仗。王，周王，秦国出兵以周天子之命为号召。于，语助词，意思与“曰”相似。兴师，出兵。秦国常和西戎交兵。

[3] 戈、矛：都是长柄的兵器，戈平头而旁有枝，矛头尖锐。

[4] 与子同仇：你的仇敌就是我的仇敌。子，你，指战友。同仇，共同对敌。

［5］泽：内衣，类如今之汗衫。
［6］戟：兵器名。古戟形似戈，具横直两锋。
［7］作：起。
［8］裳（cháng）：下衣，此指战裙。
［9］甲兵：铠甲和兵器。
［10］偕行：同行，指一块儿上战场。

导读

这是一首秦国的军中战歌，反映了秦风的典型风格。同袍同衣，同仇敌忾，慷慨从军，奋勇杀敌的精神充溢全诗，干脆利落，给人一气呵成的感觉。每一句都言之有意，绝不拖泥带水，体现了士兵的豪迈刚强之气。

战城南

战城南，死郭北[1]，野死不葬乌可食[2]。为我谓乌：且为客豪[3]，野死谅不葬[4]，腐肉安能去子逃[5]？水深激激[6]，蒲苇冥冥[7]。枭骑战斗死[8]，驽马徘徊鸣[9]。筑室[10]，何以南何北[11]，禾黍不获君何食[12]？愿为忠臣安可得？思子良臣[13]，良臣诚可思，朝行出攻，暮不夜归[14]！

选自《乐府诗集》，［宋］郭茂倩编，中华书局 1979 年版

注释

［1］郭：外城。这两句中的城南、城北为互文见义，是说城南、城北都有战争，也都有战死的人。
［2］野死：战死荒野。乌：乌鸦。传说乌鸦嗜食死尸腐肉。这句说，战士尸遗荒野，正好供乌鸦啄食。
［3］客：战死者，死者多为外乡人，故称之为“客”。豪：同“嚎”，大声哭叫，号叫。
［4］谅：揣度之词，相当于“想必”。

[5] 安能：怎么能。子：指乌。这三句是作者要求乌先为死者招魂，然后吃他。

[6] 激激：清澈的样子。

[7] 冥冥：深暗的样子。这里指蒲苇的葱郁。

[8] 枭骑：善战的骏马。枭通“骁”，作“勇”解。

[9] 驽马：劣马，此诗中指疲惫的马。

[10] 筑室：战争中在桥上构筑工事营垒。

[11] 何北：一作“梁何北”。这句是说，桥上构筑了营垒，河南、河北的交通断绝。

[12] 禾黍：泛指田野种植的谷物。这句是说，战争影响生产，禾黍不获，租赋无所出。

[13] 子、良臣：忠心为国的战士。

[14] 这两句指战士出攻阵亡。

导读

乐府本是秦汉时设立的掌管音乐的机构。当时的乐府，一方面为文人创作的诗歌制谱配乐并演奏，一方面采集民间歌辞。魏晋以后，人们将乐府所唱的诗也称为乐府，于是“乐府”便由官署的名称变成诗体的名称。作为诗体的名称，乐府有广义和狭义之分。狭义的乐府指汉以来入乐的诗，包括文人制作的和采自民间的。广义的乐府包括那些并未入乐，而袭用乐府旧题或模拟乐府体裁的作品。宋、元时甚至把与音乐有关的词、曲也包括在内。

《战城南》是一首汉乐府民歌，属《汉鼓吹铙歌十八曲》之一，是为在战场上的阵亡者而作。汉朝和匈奴曾长期爆发冲突，朝廷派兵长期戍守，不免使战士产生怨恨之情。此诗即是戍边战士反战情绪的反映。值得注意的是，歌辞中死人居然说话了，这是浪漫主义表现手法的例证。

白雪歌送武判官归京

岑参

北风卷地白草折[1]，胡天八月即飞雪[2]。忽如一夜春风来，千树万树梨花开。散入珠帘湿罗幕[3]，狐裘不暖锦衾薄。将军角弓不得控[4]，都护铁衣冷难着[5]。瀚海阑干百尺冰[6]，愁云惨淡万里凝。中军置酒饮归客[7]，胡琴琵琶与羌笛。纷纷暮雪下辕门[8]，风掣红旗冻不翻。轮台东门送君去[9]，去时雪满天山路。山回路转不见君，雪上空留马行处。

选自《岑嘉州诗笺注》，[唐]岑参撰，廖立笺注，中华书局 2004 年版

注释

[1] 白草：西域牧草名，秋天变白色。

[2] 胡天：塞北的天空。胡，古代汉民族对北方各民族的通称。

[3] 珠帘：用珍珠串成或饰有珍珠的帘子，形容帘子的华美。罗幕：用丝织品做成的帐幕，形容帐幕的华美。这句说雪花飞进珠帘，沾湿罗幕。

[4] 角弓：两端用兽角装饰的硬弓，一作“雕弓”。不得控：（天太冷而冻得）拉不开（弓）。控，拉开。

[5] 难着：一作“犹着”。着，亦写作“著”。

[6] 瀚海：沙漠。这句说大沙漠里到处都结着很厚的冰。阑干：纵横交错的样子。百尺：一作“百丈”，一作“千尺”。

[7] 中军：指主将或指挥部。古时分兵为中、左、右三军，中军为主帅的营帐。饮归客：宴饮归京的人，指武判官。饮，动词，宴饮。

[8] 辕门：军营的门。这里指帅衙署的外门。

[9] 轮台：唐轮台在今新疆维吾尔自治区米泉区境内，与汉轮台不是同一地方。

导读

岑参（约 715—770 年），唐代边塞诗人，荆州江陵（现湖北江陵）人，太宗时功臣岑文本重孙，后徙居江陵。岑参早岁孤贫，从兄就读，遍览史籍。唐玄宗天宝三年（744 年）进士，初为率府兵曹参军，后两次从军边塞，先在安西节度使高仙芝幕府掌书记，天宝末年，封常清为安西北庭节度使时，

《雪栈行骑图》，［南宋］梁楷，册页，绢本，水墨，23.3cm × 24cm
北京故宫博物院藏

为其幕府判官。唐代宗时，曾官嘉州（今四川乐山）刺史，世称“岑嘉州”。大历五年（770 年）卒于成都。

岑参工诗，长于七言歌行，现存诗三百六十首。他对边塞风光、军旅生活，以及少数民族的文化风俗有亲切的感受，故其边塞诗尤多佳作，今有《岑嘉州集》七卷（或为八卷）行世。

此诗是岑参边塞诗的代表作，作于他第二次出塞时期。全诗以一天雪景的变化为线索，记叙送别归京使臣的过程，文思开阔，结构缜密。整首诗，奇而婉，侧重于表现边塞绮丽瑰异的风光，给人以清新俊逸之感；内涵丰富宽广，色彩瑰丽浪漫，气势浑然磅礴，意境鲜明独特，具有极强的艺术感染力，堪称盛世大唐边塞诗的压卷之作。其中“忽如一夜春风来，千树万树梨花开”等诗句已成为千古传诵的名句。

陇西行四首（其二）

陈陶

誓扫匈奴不顾身[1]，五千貂锦丧胡尘[2]。可怜无定河边骨[3]，犹是春闺梦里人[4]。

选自《全唐诗》，[清]彭定求编，中华书局 1980 年版

注释

[1] 匈奴：西北边境部族。
[2] 貂锦：这里指战士，指装备精良的精锐之师。
[3] 无定河：黄河中游支流，在陕西北部。
[4] 春闺：这里指战死者的妻子。

导读

陈陶，字嵩伯，自号三教布衣，鄱阳剑浦人（《全唐诗》作岭南人，此从《唐才子传》），生卒年及生平均不详，约唐武宗会昌初前后在世，以平淡见称。屡举进士不第，遂隐居不仕，后不知所终。工诗，有诗十卷，已散佚，后人辑有《陈嵩伯诗集》一卷。

《陇西行四首》是陈陶的组诗，其中第二首诗广为传诵。该诗借咏叹汉代李陵伐匈奴而全军覆没的史实，深刻地反映了唐代长期的边塞战争给人民带来的痛苦和灾难，寄托了作者对和平安定生活的渴望。

关山月[1]

陆游

和戎诏下十五年[2]，将军不战空临边[3]。朱门沉沉按歌舞[4]，厩马肥死弓断弦[5]。戍楼刁斗催落月[6]，三十从军今白发。笛里谁知壮士心[7]，沙头空照征人骨[8]。中原干戈古亦闻[8]，岂有逆胡传子孙[9]。遗民忍死望恢复[10]，几处今宵垂泪痕！

选自《剑南诗稿校注》［宋］陆游著，钱仲联校注，
上海古籍出版社 1985 年版

注释

［1］关山月：汉乐府古题，属横吹曲。内容多写戍边军士月夜思乡及与家人离别相思之情。

［2］和戎诏：与金议和的诏书。戎，古时对西边民族的贬称。

［3］空临边：徒然地驻守在边疆。边，边疆，边境。

［4］朱门：这里指达官贵人的宅第。古代达官贵人的门多红色，故云。沉沉：深沉的样子。按歌舞：按着节拍唱歌跳舞。

［5］厩马：养在马房里的马。肥死：马棚里的马不用，渐渐死去。弓断弦：

长期不修武备，致使弓断了弦。

[6] 戍楼：边塞上守卫警戒的岗楼。刁斗：军用铜锅，可以做饭，也可作报时打更的器具。

[7] 笛里：以笛吹奏的曲调声。壮士：守卫边疆的战士。

[8] 沙头：边塞沙漠之地。征人：出征戍守边塞的战士。

[9] 中原：沦陷在金人手中的淮河以北地区。干戈：古代的兵器，这里代指战争。

[10] 逆胡传子孙：金人长期占领中原。金自太宗完颜晟进占中原，至此时已有四世，故云传子孙。逆胡，指金人。

[11] 遗民：沦陷区的老百姓。忍死：忍受屈辱、不死以待。恢复：收复故土。

导读

陆游（1125—1210年），字务观，号放翁，越州山阴（今浙江绍兴）人。少时受家庭爱国思想熏陶，宋高宗时应礼部试，为秦桧所黜，宋孝宗时赐进士出身，中年入蜀，投身军旅生活，官至宝章阁待制，晚年退居家乡，但收复中原信念始终不渝。

陆游在中国文学史上享有崇高地位，有“小李白”之称，存诗9300多首，是文学史上存诗最多的诗人。有《剑南诗稿》《渭南文集》《南唐书》《老学庵笔记》《放翁词》《渭南词》等数十个作品集传世。

这首诗是以乐府旧题写时事，全诗十二句，每四句一转韵，分别写将军权贵、戍边战士和中原百姓。诗人构思非常巧妙，以月夜统摄全篇，将三个场景融成一个整体，构成一幅关山月夜的全景图。诗中痛斥了南宋朝廷文恬武嬉、不恤国难的态度，表现了爱国将士报国无门的苦闷以及中原百姓切望恢复的愿望，体现了诗人忧国忧民、渴望统一的爱国情怀。

思考与讨论

1. 请分析《诗经·秦风·无衣》与《诗经·小雅·采薇》两首诗歌思想感情的异同。

采薇（小雅）

《诗经》

采薇采薇，薇亦作止。曰归曰归，岁亦莫止。靡室靡家，猃狁之故。不遑启居，猃狁之故。

采薇采薇，薇亦柔止。曰归曰归，心亦忧止。忧心烈烈，载饥载渴。我戍未定，靡使归聘。

采薇采薇，薇亦刚止。曰归曰归，岁亦阳止。王事靡盬，不遑启处。忧心孔疚，我行不来！

彼尔维何？维常之华。彼路斯何？君子之车。戎车既驾，四牡业业。岂敢定居？一月三捷。

驾彼四牡，四牡骙骙。君子所依，小人所腓。四牡翼翼，象弭鱼服。岂不日戒？猃狁孔棘！

昔我往矣，杨柳依依。今我来思，雨雪霏霏。行道迟迟，载渴载饥。我心伤悲，莫知我哀！

2.“骨气形似，皆本于立意”，可见文章立意有高低之分。你认为可以从哪些方面去评判一部作品立意的高下呢？

推荐阅读

《诗经·豳风·东山》

《左传·崤之战》

范仲淹《渔家傲·塞下秋来风景异》

第三章　民生百态

长太息以掩涕兮，哀民生之多艰。

——［战国］屈原《离骚》

历史是成功者的墓志铭，常常忽略了大浪中沙粒一般的小人物。社会的贫富不均、贪官的惨苛压迫、战争的残酷冷血让普通百姓流离失所，也令天下寒士心有戚戚。劳动人民的呼声、底层民众的血汗感动着一切有良知的人们，也让理性的思维深刻地贯穿于中华文明中。不管是被官吏夺去生活希望的卖炭老翁（白居易《卖炭翁》），建安年间亲历离乱的王粲（《七哀诗》），还是《东门行》中无衣无食被迫铤而走险的丈夫、悬崖间艰难采玉的老人（李贺《老夫采玉歌》），无一不是民生百态的一面镜子。

以一腔悲悯记录时代、触摸世事，这便是文学的信仰。

七月（豳风）[1]

《诗经》

七月流火[2]，九月授衣[3]。一之日觱发[4]，二之日栗烈[5]。无衣无褐[6]，何以卒岁[7]？三之日于耜[8]，四之日举趾[9]。同我妇子[10]，馌彼南亩[11]，田畯至喜[12]。

七月流火，九月授衣。春日载阳[13]，有鸣仓庚[14]。女执懿筐[15]，遵彼微行[16]，爰求柔桑[17]。春日迟迟[18]，采蘩祁祁[19]。女心伤悲，殆及公子同归[20]。

七月流火，八月萑苇[21]。蚕月条桑[22]，取彼斧斨[23]，以伐远扬[24]，猗彼女桑[25]。七月鸣鵙[26]，八月载绩。载玄载黄[27]，我朱孔阳[28]，为公子裳。

四月秀葽[29]，五月鸣蜩[30]。八月其获，十月陨萚[31]。一之日于貉[32]，取彼狐狸，为公子裘。二之日其同[33]，载缵武功[34]。言私其豵[35]，献豜于公[36]。

五月斯螽动股[37]，六月莎鸡振羽[38]。七月在野，八月在宇，九月在户，十月蟋蟀入我床下。穹窒熏鼠[39]，塞向墐户[40]。嗟我妇子，曰为改岁[41]，入此室处。

六月食郁及薁[42]，七月亨葵及菽[43]。八月剥枣[44]，十月获稻，为此春酒[45]，以介眉寿[46]。七月食瓜，八月断壶[47]，九月叔苴[48]，采荼薪樗[49]，食我农夫。

九月筑场圃[50]，十月纳禾稼[51]。黍稷重穋[52]，禾麻菽麦[53]，嗟我农夫，我稼既同，上入执宫功[54]，昼尔于茅，宵尔索绹[55]。亟其乘屋[56]，其始播百谷。

二之日凿冰冲冲[57]，三之日纳于凌阴[58]。四之日其蚤[59]，献羔祭韭[60]。九月肃霜[61]，十月涤场[62]。朋酒斯飨[63]，曰杀羔羊。跻彼公堂[64]，称彼兕觥[65]，万寿无疆[66]！

选自《诗经注析》，程俊英、蒋见元著，中华书局 1991 年版

《诗经·豳风图卷》（局部），
［南宋］马远，
绢本，设色，22.5cmx687cm，
克利夫兰美术馆藏

注释

[1] 豳（bīn）风：《诗经》十五国风之一，共七篇。豳，古邑名，在今陕西旬邑、彬县一带。

[2] 七月流火：火，或称大火，星名，即心宿。流，流动。每年夏历六月，黄昏时候，此星当正南方，也就是正中和最高的位置。过了七月就偏西向下了，所以叫“流”火。

[3] 授衣：将裁制冬衣的工作交给女工。九月丝麻等事结束，所以在这时开始做冬衣。

[4] 一之日：十月以后第一个月的日子。为豳历纪日法。觱（bì）发：大风触物声。

[5] 栗烈：或作“凛冽”，寒气刺骨。

[6] 褐：粗布衣。

[7] 卒岁：终岁。

[8] 于耜（sì）：修理耒耜（耕田起土之具）。于，犹“为”。

[9] 举趾：抬脚下田耕种。趾：足。

[10] 妇子：妻子和小孩。

[11] 馌（yè）：馈送食物。亩：田地。田耕成若干垄，高处为亩，低处为甽。田垄东西向的叫作“东亩”，南北向的叫作“南亩”。

[12] 田畯（jùn）：农官名，又称农正或田大夫。

[13] 春日：二月。载：始。阳：温暖。

[14] 仓庚：鸟名，就是黄莺。

[15] 懿：深。

[16] 微行：小径，小路。

[17] 柔桑：初生的桑叶。

[18] 迟迟：天长的意思。

[19] 蘩（fán）：菊科植物，即白蒿。古人用于祭祀，女子在嫁前有“教成之祭”。一说用蘩“沃”蚕子，则蚕易出，所以养蚕者需要它。其法未详。祁祁：众多（指采蘩者）。

[20] 殆及公子同归：怕被公子强迫带回家去。一说指怕被女公子带去陪嫁。公子，指国君之子。

[21] 萑（huán）苇：芦苇。八月萑苇长成，收割下来，可以做箔。

[22] 蚕月：指夏历三月。条桑：修剪桑树。

[23] 斨（qiāng）：方孔的斧头。

[24] 远扬：长得太长而高扬的枝条。
[25] 猗（yǐ）：《说文》《广雅》作“掎”，牵引。“掎桑”是用手拉着桑枝来采叶。女桑：小桑。
[26] 鵙（jú）：鸟名，即伯劳。
[27] 玄：黑而赤的颜色。玄、黄指丝织品与麻织品的染色。
[28] 朱：赤色。阳：鲜明。
[29] 秀葽（yāo）：言远志结实。葽，植物名，今名远志。
[30] 蜩（tiáo）：蝉。
[31] 陨萚（tuò）：落叶。
[32] 于貉：言举行貉祭。《郑笺》：“于貉，往博貉以自为裘也。”貉，通“祃”。田猎者演习武事的礼叫祃祭或貉祭。
[33] 同：聚合，言狩猎之前聚合众人。
[34] 缵（zuǎn）：继续。武功：田猎。
[35] 私其豵（zōng）：言小兽归猎者私有。豵，一岁小猪，这里用来代表比较小的兽。
[36] 豜（jiān）：三岁的猪，代表大兽。大兽献给公家。
[37] 斯螽（zhōng）：虫名，蝗类，即蚱蜢、蚂蚱。动股：言斯螽发出鸣声。旧说斯螽以两股相切发声。
[38] 莎鸡：虫名，今名纺织娘。振羽：言鼓翅发声。
[39] 穹窒：言将室内满塞的角落搬空，搬空了才便于熏鼠。穹：穷尽，清除；一说空隙。窒，堵塞。
[40] 向：朝北的窗户。墐（jìn）：用泥涂抹。贫家门扇用柴竹编成，涂泥使它不通风。
[41] 曰：《汉书》引作"聿"，语词。改岁：旧年将尽，新年快到。
[42] 郁：植物名，唐棣之类。树高五六尺，果实像李子，赤色。薁（yù）：植物名，果实大如桂圆。一说为野葡萄。
[43] 菽（shū）：豆的总名。
[44] 剥（pū）：打。
[45] 春酒：冬天酿酒经春始成，叫“春酒”。枣和稻都是酿酒的原料。
[46] 介：祈求。眉寿：长寿，人老眉间有豪毛，叫秀眉，所以长寿称眉寿。
[47] 壶：葫芦。
[48] 叔：拾。苴：秋麻籽，可以吃。
[49] 薪樗（chū）：言采樗木为薪。樗，木名，臭椿。
[50] 场：打谷的场地。圃：菜园。春夏做菜园的地方秋冬就做成场地，所

以场圃连成一词。

[51] 纳：收进谷仓。禾稼：谷类通称。稼，古读如“故”。

[52] 重：即“种”，是先种后熟的谷。穋（lù）：即稑（lù），稑是后种先熟的谷。

[53] 禾：此处专指一种谷，即今之小米。

[54] 宫功：建筑宫室，或指室内的事。功，事。

[55] 索绹（táo）：打绳子。索，动词，指制绳。绹，绳。

[56] 亟：急。乘屋：盖屋。茅和绳都是盖屋需用的东西。

[57] 冲冲：凿冰之声。

[58] 凌：聚集的水。阴：藏冰之处。

[59] 蚤：取。一说通“早”，古代的一种祭祖仪式。

[60] 献羔祭韭：用羔羊和韭菜祭祖。《礼记·月令》说仲春献羔开冰，四之日正是仲春。

[61] 肃霜：犹“肃爽”，深秋清凉的样子。

[62] 涤场：清扫场地。一说即“涤荡”，草木摇落无余。

[63] 朋酒：两樽酒。

[64] 跻（jī）：登。公堂：或指公共场所，不一定是国君的朝堂。

[65] 称：举起。兕（sì）觥（gōng）：角爵。古代用兽角做的酒器。

[66] 万：大。无疆：无穷。

导读

《豳风·七月》是一首农事诗，描写周代早期农民一年四季的劳动过程和生活情况。全诗共八章，通篇用“赋”的手法，围绕着一个“苦”字，按照季节的先后，从年初写到年终，从种田养蚕写到打猎凿冰，语言朴实无华，语调凄切清苦，仿佛是在哭吟着一部沉重的历史。

伐檀（魏风）

《诗经》

坎坎伐檀兮[1]，置之河之干兮[2]，河水清且涟猗[3]。不稼不穑[4]，胡取禾三百廛兮[5]？不狩不猎[6]，胡瞻尔庭有县貆兮[7]？彼君子兮[8]，不素餐兮[9]！

坎坎伐辐兮[10]，置之河之侧兮，河水清且直猗[11]。不稼不穑，胡取禾三百亿兮[12]？不狩不猎，胡瞻尔庭有县特兮[13]？彼君子兮，不素食兮！

坎坎伐轮兮，置之河之漘兮[14]，河水清且沦猗[15]。不稼不穑，胡取禾三百囷兮[16]？不狩不猎，胡瞻尔庭有县鹑兮？彼君子兮，不素飧兮[17]！

选自《诗经注析》，程俊英、蒋见元著，中华书局 1991 年版

注释

[1] 坎坎：象声词，伐木声。

[2] 置：放置。干：水边。

[3] 涟：风吹水面形成的波纹。猗：义同“兮”，语气助词。

[4] 稼：播种。穑：收获。

[5] 胡：为什么。禾：谷物。三百：意为很多，并非实数。廛（chán）：一夫之田，一百亩。

[6] 狩：冬猎。猎：夜猎。此诗中皆泛指打猎。

[7] 县（xuán）：即“悬”，悬挂。貆（huán）：猪獾。也有说是幼小的貉。

[8] 君子：此系反话，指有地位有权势者。

[9] 素餐：白吃饭。

[10] 辐：车轮上的辐条。

[11] 直：水流的直波。

[12] 亿：周时以十万为亿。这里指禾的数目。

[13] 瞻：向前或向上看。特：三岁大兽。《毛传》：“兽三岁曰特。”

[14] 漘（chún）：水边。

[15] 沦：小波纹。

[16] 囷（qūn）：圆形的谷仓。

[17] 飧（sūn）：熟食，此泛指吃饭。

导读

《诗序》说："《伐檀》，刺贪也。在位贪鄙，无功而受禄，君子不得进仕耳。"三家之说略同。现代研究者或据诗中"坎坎伐檀"等语，认为是伐木的劳动人民所作。

东门行[1]

出东门，不顾归[2]。来入门[3]，怅欲悲[4]。盎中无斗米储[5]，还视架上无悬衣[6]。拔剑东门去[7]，舍中儿母牵衣啼[8]。他家但愿富贵[9]，贱妾与君共哺糜[10]。上用仓浪天故[11]，下当用此黄口儿[12]。今非[13]，咄[14]！行[15]！吾去为迟[16]，白发时下难久居[17]。

选自《乐府诗集》，［宋］郭茂倩编；
中华书局 1979 年版

注释

［1］东门行：乐府古辞，载于《乐府诗集·相和歌辞·瑟调曲》中。东门，主人公所居之处的东城门。
［2］不顾归：不还返。顾，还。
［3］来入门：去而复返，回转家门。
［4］怅：惆怅失意。
［5］盎：大腹小口的陶器。
［6］还视：回头看。架：衣架。
［7］拔剑东门去：主人公看到家中无衣无食，拔剑再去东门。
［8］儿母：孩子的母亲，主人公的妻子。
［9］他家：别人家。
［10］哺糜：吃粥。
［11］用：为了。仓浪天：苍天、青天。仓浪，青色。
［12］黄口儿：幼儿。

[13] 今非：现在的这种冒险行为不对头。
[14] 咄：拒绝妻子的劝告而发出的呵斥声。
[15] 行：走啦！
[16] 吾去为迟：我已经去晚啦！
[17] 下：脱落。这句说：我头上常脱落白发，这苦日子难以久挨下去。

导读

本篇描写的是一个城市下层平民在无衣无食的绝境中为极端穷困所迫不得不拔剑而起走上反抗道路的故事，是汉代乐府民歌中思想最激烈、斗争性最强的一篇作品。此诗在句法上变化自如，随内容而定，尤其是夫妇的对话，长短不一，参差不齐，活脱脱地画出了妻子的委曲哀怨和丈夫的急迫愤怒。

七哀诗

王粲

其一

西京乱无象[1]，豺虎方遘患[2]。复弃中国去[3]，远身适荆蛮[4]。亲戚对我悲，朋友相追攀[5]。出门无所见，白骨蔽平原[6]。路有饥妇人，抱子弃草间。顾闻号泣声[7]，挥涕独不还。“未知身死处，何能两相完[8]？”驱马弃之去，不忍听此言。南登霸陵岸[9]，回首望长安。悟彼下泉人[10]，喟然伤心肝[11]！

选自《王粲集》，[汉]王粲著，俞绍初校点，中华书局1980年版

注释

[1] 西京：长安。无象：无道，无法，即社会秩序紊乱。
[2] 豺虎：董卓部将李傕、郭汜等人。遘：通“构”，造作。患：祸乱。汉献帝初平三年（192年），李、郭等在长安作乱。

［3］中国：中原。古代北方黄河流域长安、洛阳一带是国都所在地，故称中国。

［4］远身：托身。适：往。荆蛮：荆州。周人称南方民族为蛮，荆州在南方，所以称为荆蛮。

［5］追攀：攀车依恋，表示惜别之意。

［6］蔽：原作“厥”，据胡刻《文选》校改。

［7］顾：回首。

［8］两相完：两个人都保全。

［9］霸陵：汉文帝的坟墓，在长安东。岸：高地。

［10］悟：懂得。下泉：《诗经·曹风》篇名，《毛诗序》说：“《下泉》，思治也。曹人疾共公侵刻下民，不得其所，忧而思明王贤伯也。”这句说，我现在体会到《下泉》诗作者的那种心情了。王粲认为汉文帝是西汉贤君，故登霸陵岸会产生向往中原贤主的感想。

［11］喟然：叹息貌。

导读

王粲（177—217年），字仲宣，山阳郡高平县（今山东微山县两城镇）人。少有才名，为著名学者蔡邕所赏识。初平二年（192年），因关中骚乱，前往荆州依靠刘表，客居荆州十余年，有志不伸，心怀颇郁郁。建安十三年（208年），曹操南征荆州，不久，刘表病逝，其子刘琮举州投降，王粲也归曹操，深得曹氏父子信赖，赐爵关内侯。建安十八年（213年），魏王国建立，王粲任侍中。建安二十二年（216年），王粲随曹操南征孙权，于北还途中病逝，终年41岁。

王粲善属文，其诗赋注重锻字炼句，风格清丽，是“建安七子”中成就最高的人，人称“七子之冠冕”，又与曹植并称“曹王”。因亲历战乱，目睹当时社会的动乱，感受较深，故部分作品现实性颇为强烈。

《七哀诗》共三首，本篇是第一首，写作者离开长安时所看到的离乱景象和自己的悲痛心情。

卖炭翁

白居易

卖炭翁，伐薪烧炭南山中。满面尘灰烟火色，两鬓苍苍十指黑。卖炭得钱何所营[1]？身上衣裳口中食。可怜身上衣正单，心忧炭贱愿天寒。夜来城外一尺雪，晓驾炭车辗冰辙；牛困人饥日已高，市南门外泥中歇[2]。翩翩两骑来是谁？黄衣使者白衫儿[3]：手把文书口称敕[4]，回车叱牛牵向北。一车炭，千余斤[5]，宫使驱将惜不得[6]。半匹红纱一丈绫[7]，系向牛头充炭直[8]。

选自《白居易集》，［唐］白居易著，顾学颉校点，
中华书局 1979 年版

注释

［1］营：经营，这里指需求。

［2］市：长安有贸易专区，称市，市周围有墙有门。

［3］黄衣使者：皇宫内的太监。白衫儿：太监手下的爪牙。

［4］敕：皇帝的命令或诏书。

［5］千余斤：不是实指，形容很多。

［6］将：语助词，可译为“了”。

［7］半匹红纱一丈绫：唐代商务交易，绢帛等丝织品可以代货币使用。当时钱贵绢贱，半匹红纱和一丈绫，与一车炭的价值相差很远。

［8］直：通“值”，指价格。

导读

白居易（772—846 年），字乐天，号香山居士，又号醉吟先生，祖籍太原，到其曾祖父时迁居下邽，官至翰林学士、左赞善大夫。白居易是唐代伟大的现实主义诗人，他的诗歌题材广泛，形式多样，语言平易通俗，有“诗魔”和“诗王”之称。有《白氏长庆集》传世。

《卖炭翁》选自白居易元和（唐宪宗年号，806—820 年）初年写的一组诗《新乐府》，自注云：“苦宫市也。”“宫市”的“宫”指皇宫，“市”是买的意思。皇宫所需的物品，本来由官吏采买。中唐时期，宦官专权，横

《晓雪山行图》，
［南宋］马远，绢本，水墨，27.6cm × 42.9cm，台北故宫博物院藏

行无忌，以低价强购货物，甚至不给分文，名为“宫市”，实际是一种公开的掠夺。

此诗以个别事例来表现普遍状况，描写了一个烧木炭的老人谋生的困苦，通过卖炭翁的遭遇，深刻地揭露了“宫市”的腐败本质，对统治者掠夺人民的罪行给予了有力的鞭挞与抨击，讽刺了当时腐败的社会现实，表达了作者对下层劳动人民的深切同情，有很强的社会典型意义。全诗描写具体生动，历历如绘，结尾戛然而止，含蓄有力，在事物细节的选择上和人物心理的刻画上有独到之处。

老夫采玉歌

李贺

采玉采玉须水碧[1]，琢作步摇徒好色[2]。老夫饥寒龙为愁，蓝溪水气无清白[3]。夜雨冈头食蓁子[4]，杜鹃口血老夫泪[5]。蓝溪之水厌生人[6]，身死千年恨溪水。斜山柏风雨如啸[7]，泉脚挂绳青袅袅[8]。村寒白屋念娇婴[9]，古台石磴悬肠草[10]。

选自《李贺诗歌集注》，［唐］李贺著 ［清］王琦等注，
上海人民出版社 1977 年版

注释

［1］水碧：碧玉名，其色青碧，从溪底水中采出。

［2］步摇：古代贵族妇女的一种首饰，上面用金银丝穿绕珠玉，作花枝形，戴上后随步摇动，故名。好色：使容颜美好。色，指女色、女容。

［3］“老夫”二句：年老的玉工们为饥寒所迫，不断到蓝溪水中翻搅寻玉，搞得溪水没有清白的时候，龙都烦恼了。蓝田县在陕西省长安附近，蓝溪水中出产一种名贵的碧玉，叫蓝田碧。

［4］蓁（zhēn）：通“榛”。榛子可食。

［5］“杜鹃”句：写采玉的老夫哭得眼中出血，就像杜鹃啼血一样悲惨。

［6］厌：通“餍”，饱食、吞噬之意。因采玉工常溺死于水中，故言。一说指厌恶，因采玉工溺死者甚多，所以溪水对活人也感到厌恶。

［7］斜山：陡斜的山坡。

［8］“泉脚”句：岩石上道道水流之间，还悬挂着采玉人攀缘时用的绳索，在风雨中摇摆不定。

［9］白屋：穷人住的简陋的房屋。娇婴：老人家中的小儿女。

［10］石磴（dèng）：石级；石台阶。悬肠草：又名思子蔓、离别草等，这里用作生死离别的象征和见证。

导读

李贺（790—816年），字长吉，福昌（今河南省宜阳县）人。唐室远支。因避父晋肃讳，不得参加进士科举考试，年少失意，郁郁而死。他早岁工诗，尤其擅长乐府。他的诗作想象极为丰富，善于熔铸词采，驰骋想象，运用神话传说，创造出恢奇诡谲、璀璨多彩的鲜明形象，艺术上有显著的特色。所以后人常称他为“鬼才”“诗鬼”，称他创作的诗文为“鬼仙之辞”。与李白、李商隐并称为“唐代三李”。他生活孤独，性情冷僻，政治上又找不到出路，诗中常有感伤、低沉的情调。有《李长吉诗歌》四卷。

此诗写采玉工人的苦难生活和痛苦心情，是李贺诗中少见的以现实生活为题材的作品。作者以生动具体的艺术笔触，展现了一幅悲惨凄苦、感人至深的老夫采玉图。全诗用笔锋利，含意深刻，描写具体形象，格调深沉动人。

思考与讨论

1. 中国诗歌史上哪些作家的悲天悯人情怀最触动你？

2. “国家不幸诗家幸”，你认同这句话吗？

3. 民生，是一个带有人本思想和人文关怀的词语，请你以此为话题，写一篇议论性的文字。

拓展阅读

孤儿行

孤儿生，孤子遇生[1]，命独当苦！父母在时，乘坚车，驾驷马[2]。父母已去，兄嫂令我行贾[3]。南到九江，东到齐与鲁。腊月来归，不敢自言苦。头多虮虱[4]，面目多尘[5]。大兄言办饭，大嫂言视马[6]。上高堂[7]，行取殿下堂[8]，孤儿泪下如雨。使我朝行汲[9]，暮得水来归。手为错[10]，足下无菲[11]。怆怆履霜[12]，中多蒺藜。拔断蒺藜，肠肉中[13]怆欲悲。泪下渫渫[14]，清涕累累。冬无复襦[15]，夏无单衣。居生不乐，不如早去，下从地下黄泉[16]。春气动，草萌芽。三月蚕桑，六月收瓜。将是瓜车[17]，来到还家。瓜车反覆[18]，助我者少，啖瓜者多[19]。愿还我蒂[20]，兄与嫂严，独且急归[21]。当兴校计[22]。乱曰[23]：里中一何譊譊[24]，愿欲寄尺书，将与地下父母[25]，兄嫂难与久居。

选自《乐府诗集》，［宋］郭茂倩编，中华书局1979年版

注释

[1] 遇生：谓偶然而生。遇，“偶”的假借，意谓偶然。
[2] 驷（sì）马：用四匹马驾的车。此指多匹马。
[3] 行贾（gǔ）：出外经商。在汉代被看作贱业。
[4] 虮（jǐ）：虱的卵。
[5] 面目多尘：此句尾可能脱掉一个“土”字。
[6] 视马：照看骡马。
[7] 高堂：正屋，大厅。
[8] 行：复。取：“趣”字的省文；趣，古同“趋”，意谓急走。
[9] 汲（jí）：从井里打水。
[10] 手为错：两手皴裂如错石（磨刀石）。一说，“错”应读为“皵”（què），皮肤皴裂。
[11] 菲：通“扉”，草鞋。
[12] 怆（chuàng）怆：悲伤貌。一说怆怆应读为“跄跄”，疾走之貌。履霜：踏着冬霜。

[13] 肠：腓肠，是足胫后面的肉。
[14] 渫（xiè）渫：水流貌，此指泪流貌。
[15] 复襦（rú）：短夹袄。
[16] 黄泉：犹言“地下”。
[17] 将是瓜车：推着瓜车。将，推。是，此，这。
[18] 反覆：同“翻覆”。
[19] 啖（dàn）：吃。
[20] 蒂：瓜蒂。
[21] 独且：将要。据王引之说，“独”犹“将”；“且”，句中语气助词。
[22] 校（jiào）计：犹“计较”。
[23] 乱：古代乐曲的最后一章或辞赋末尾总括全篇要旨的部分。
[24] 里中：犹言“家中”。谚（náo）谚：吵闹声。这句是说孤儿远远就听到兄嫂在家中叫骂。
[25] 将与：捎给。

导读

《孤儿行》是一首汉乐府诗歌，属《相和歌辞》。此诗通过孤儿对自己悲苦命运和内心哀痛的诉说，真实有力地描绘了社会人情的冷漠与人们道德观念的扭曲，揭露了社会关怀与信任基础解体前的黑暗与冷血，是一首具有强烈的人道主义感染力的优秀诗作。全诗语言浅俗质朴，句式长短不整，押韵较为自由，具有明显的口语型诗歌的特征。

断魂枪

老舍

沙子龙的镳局已改成客栈。

东方的大梦没法子不醒了。炮声压下去马来与印度野林中的虎啸。半醒的人们，揉着眼，祷告着祖先与神灵；不大会儿，失去了国土、自由与主权。

门外立着不同面色的人，枪口还热着。他们的长矛毒弩，花蛇斑彩的厚盾，都有什么用呢；连祖先与祖先所信的神明全不灵了啊！龙旗的中国也不再神秘，有了火车呀，穿坟过墓破坏着风水。枣红色多穗的镳旗，绿鲨皮鞘的钢刀，响着串铃的口马[1]，江湖上的智慧与黑话，义气与声名，连沙子龙，他的武艺、事业，都梦似的变成昨夜的。今天是火车、快枪，通商与恐怖。听说，有人还要杀下皇帝的头呢！

这是走镳已没有饭吃，而国术还没被革命党与教育家提倡起来的时候。

谁不晓得沙子龙是短瘦、利落、硬棒，两眼明得象霜夜的大星？可是，现在他身上放了肉。镳局改了客栈，他自己在后小院占着三间北房，大枪立在墙角，院子里有几只楼鸽。只是在夜间，他把小院的门关好，熟习熟习他的“五虎断魂枪”。这条枪与这套枪，二十年的工夫，在西北一带，给他创出来：“神枪沙子龙”五个字，没遇见过敌手。现在，这条枪与这套枪不会再替他增光显胜了；只是摸摸这凉、滑、硬而发颤的杆子，使他心中少难过一些而已。只有在夜间独自拿起枪来，才能相信自己还是“神枪沙”。在白天，他不大谈武艺与往事：他的世界已被狂风吹了走。

在他手下创练起来的少年们还时常来找他。他们大多数是没落子的，都有点武艺，可是没地方去用。有的在庙会上去卖艺：踢两趟腿，练套家伙，翻几个跟头，附带着卖点大力丸，混个三吊两吊的。有的实在闲不起了，去弄筐果子，或挑些毛豆角，赶早儿在街上论斤吆喝出去。那时候，米贱肉贱，肯卖膀子力气本来可以混个肚儿圆；他们可是不成：肚量既大，而且得吃口管事儿的[2]；干饽饽辣饼子[3]咽不下去。况且他们还时常去走会：五虎棍，开路，太狮少狮……虽然算不了什么——比起走镳来——可是到底有个机会活动活动，露露脸。是的，走会捧场是买脸的事，他们打扮的得象个样儿，至少得有条青洋绉裤子，新漂白细市布的小褂，和一双鱼鳞洒鞋——顶好是青缎子抓地虎靴子。他们是神枪沙子龙的徒弟——虽然沙子龙并不承认——得到处露脸，走会得赔上俩钱，说不定还得打场架。没钱，上沙老师那里去求。沙老师不含糊，多少不拘，不让他们空着手儿走。可是，为打架或献技去讨教一个招数，或是请给说个“对子”——什么空手夺刀，或虎头钩进枪——沙老师有时说句笑话，马虎过去：“教什么？拿开水浇吧！”有时直接把他们赶出去。他们不大明白沙老师是怎么了，心中也有点不乐意。

可是，他们到处为沙老师吹腾，一来是愿意使人知道他们的武艺有真传授，受过高人的指教；二来是为激动沙老师：万一有人不服气而找上老师来，老师难道还不露一两手真的么？所以：沙老师一拳就砸倒了个牛！沙老师一脚把人踢到房上去，并没使多大的劲！他们谁也没见过这种事，但是说着说着，他们相信这是真的了，有年月，有地方，千真万确，敢起誓！

王三胜——沙子龙的大伙计——在土地庙拉开了场子，摆好了家伙。抹了一鼻子茶叶末色的鼻烟，他抡了几下竹节钢鞭，把场子打大一些。放下鞭，没向四围作揖，叉着腰念了两句："脚踢天下好汉，拳打五路英雄！"向四围扫了一眼："乡亲们，王三胜不是卖艺的；玩艺儿会几套，西北路上走过镳，会过绿林中的朋友。现在闲着没事，拉个场子陪诸位玩玩。有爱练的尽管下来，王三胜以武会友，有赏脸的，我陪着。神枪沙子龙是我的师傅；玩艺地道！诸位，有愿下来的没有？"他看着，准知道没人敢下来，他的话硬，可是那条钢鞭更硬，十八斤重。

王三胜，大个子，一脸横肉，努着对大黑眼珠，看着四围。大家不出声。他脱了小褂，紧了紧深月白色的"腰里硬"，把肚子杀进去。给手心一口唾沫，抄起大刀来：

"诸位，王三胜先练趟瞧瞧。不白练，练完了，带着的扔几个；没钱，给喊个好，助助威。这儿没生意口。好，上眼[4]！"

大刀靠了身，眼珠努出多高，脸上绷紧，胸脯子鼓出，象两块老桦木根子。一跺脚，刀横起，大红缨子在肩前摆动。削砍劈拨，蹲越闪转，手起风生，忽忽直响。忽然刀在右手心上旋转，身弯下去，四围鸦雀无声，只有缨铃轻叫。刀顺过来，猛的一个"跺泥"，身子直挺，比众人高着一头，黑塔似的。收了势："诸位！"一手持刀，一手叉腰，看着四围。稀稀的扔下几个铜钱，他点点头。"诸位！"他等着，等着，地上依旧是那几个亮而削薄的铜钱，外层的人偷偷散去。他咽了口气："没人懂！"他低声的说，可是大家全听见了。

"有功夫！"西北角上一个黄胡子老头儿答了话。

"啊？"王三胜好似没听明白。

"我说：你——有——功——夫！"老头子的语气很不得人心。

放下大刀，王三胜随着大家的头往西北看。谁也没看重这个老人：小干巴个儿，披着件粗蓝布大衫，脸上窝窝瘪瘪，眼陷进去很深，嘴上几根细黄胡，肩上扛着条小黄草辫子，有筷子那么细，而绝对不象筷子那么直顺。王三胜可是看出这老家伙有功夫，脑门亮，眼睛亮——眼眶虽深，眼珠可黑得象两口小井，深深的闪着黑光。王三胜不怕：他看得出别人有功夫没有，可更相信自己的本事，他是沙子龙手下的大将。

“下来玩玩，大叔！”王三胜说得很得体。

点点头，老头儿往里走。这一走，四外全笑了。他的胳臂不大动；左脚往前迈，右脚随着拉上来，一步步的往前拉扯，身子整着[5]，象是患过瘫痪病。蹭到场中，把大衫扔在地上，一点没理会四围怎样笑他。

“神枪沙子龙的徒弟，你说？好，让你使枪吧；我呢？”老头子非常的干脆，很象久想动手。

人们全回来了，邻场耍狗熊的无论怎么敲锣也不中用了。

“三截棍进枪吧？”王三胜要看老头子一手，三截棍不是随便就拿得起来的家伙。

老头子又点点头，拾起家伙来。

王三胜努着眼，抖着枪，脸上十分难看。

老头子的黑眼珠更深更小了，象两个香火头，随着面前的枪尖儿转，王三胜忽然觉得不舒服，那俩黑眼珠似乎要把枪尖吸进去！四外已围得风雨不透，大家都觉出老头子确是有威。为躲那对眼睛，王三胜耍了个枪花。老头子的黄胡子一动：“请！”王三胜一扣枪，向前躬步，枪尖奔了老头子的喉头去，枪缨打了一个红旋。老人的身子忽然活展了，将身微偏，让过枪尖，前把一挂，后把撩王三胜的手。拍，拍，两响，王三胜的枪撒了手。场外叫了好。王三胜连脸带胸口全紫了，抄起枪来；一个花子，连枪带人滚了过来，枪尖奔了老人的中部。老头子的眼亮得发着黑光；腿轻轻一屈，下把掩裆，上把打着刚要抽回的枪杆；拍，枪又落在地上。

场外又是一片彩声。王三胜流了汗，不再去拾枪，努着眼，木在那里。老头子扔下家伙，拾起大衫，还是拉拉着腿，可是走得很快了。大衫搭在臂上，他过来拍了王三胜一下：“还得练哪，伙计！”

“别走！”王三胜擦着汗，“你不离，姓王的服了！可有一样，你敢会会沙老师？”

“就是为会他才来的！”老头子的干巴脸上皱起点来，似乎是笑呢。“走；收了吧；晚饭我请！”

王三胜把兵器拢在一处，寄放在变戏法二麻子那里，陪着老头子往庙外走。后面跟着不少人，他把他们骂散了。

“你老贵姓？”他问。

“姓孙哪，”老头子的话与人一样，都那么干巴。“爱练；久想会会沙子龙。”

沙子龙不把你打扁了！王三胜心里说。他脚底下加了劲，可是没把孙老头落下。他看出来，老头子的腿是老走着查拳门中的连跳步；交起手来，必定很快。但是，无论他怎么快，沙子龙是没对手的。准知道孙老头要吃亏，他心中痛快了些，放慢了些脚步。

“孙大叔贵处？”

“河间的，小地方。”孙老者也和气了些：“月棍年刀一辈子枪，不容易见功夫！说真的，你那两手就不坏！”

王三胜头上的汗又回来了，没言语。

到了客栈，他心中直跳，唯恐沙老师不在家，他急于报仇。他知道老师不爱管这种事，师弟们已碰过不少回钉子，可是他相信这回必定行，他是大伙计，不比那些毛孩子；再说，人家在庙会上点名叫阵，沙老师还能丢这个脸么？

“三胜，”沙子龙正在床上看着本《封神榜》，“有事吗？”

三胜的脸又紫了，嘴唇动着，说不出话来。

沙子龙坐起来：“怎么了，三胜？”

“栽了跟头！”

只打了个不甚长的哈欠，沙老师没别的表示。

王三胜心中不平，但是不敢发作；他得激动老师：“姓孙的一个老头儿，门外等着老师呢；把我的枪，枪，打掉了两次！”他知道“枪”字在老师心中有多大分量。没等吩咐，他慌忙跑出去。

客人进来，沙子龙在外间屋等着呢。彼此拱手坐下，他叫三胜去泡茶。三胜希望两个老人立刻交了手，可是不能不沏茶去。孙老者没话讲，用深藏着的眼睛打量沙子龙。沙很客气：

“要是三胜得罪了你，不用理他，年纪还轻。”

孙老者有些失望，可也看出沙子龙的精明。他不知怎样好了，不能拿一个人的精明断定他的武艺。“我来领教领教枪法！”他不由地说出来。

沙子龙没接碴儿。王三胜提着茶壶走进来——急于看二人动手，他没管水开了没有，就沏在壶中。

“三胜，”沙子龙拿起个茶碗来，“去找小顺们去，天汇见，陪孙老者吃饭。”

“什么！”王三胜的眼珠几乎掉出来。看了看沙老师的脸，他敢怒而不敢言地说了声“是啦！”走出去，撅着大嘴。

“教徒弟不易！”孙老者说。

“我没收过徒弟。走吧，这个水不开！茶馆去喝，喝饿了就吃。”沙子龙从桌子上拿起缎子褡裢，一头装着鼻烟壶，一头装着点钱，挂在腰带上。

“不，我还不饿！”孙老者很坚决，两个“不”字把小辫从肩上抡到后边去。

“说会子话儿。”

“我来为领教领教枪法。”

“功夫早搁下了，”沙子龙指着身上，“已经放了肉！”

“这么办也行，”孙老者深深的看了沙老师一眼，“不比武，教给我那趟五虎断魂枪。”

“五虎断魂枪？”沙子龙笑了，“早忘干净了！早忘干净了！告诉你，在我这儿住几天，咱们各处逛逛，临走，多少送点盘缠。”

“我不逛，也用不着钱，我来学艺！”孙老者立起来，“我练趟给你看看，看够得上学艺不够！”一屈腰已到了院中，把楼鸽都吓飞起去。拉开架子，他打了趟查拳：腿快，手飘洒，一个飞脚起去，小辫儿飘在空中，象从天上落下来一个风筝；快之中，每个架子都摆得稳、准，利落；来回六趟，把院子满都打到，走得圆，接得紧，身子在一处，而精神贯串到四面八方。抱拳收势，身儿缩紧，好似满院乱飞的燕子忽然归了巢。

“好！好！”沙子龙在台阶上点着头喊。

“教给我那趟枪！”孙老者抱了抱拳。

沙子龙下了台阶，也抱着拳：“孙老者，说真的吧；那条枪和那套枪都跟我入棺材，一齐入棺材！

“不传？”

“不传！”

孙老者的胡子嘴动了半天，没说出什么来。到屋里抄起蓝布大衫，拉拉着腿：“打搅了，再会！”

“吃过饭走！”沙子龙说。

孙老者没言语。

沙子龙把客人送到小门，然后回到屋中，对着墙角立着的大枪点了点头。

他独自上了天汇，怕是王三胜们在那里等着。他们都没有去。

王三胜和小顺们都不敢再到土地庙去卖艺，大家谁也不再为沙子龙吹胜；反之，他们说沙子龙栽了跟头，不敢和个老头儿动手；那个老头子一脚能踢死个牛。不要说王三胜输给他，沙子龙也不是他的对手。不过呢，王三胜到底和老头子见了个高低，而沙子龙连句硬话也没敢说。“神枪沙子龙”慢慢似乎被人们忘了。

夜静人稀，沙子龙关好了小门，一气把六十四枪刺下来；而后，拄着枪，望着天上的群星，想起当年在野店荒林的威风。叹一口气，用手指慢慢摸着凉滑的枪身，又微微一笑，“不传！不传！”

选自《老舍文集》，老舍，学苑音像出版社 2005 年版

注释

[1] 口马：张家口外的马匹。

[2] 管事儿的：有营养，吃了不至于不久又饿的。

[3] 辣饼子：剩下的隔夜干粮。

[4] 上眼：请观众注意看。

[5] 身子整着：两臂不动，身体僵硬地走路。

导读

老舍，本名舒庆春，字舍予，现代小说家、戏剧家，擅长描写北京底层的贫民生活，作品具有鲜明浓厚的京味，语言生动、幽默，表现出清醒严谨的现实主人特色，被誉为“人民艺术家”。

本篇是短篇小说，描述了在中国已沦为半封建半殖民地社会、传统文化正被西方物质文明所替代的社会背景下，老拳师沙子龙在社会急剧变化中既认识到大势已去，对自己的生活方式有所调整，又在内心深处背负因袭的重担，于是借重温旧梦慰藉自己痛苦的心理，以不传断魂枪作为与时代社会抗衡的一种手段。作者着意刻画了沙子龙的复杂心理，描写了他的价值的最终丧失，既为沙子龙的不幸命运而悲哀同情，又对这人物的心理性格给予了温和的讽刺。

一滴水可以活多久

迟子建

这滴水诞生于凌晨的一场大雾。人们称它为露珠，而她只把它当做一滴水来看待，它的的确确就是一滴水。最初发现它的人是一个七八岁的小女孩，她不是在玫瑰园中发现它的，而是为了放一只羊去草地在一片草茎的叶脉上发现的。那时雾已散去，阳光在透明的空气中飞舞。她在低头的一瞬发现了那滴水。它饱满充盈，比珠子还要圆润，阳光将它照得肌肤浏亮，她在敛声屏气盯着这滴水看的时候不由得发现了一只黑黑的眼睛，她的眼睛被水珠吸走了，这使她很惊讶。我有三只眼睛，两只在脸上，一只在草叶上，她这样对自己说。然而就在这时她突然打了一个喷嚏，那柔软的叶脉随之一抖，那滴水骨碌一下便滑落了。她的第三只眼睛也随之消失了。她便蹲下身子寻找那滴水，她太难过了，因为在此之前她从未发现过如此美的事物。然而那滴水却是难以寻觅了。它去了哪里？它死了吗？

后来她发现那滴水去了泥土里，从此她便对泥土怀着深深的敬意。人们在那片草地上开了荒，种上了稻谷，当沉甸甸的粮食蜕去了糠皮在她的指间矜持地散发出成熟的微笑时，她确信她看见了那滴水。是那滴水滋养了金灿灿的稻谷，她在吃它们时意识里便不停地闪现出凌晨叶脉上的那滴水，它莹莹欲动，晶莹剔透。她吃着一滴水培育出来的稻谷一天天地长大了。有一个夏日的黄昏她在蚊蚋的歌唱声中发现自己成了一个女人，她看见体内流出的第一滴血时确信那是几年以前那滴水在她体内作怪的结果。她开始长高，发丝变得越来越光泽柔顺，胸脯也越来越丰满，后来她嫁给了一个种地的男人。她喜欢他的力气，而他则依恋她的柔情。她怎么会有这么浓的柔情呢？她俯在男人的肩头老有说也说不尽的话，好在夜晚时被男人搂在怀里就总也不想再出来，后来她明白是那滴水给予她的柔情。不久她生下了一个孩子，她的奶水真旺啊，如果不吃那滴水孕育出的稻米，她怎么会有这么鲜浓的奶水呢？后来她又接二连三地生孩子。渐渐地她老了，她在下田时常常眼花，即使阴雨绵绵的天气也觉得眼前阳光飞舞。她的子孙们却像椴树林一样茁壮地成长起来。

她开始抱怨那滴水，你为什么不再给予我青春、力量和柔情了呢？难道你真的死去了吗？她步履蹒跚着走向童年时去过的那片草地，如今那里已经是一片良田，入夜时田边的水洼里蛙声阵阵。再也不见碧绿的叶脉上那滴纯美至极的水滴了，她伤感地落泪了。她的一滴泪水滑落到手上，她又看见了那滴水，莹白圆润，经久不衰。你还活着，活在我的心头！她惊喜地对着那滴水说。

她的牙齿渐渐老化，咀嚼稻米时显得吃力了。儿孙们跟她说话时要贴着她耳朵大声地叫，即使这样，她也只是听个一知半解。她老眼昏花，再也没有激情俯在她男人的肩头咕哝不休了。她的男人看上去也畏畏缩缩，终日垂头坐在门槛前的太阳底下，漠然平静地看着脚下的泥土。有一年的秋季她的老伴终于死了，她嫌他比自己死得早，把她给丢下了，一滴眼泪也不肯给予他。然而埋葬他后的一个深秋的月夜，她不知怎的格外想念他，想念他们的青春时光。她一个人拄着拐杖哆哆嗦嗦地来到河边，对着河水哭她的伴侣。泪水落到河里，河水仿佛被激荡得上涨了。她确信那滴水仍然持久地发挥着它的作用，如今那滴水幻化成泪水融入了大河。而她每天又都喝着河水，那滴水在她的周身循环着。

直到她衰老不堪即将辞世的时候，她的意识里只有一滴水的存在。当她处于弥留之际，儿孙们手忙脚乱地为她穿寿衣，用河水为她洗脸时，她的头脑里也只有一滴水。那滴水湿润地滚动在她的脸颊为她敲响丧钟。她仿佛听到了叮当叮当的声音。后来她打了一个微弱的喷嚏，安详地合上眼帘。那滴水随之滑落在地，渗透到她辛劳一世的泥土里。她不在了，而那滴水却仍然活着。

她在过世后又变成了一个七八岁的小女孩，有一天凌晨大雾消散后她来到一片草地，她在碧绿的青草叶脉上发现了一颗露珠，确切地说是一滴水，她还看见了一只黑亮的眼睛在水滴里闪闪烁烁，她相信她与一生中所感受的最美的事物相逢了。

选自《一滴水可以活多久》，迟子建，湖南文艺出版社 2011 年版

导读

迟子建（1964— ），黑龙江漠河人，中国当代作家，主要作品有小说集《北极村童话》，散文集《伤怀之美》，长篇小说《树下》《伪满洲国》等。

本文从一个小女孩在一片草茎上发现一滴露珠起笔，很巧妙地暗示了二者之间的隐喻关系。那一滴水，落入泥土，滋养稻谷，小女孩的成长、婚嫁、生儿育女直至衰老、死亡，始终与这一滴水相关联。显然，水滴不仅是映照出小女孩黑亮眼睛的镜子，它与她的生命融成了一体；而且，水滴经历了从露珠到露珠的循环，自然界生命与女人的生命相伴随，它已经成为母性生命生生不息、人类借此生命的力量不断繁衍的美丽象征。

这篇作品的语言有着明显的诗化倾向。所谓语言的诗化，不仅指修辞层面上对节奏、声韵的美的追求，还包括作家遵循情感逻辑，通过语言叙述使读者在想象空间里进入诗的境界，在心里体验到一种诗意萦绕的美妙感受。

思考与讨论

1. 中国历史上有哪些描写女性命运的作品？选一个作品谈谈你的看法。

2. 近来，我们的生活中，哪些事件在网络上引起过热议？谈谈你对其中一个事件的看法。

推荐阅读

杜甫《自京赴奉先县咏怀五百字》
杜甫《兵车行》
杜甫《无家别》
苏轼《荔枝叹》
柳永《煮海歌》

第四章　立身处世

为天地立心，为生民立命，

为往圣继绝学，为万世开太平。

——［宋］张载《横渠语录》

人间世，人间事，复杂也简单。你有多彩的旋律，我的平静如水亦有壮阔的波澜。变幻莫测的岁月中，许多人坚守着自己的那一份执念。“人有悲欢离合，月有阴晴圆缺，此事古难全”，懂得选择，学会达观，不必强求，用信心、热情、力量与希望铸就我们的精神家园。明达事理，宽阔胸襟，包容理解，多元并立，多样共存，让有限的生命进入到无限，以家以国以天下为念，洞明世事，平和释然。

《论语》十三章

一

子贡问曰："有一言而可以终身行之者乎？"[1]子曰："其恕乎！己所不欲，勿施于人。"

子曰："君子求诸己，小人求诸人。"

子曰："躬自厚而薄责于人[2]，则远怨矣。"

子曰："君子不以言举人，不以人废言。"

——《论语·卫灵公》

注释

[1] 一言：一个字。

[2] 躬：亲自。厚：厚责，因下文有"薄责"而省略了"责"字。责：要求。

二

曾子曰："士不可以不弘毅[1]，任重而道远。仁以为己任，不亦重乎？死而后已，不亦远乎？"

子曰："笃信好学，守死善道。危邦不入，乱邦不居，天下有道则见[2]，无道则隐。邦有道，贫且贱焉，耻也；邦无道，富且贵焉，耻也。"[3]

——《论语·泰伯》

注释

[1] 弘毅：刚强果敢。

[2] 见：通"现"。

[3] 此章反映孔子的处世观和富贵观。

三

子绝四：毋意，毋必，毋固，毋我。[1]

子贡曰："有美玉于斯，韫匵而藏诸？求善贾而沽诸？"[2]子曰："沽

《孔丘像》，
［南宋］马远，册页，绢本，设色，27.7cm × 23.2cm，
北京故宫博物院藏

之哉！沽之哉！我待贾者也。”

子曰：“知者不惑，仁者不忧，勇者不惧。”[3]

——《论语·子罕》

注释

[1] 意：凭空猜度。必：必须如此，不知变通。

[2] 韫（yùn）匮：把东西收藏在柜子里。韫，藏。匮，同“柜”。

[3] 知（zhì）：通“智”。不忧：不忧愁。有仁德的人安贫乐道，所以不会因为贫穷而忧愁，有仁德的人问心无愧，所以不会因为自己的行为而忧愁。

四

或曰：“以德报怨[1]，何如？”子曰：“何以报德？以直报怨，以德报德。”

——《论语·宪问》

注释

[1] 以德报怨：《老子》六十三章：“大小多少，报怨以德。”

五

子曰：“其身正，不令而行；其身不正，虽令不从。”

——《论语·子路》

六

闵子侍侧，訚訚如也[1]；子路，行行如也[2]；冉有、子贡，侃侃如也[3]。子乐。“若由也，不得其死然。”

子贡问：“师与商也孰贤？”[4]子曰：“师也过，商也不及。”[5]曰：“然则师愈与？”子曰：“过犹不及。”[6]

——《论语·先进》

注释

[1] 訚訚（yín yín）：中正貌。
[2] 行行（hàng hàng）：刚强貌。
[3] 侃侃：和乐貌。
[4] 师：子张。商：子夏。贤：本章指有德行，多才能。
[5] 过：过分。及：追赶上，抓住。
[6] 犹：本章指如同。

选自《论语译注》，杨伯峻译注，中华书局 1980 年版

导读

《论语》，语录体文集，主要记载孔子及其弟子的言行，因此称为“语”。此书成于众手。早在春秋后期孔子设坛讲学时期，其主体内容就已结集完成；经由孔子弟子和再传弟子的代代传授，并逐渐将传诵的孔门语录言行记录下来，集腋成裘；最终在战国初年辑论纂以成书，因此称为“论（lún）”。然而，由于没有固定的编者，此书也就没有严格的编纂体例，每条语录就是一章，若干章合为一篇。章与章之间，篇与篇之间，没有密切的联系，只是大致以类相从，有些章句还重复出现。

本篇所选内容，涉及个人修养、人际交往、政治理想、哲理思维等方面。

郑伯克段于鄢

初[1]，郑武公娶于申[2]，曰武姜[3]，生庄公及共叔段[4]。庄公寤生[5]，惊姜氏，故名曰寤生，遂恶之[6]。爱共叔段，欲立之。亟请于武公[7]，公弗许。及庄公即位，为之请制[8]。公曰：“制，岩邑也[9]，虢叔死焉[10]。佗邑唯命[11]。”请京[12]，使居之，谓之京城大叔。

祭仲曰[13]：“都，城过百雉[14]，国之害也。先王之制：大都，不过参

国之一[15]；中，五之一；小，九之一。今京不度，非制也，君将不堪[16]。”公曰：“姜氏欲之，焉辟害[17]？”对曰：“姜氏何厌之有[18]？不如早为之所[19]，无使滋蔓！蔓，难图也[20]”。蔓草犹不可除，况君之宠弟乎？”公曰：“多行不义，必自毙[21]，子姑待之。”

既而大叔命西鄙、北鄙贰于己[22]。公子吕曰[23]：“国不堪贰，君将若之何[24]？欲与大叔，臣请事之；若弗与，则请除之，无生民心。”公曰：“无庸[25]，将自及。”大叔又收贰以为己邑，至于廪延[26]。子封曰：“可矣。厚将得众。”公曰：“不义，不昵[27]。厚将崩。”

大叔完聚[28]，缮甲兵[29]，具卒乘[30]，将袭郑，夫人将启之[31]。公闻其期，曰：“可矣。”命子封帅车二百乘以伐京[32]。京叛大叔段。段入于鄢[33]。公伐诸鄢。五月辛丑[34]，大叔出奔共。

……

选自《春秋左传注》，杨伯峻编著，中华书局 1981 年版

注释

[1] 初：当初，从前。

[2] 郑武公：春秋时诸侯国郑国（在今河南新郑）国君，姓姬，名掘突，武为谥号。申：诸侯国名，在今河南南阳，姜姓。

[3] 武姜：武是郑武公谥号，姜是娘家姓。

[4] 庄公：郑庄公。共（gōng）叔段：共是国名，叔为兄弟排行居后，段是名。

[5] 寤（wù）生：逆生，倒生，即难产。寤，通“悟”，逆，倒着。

[6] 恶（wù）：不喜欢。

[7] 亟（qì）：多次，屡次。

[8] 制：郑国邑名，在今河南荥阳市虎牢关。

[9] 岩邑：险要的城邑。

[10] 虢（guó）叔：东虢国国君。

[11] 佗：同“他”。唯命：“唯命是从”的省略。

[12] 京：郑国邑名，在今河南荥阳市东南。

[13] 祭（zhài）仲：郑国大夫，字足。

[14] 雉：古时建筑计量单位，长三丈，高一丈。

[15] 参：三。国：国都。
[16] 堪：经受得起。
[17] 焉：哪里。辟：同"避"。
[18] 何厌之有：有何厌。厌，满足。
[19] 所：处所。
[20] 图：图谋，谋划。这里指想办法对付。
[21] 毙：仆倒，倒下去。
[22] 鄙：边境城邑。贰于己：同时属于庄公和自己。
[23] 公子吕：郑国大夫，字子封。
[24] 若之何：对它怎么办。
[25] 庸：用。
[26] 廪延：郑国邑名，在今河南延津北。
[27] 昵：亲近。
[28] 完：修缮。聚：积聚。
[29] 缮：修整。甲：铠甲。兵：武器。
[30] 具：备齐。卒：步兵。乘（shèng）：兵车，这里代指乘车的士卒。
[31] 夫人：武姜。启之：打开城门。
[32] 帅：率领。乘：一车四马为一乘。一乘兵车配甲士三人，步卒七十二人。
[33] 鄢：郑国邑名，在陵境内。
[34] 五月辛丑：五月二十三日，古人记日用天干和地支搭配。

导读

《左传》是先秦历史文学中的一部著名作品，书名原为《左氏春秋传》，是一部编年体史书。相传《左传》的作者是春秋末年鲁国的左丘明，现代人一般认为《左传》是战国初年的作品。《左传》记录了从鲁隐公元年（公元前 722 年）到鲁哀公二十七年（公元前 468 年）共 255 年周王朝及各诸侯国的一些重大历史事件，比较真实地反映了当时的社会现实。

《郑伯克段于鄢》揭露了春秋时代统治阶级内部矛盾斗争的一个侧面。文中所记载的姜氏、郑庄公和共叔段本是母子兄弟，但为了争夺政权，彼此感情破裂以致互相残杀。本文叙事简洁生动，既写出了姜氏的偏私任性和共叔段的少年骄纵、野心勃勃，又通过郑庄公的言行，生动地刻画了他的老谋深算。

晋毕阳之孙豫让

晋毕阳之孙豫让[1]，始事范中行氏而不说[2]，去而就知伯[3]，知伯宠之。及三晋分知氏[4]，赵襄子最怨知伯[5]，而将其头以为饮器[6]。豫让遁逃山中，曰："嗟乎！士为知己者死，女为悦己者容。吾其报知氏之仇矣。"乃变姓名，为刑人[7]，入宫涂厕[8]，欲以刺襄子。襄子如厕，心动，执问涂者[9]，则豫让也。刃其扜[10]，曰："欲为知伯报仇！"左右欲杀之。赵襄子曰："彼义士也，吾谨避之耳[11]。且知伯已死，无后，而其臣至为报仇，此天下之贤人也。"卒释之[12]。豫让又漆身为厉[13]，灭须去眉[14]，自刑以变其容[15]，为乞人而往乞[16]，其妻不识，曰："状貌不似吾夫，其音何类吾夫之甚也[17]。"又吞炭为哑，变其音[18]。其友谓之曰："子之道甚难而无功[19]，谓子有志则然矣，谓子智则否。以子之才，而善事襄子，襄子必近幸子[20]；子之得近而行所欲[21]，此甚易而功必成。"豫让乃笑而应之曰："是为先知报后知，为故君贼新君[22]，大乱君臣之义者无此矣[23]。凡吾所谓为此者，以明君臣之义，非从易也。且夫委质而事人[24]，而求弑之，是怀二心以事君也。吾所为难，亦将以愧天下后世人臣怀二心者[25]。"

居顷之，襄子当出[26]，豫让伏所当过桥下[27]。襄子至桥而马惊。襄子曰："此必豫让也。"使人问之，果豫让。于是赵襄子面数豫让曰[28]："子不尝事范中行氏乎？知伯灭范中行氏，而子不为报仇，反委质事知伯。知伯已死，子独何为报仇之深也？"豫让曰："臣事范中行氏，范中行氏以众人遇臣[29]，臣故众人报之；知伯以国士遇臣[30]，臣故国士报之。"襄子乃喟然叹泣曰："嗟乎，豫子！豫子之为知伯[31]，名既成矣，寡人舍子，亦以足矣。子自为计[32]，寡人不舍子[33]。"使兵环之[34]。豫让曰："臣闻明主不掩人之义，忠臣不爱死以成名[35]。君前已宽舍臣，天下莫不称君之贤。今日之事，臣故伏诛[36]，然愿请君之衣而击之，虽死不恨。非所望也[37]，敢布腹心[38]。"于是襄子义之[39]，乃使使者持衣与豫让。豫让拔剑三跃，呼天击之曰[40]："而可以报知伯矣。"遂伏剑而死。死之日，赵国之士闻之，皆为涕泣。

选自《战国策》，［西汉］刘向集录，上海古籍出版社 1985 年版

注释

［1］毕阳：晋国毕万的后人，侠义之士。豫让：毕阳的孙子，晋国的侠义之士。
［2］始事范中行氏而不说（yuè）：范，即范昭子，春秋时代晋国军事人物，范献子士鞅之子，祁姓，士氏，按封地又为范氏，讳吉射，谥号昭。士鞅死后，士吉射继承范氏，为下军佐。中行氏，晋文公称霸，设三军三行，城濮之战，荀林父为晋文公御，一年后文公作三行以备胡，以荀林父为中行将，自此荀姓产生新的支系——中行氏。不说：不被重用。说，喜欢。
［3］知伯：姬姓，智氏，讳瑶，谥襄，其名知瑶，亦为荀瑶（？—前453年），时人尊称智伯，史称知襄子，荀跞之孙，荀申之子。荀氏家族华丽的终结者，他的战败直接导致三家分晋的历史格局。
［4］及三晋分知氏：赵襄子联合韩、魏灭知伯而分其地之事。
［5］赵襄子最怨知伯：初，知伯联合韩、魏之兵攻打赵襄子，襄子退保晋阳（今山西太原），知伯围攻晋阳并“决晋水灌之”，致使“城不没者三板”，“城中巢居而处，悬釜而炊，士卒病羸”，故赵襄子最怨知伯。
［6］而将其头以为饮器：把知伯的头盖骨当作饮器。饮器，饮酒的器皿。
［7］刑人：刑余之人，本指受过肉刑、形体亏损的人，此指伪装成刑余之人；一说，“刑人”应为“圬（wū）人”，即泥瓦匠。
［8］涂厕：粉刷厕所的墙壁。涂，涂饰，粉刷。
［9］执问：捉住审问。
［10］扞：应为“圬”，涂饰墙壁的工具，即瓦刀、泥板子。
［11］谨避：谨慎躲避，小心躲避。耳：语气助词。
［12］卒：终于。释：释放。
［13］漆身为厉：用漆涂在身上，使其生癞。厉，通“癞”，恶疮。
［14］灭须去眉：根除胡须和眉毛。
［15］刑：用如动词，本指割。变：此处含有毁坏之义。
［16］为乞人而往乞：假扮成乞丐去乞讨。
［17］类：类似，像。
［18］吞炭为哑，变其音：吞炭使声音沙哑，改变了原来的声音。
［19］子之道甚难：您的方法太艰难。
［20］幸：宠爱、信任。
［21］行所欲：刺杀赵襄子。

[22] “是为先知”二句：为了老朋友而去打新朋友，为了旧君主而去杀新君主。先知，先前的知己。故君，原来的主人。贼，杀害。

[23] “大乱”句：这是世界上极端败坏君臣大义的做法。无此，没有这种做法。

[24] 委质：古代臣下向君主献礼，表示献身。

[25] “亦将”句：我之所以明知其不可为却偏要这样做，也就是为了使天下后世怀有二心的人臣羞愧。愧，使之惭愧。

[26] 襄子当出：赵襄子要外出巡视。

[27] 伏所当过桥下：埋伏在赵襄子应当路过的桥下。

[28] 面数（shǔ）：当面列举罪状；一说，当面责备。

[29] 众人遇臣：像对待一般人那样对待臣下。

[30] 国士：一国的精英。

[31] 子之为知伯：你为知伯报仇。

[32] 子自为计：你自己考虑怎么办吧。

[33] 寡人不舍子：我不能再释放你了。

[34] 使兵环之：让士兵四面包围了他。

[35] “臣闻明主”二句：贤君不阻挡人家的忠义之行，忠臣为了完成志节就不爱惜自己的生命。掩，阻挡。爱，吝惜。

[36] 故伏诛：我应该在这里被处死。故，同“固”，本来。伏诛，受死刑。

[37] 非所望也：不应该是我所希望办到的事情。

[38] 敢布腹心：大胆地陈述内心的想法。

[39] 襄子义之：赵襄子为了成全豫让的志节。

[40] 呼天：仰天大呼。

导读

《战国策》，简称《国策》。作者无法考证。西汉刘向将其整理编校，定名为《战国策》。全书分 12 策，分记西周、东周、秦、齐、楚、魏、燕、宋、卫、中山诸国之事，其时代上接春秋，下至秦并六国，约 240 年（前 460—前 220 年）。文章长于说事，喜欢夸张渲染。文辞宏丽恣肆，铺张扬厉。善用大量的比喻、寓言，增强说服力。

聂政、荆轲、豫让是《战国策》中有名的豪侠之士。“士为知己者死，女为悦己者容”，他们为了报答知遇之恩，不惜生命、刚烈永诀，为朋友赴汤蹈火、义无反顾，他们身上体现的古代英雄节义、精神价值，永远让后世感佩仰慕。将侠客与策士同置一书，显示出他们的共同性：他们都是政治舞台上拥有自由个性、血性勇气的独立战士。正如豫让所说，“吾所谓为此者，以明君臣之义”，他除了有“以国士遇臣，臣故国士报之”的报答知遇之恩的情结外，还试图以自己的行动证明人间道义、人的气节和忠义。

咏怀诗

阮籍

其一[1]

夜中不能寐，起坐弹鸣琴。薄帷鉴明月[2]，清风吹我襟。孤鸿号外野[3]，翔鸟鸣北林[4]。徘徊将何见，忧思独伤心。

选自《阮籍集校注》，阮籍撰，陈伯君校注，中华书局 1987 年版

注释

[1] 本篇写夜深人静时自己不平静的苦闷心情。

[2] 鉴：照。

[3] 号：鸣叫。

[4] 翔鸟：飞翔着的鸟。

导读

阮籍（210—263 年），字嗣宗，陈留（今属河南）尉氏人。竹林七贤之一，是建安七子之一阮瑀的儿子。曾任步兵校尉，世称阮步兵。崇奉老庄之学，政治上则采取谨慎避祸的态度。

《咏怀诗》共 82 首，是阮籍平生诗作的总题，不是一时所作。内容大多写自己对现状不满和无法解脱的矛盾苦闷心情，情绪非常愤激，但也带有不少消极颓废的成分。在表现手法上往往以求仙访道、香草美人作比喻，辞旨比较隐晦。

《高逸图》（局部），
［唐］孙位，绢，45.8cm×168.7cm，
上海博物馆藏

晁错论[1]

苏轼

天下之患[2]，最不可为者[3]，名为治平无事[4]，而其实有不测之忧[5]。坐观其变，而不为之所[6]，则恐至于不可救。起而强为之，则天下狃于治平之安，而不吾信[7]。唯仁人君子豪杰之士[8]，为能出身为天下犯大难[9]，以求成大功[10]。此固非勉强期月之间[11]，而苟以求名者之所能也。天下治平，无故而发大难之端[12]，吾发之[13]，吾能收之[14]，然后有以辞于天下[15]。事至而循循焉欲去之[16]，使他人任其责，则天下之祸，必集于我。

昔者晁错尽忠为汉[17]，谋弱山东之诸侯[18]。山东诸侯并起[19]，以诛错为名[20]。而天子不察，以错为说[21]。天下悲错之以忠而受祸，而不知错之有以取之也[22]。

古之立大事者，不唯有超世之才，亦必有坚忍不拔之志[23]。昔禹之治水[24]，凿龙门[25]，决大河而放之海[26]。方其功之未成也[27]，盖亦有溃冒冲突可畏之患[28]，唯能前知其当然，事至不惧，而徐为之所，是以得至于成功[29]。

夫以七国之强而骤削之[30]，其为变岂足怪哉[31]！错不于此时捐其身，为天下当大难之冲，而制吴楚之命，乃为自全之计[32]，欲使天子自将，而己居守[33]。且夫发七国之难者，谁乎？己欲求其名，安所逃其患[34]。以自将之至危，与居守之至安，己为难首，择其至安，而遗天子以其至危，此忠臣义士所以愤惋而不平者也[35]。当此之时，虽无袁盎[36]，错亦不免于祸。何者[37]？己欲居守，而使人主自将，以情而言[38]，天子固已难之矣，而重违其议[39]，是以袁盎之说，得行于其间。使吴、楚反[40]，错以身任其危，日夜淬砺[41]，东向而待之，使不至于累其君，则天子将恃之以为无恐，虽有百袁盎[42]，可得而间哉。

嗟夫[43]，世之君子，欲求非常之功，则无务为自全之计[44]。使错自将而击吴楚，未必无功。唯其欲自固其身，而天子不悦，奸臣得以乘其隙[45]。错之所以自全者，乃其所以自祸欤[46]！

选自《苏轼文集》，[宋]苏轼著，孔凡礼点校，中华书局1986年版

《苏东坡小像》，［元］赵孟頫，
取自《前后赤壁赋合卷》，绢本，40cm × 196cm，台北故宫博物院藏

注释

[1] 晁错：公元前200—公元前154年，颍川（今河南禹州）人，西汉文帝时的智囊人物。主张重农贵粟，力倡削弱诸侯，更定法令，招致王侯权贵忌恨。汉景帝四年（前154年），吴、楚等七国以“讨晁错以清君侧”为名，发动叛乱，晁错因此被杀。

[2] 患：祸患。

[3] 为：治理，消除。

[4] 治平：政治清明，社会安定。

[5] 其：代词，指祸患。

[6] 所：处所。这里指解决问题的措施。

[7] 不吾信：不相信我。

[8] 唯：只有。

[9] 出身：挺身而出。犯：冒着。

[10] 以：而，表顺接。

[11] 固：原本。期（jī）月：一个月。这里泛指短时期。

[12] 端：开头，开始。

[13] 发：触发。

[14] 收：制止。

[15] “然后”句：然后才能有力地说服天下人。

[16] 循循焉：缓慢的样子。循循，徐徐。焉，……的样子。去：逃避。

[17] 昔者，从前。

[18] 山东：崤山以东。

[19] 并起：一同起兵叛乱。

[20] 以诛错为名：以诛杀晁错作为名义。以……为，把……作为。

[21] “而天子”二句：但汉景帝没有洞察到起兵的诸侯的用心，把晁错杀了来说服他们退兵。

[22] “天下”二句：天下人都为晁错因尽忠而遭受杀身之祸而悲痛，却不明白其中一部分是晁错自己造成的。以，因为。取，招致。

[23] “古之”三句：自古以来能够成就伟大功绩的人，不仅要有超凡出众的才能，还要有坚韧不拔的意志。

[24] 之：用在主、谓语之间，取消句子的独立性，无实义。

[25] 龙门：今陕西韩城东北，是黄河奔流最湍急处。

[26] 大河：黄河。

[27] 方：当。
[28] “盖亦”句：可能也有决堤、漫堤等可怕的祸患。
[29] 是以：所以，因此。
[30] 夫：句首发语词。骤：突然。
[31] “其为”句：他们起来叛乱，难道值得奇怪吗？足，值得。
[32] 乃：竟然。
[33] “欲使”二句：想让皇帝御驾亲征平定叛乱，而自己留守京城。
[34] “己欲”二句：自己想求得这个美名，怎么能逃避这场患难呢？安，怎么。
[35] “此忠臣”句：这是忠臣义士们之所以愤怒不平的原因啊。
[36] 虽：即使。
[37] 何者：为什么呢？
[38] 以情而言：按照情理来说。以，按照。
[39] “天子”二句：皇帝本来就觉得这是勉为其难的事情，很反感他的削藩建议。
[40] 使：假若。
[41] 淬砺：锻炼磨砺。引申为整练军队、厉兵秣马。
[42] “虽有”句：即使有一百个袁盎，能有机可乘离间他们君臣吗？
[43] 嗟夫：感叹词，唉。
[44] “则无”句：就不要考虑保全自己性命的计策。务，从事。
[45] 隙：空隙，空子。
[46] “乃其”句：正是他招致杀身之祸的原因啊！欤，语气助词，表感叹。

导读

苏轼（1037—1101年），字子瞻，又字和仲，号东坡居士，眉州眉山（今四川省眉山市）人，嘉祐（宋仁宗年号）进士，宋代文学最高成就的代表。其诗题材广阔，清新豪健，善用夸张比喻，独具风格，与黄庭坚并称“苏黄”。词开豪放一派，与辛弃疾同是豪放派代表，并称“苏辛”。

《晁错论》为苏轼在宋仁宗嘉祐五年至六年（1060—1061年）写就并呈与朝廷的文章之一，是总结晁错削藩失败的教训的。作者对晁错的改革是同情的，对晁错的被杀也是惋惜的，但是他认为晁错被杀的原因，不是袁盎进谗言，而是“自祸”。苏轼抓住晁错当时对待吴、楚起兵时所采取的措施进行分析，令人信服。作者特别指出，“立大事”要有政治预见性和妥当的处置措施，要有坚韧不拔的意志，在关键时刻要挺身而出，“欲求非常之功则无务为自全之计”。

相信未来

食指

当蜘蛛网无情地查封了我的炉台，
当灰烬的余烟叹息着贫困的悲哀，
我依然固执地铺平失望的灰烬，
用美丽的雪花写下：相信未来。

当我的紫葡萄化为深秋的露水，
当我的鲜花依偎在别人的情怀，
我依然固执地用凝露的枯藤，
在凄凉的大地上写下：相信未来。

我要用手指向那涌向天边的排浪，
我要用手掌那托住太阳的大海，
摇曳着曙光那枝温暖漂亮的笔杆，
用孩子的笔体写下：相信未来。

我之所以坚定地相信未来，
是我相信未来人们的眼睛——
她有拨开历史风尘的睫毛，
她有看透岁月篇章的瞳孔。

不管人们对于我们腐烂的皮肉，
那些迷途的惆怅，失败的苦痛，
是寄予感动的热泪，深切的同情，
还是给以轻蔑的微笑，辛辣的嘲讽。

我坚信人们对于我们的脊骨，
那无数次的探索、迷途、失败和成功，
一定会给予热情客观、公正的评定，
是的，我焦急地等待着他们的评定。

朋友，坚定地相信未来吧，
相信不屈不挠的努力，
相信战胜死亡的年青，
相信未来，热爱生命。

1968 年

选自《食指的诗》，食指，人民文学出版社 2000 年版

导读

食指（1948— ），原名郭路生，著有诗集《相信未来》《食指、黑大春现代抒情诗合集》《食指的诗》等。

这首诗构思巧妙，前三节写我是怎样“相信未来”的，后三节写为什么要“相信未来”，最后一节呼唤人们带着对未来的信念去努力，去热爱，去生活。用语质朴，而思想深刻；性格鲜明，又令人折服。全诗基本上遵从了四行一节，在轻重音不断变化中求得感人效果的传统方式；以语言的时间艺术，与中国画式的空间艺术相结合，实现了诗人所反复讲述的“我的诗是一面窗户，是窗含西岭千秋雪”的艺术。

选择塑造人生

杰夫·贝佐斯

当我还是一个孩子的时候，我的夏天总是在德州祖父母的农场中度过的。我帮忙修理风车，为牛接种疫苗，也做其他家务。每天下午，我们都会看肥皂剧，尤其是《我们的岁月》。我的祖父母参加了一个房车俱乐部，那是一群驾驶气流拖挂式房车的人们，他们结伴游览美国和加拿大。每隔几个夏天，我们就会加入这个旅行队伍。我们把气流拖挂式房车挂在祖父的小汽车后面，然后加入300余名气流探险者们组成的浩荡队伍。

我爱我的祖父母，我崇敬他们，也真心期盼这些旅程。那是一次特殊的旅行，那是我大约十岁。我照例坐在车后座的长椅上。祖父开着车，祖母坐在他旁边，整个旅程她都在吸烟。我讨厌烟味。

在那样的年纪，我会找任何借口做些估算和小算术。我会计算油耗——还有杂货花销等鸡毛蒜皮的小事。我听过一个关于吸烟的广告活动。我不记得细节了，但广告的大意是说，每吸一口烟会减少几分钟的寿命，我想大概是两分钟，无论如何，我决定为祖母做个算术。我估测了祖母每天要吸多少支香烟，每支香烟要吸几口等等。当我心满意足地得出了一个合理的数字之后，我往车前探探头，拍了拍祖母的肩膀，然后骄傲地宣布：“每吸一口烟就减少两分钟的寿命，你已经减少了九年的寿命！”

我清晰地记得接下来发生了什么，而那是我意料之外的。我本来期待着我的小聪明和算术技巧能赢得赞美：“杰夫，你很聪明，你做了些复杂的估算，计算出了一年中有多少分钟，还做了些除法。”但那并没有发生。相反，我的祖母开始哭泣。我坐在后座不知道该怎么办。我的祖母坐在那里一直哭，而我的祖父之前一直默默开车，这时他把车停在了高速路边，走下车来，打开了我的车门，等着我跟他下车。我惹麻烦了吗？我的祖父是一个充满智慧而安静的人。他从来没有对我说过严厉的话，这有可能会是第一次？还是会让我回到车上跟祖母道歉？我以前跟祖父母从未遇到过这种状况，因而也无从知晓会有什么后果发生。我们在房车旁停下来。祖父注视着我，沉默片刻，然后轻轻地平静地说："杰夫，有一天你会明白，善良比聪明更难做到。"

但是今天我想对你们说的是，天赋和选择不同，聪明是一种天赋，而善良是一种选择。天赋得来很容易——毕竟它们与生俱来。而选择却颇为艰难。如果一不小心，你可能被天赋所诱惑，这可能会损害到你做出的选择。

在座各位都拥有许多天赋。我确信你们的天赋之一就是拥有精明能干的头脑。我之所以如此确信，是因为入学竞争非常激烈，如果你们不能表现出聪明智慧，便没有资格进入这所学校。

你们的聪明才智必定会派上用场，因为你们将在一片充满奇迹的土地上行进。我们人类尽管跬步前进，却终将令自己大吃一惊。我们能够想方设法制造清洁能源，也能够一个原子一个原子地组装微型机械，使之穿过细胞壁，然后修复细胞。这个月，有一件非凡的而不可避免的事情发生了，那就是人类终于合成了生命。在未来几年，我们不仅会合成生命，还会按说明书驱动他们。我相信你们甚至会看到我们弄明白了人类的大脑。儒勒·凡尔纳、马克·吐温、伽利略、牛顿——所有那些充满好奇之心的人都希望能够活到现在。作为文明人，我们会拥有如此之多的天赋，就像是坐在我面前的你们，每一个生命个体都拥有许多独特的天赋。

你们要如何运用这些天赋呢？你们会为自己的天赋感到骄傲，还是会为自己的选择感到骄傲？

16 年前，我萌生了创办亚马逊的想法。那时我面对的现实是互联网使用量以每年 2300% 的速度增长，我从未看过或听说过任何增长如此快速的东西，创建涵盖几百万种书籍的网上书店的想法令我兴奋异常——因为这个东西在现实世界根本无法存在。那时我刚刚 30 岁，结婚才一年。

我告诉妻子麦肯琪说我想辞去工作，然后去做这件疯狂的事情，很可能会失败，因为大部分创业公司都是如此，而且我不确定那以后会发生什么。麦肯琪告诉我，我应该放手一搏。她也是普林斯顿大学毕业的，现在就坐在第二排那里。在我还是一个男孩的时候，我是车库发明家。我曾用水泥填充的轮胎、不太好用的太阳灶、一把雨伞和锡箔以及用来诱骗兄弟姐妹的报警器制作了一个自动关门器。我一直想做一个发明家，麦肯琪支持我追随内心的热情。

我当时在纽约一家金融公司工作，同事是一群非常聪明的人，我的老板也很有智慧，我很钦佩他。我告诉我的老板说我想开办一家在网上卖书的公司。他带我在中央公园漫步良久，认真地听我讲完，最后说："听起来真是一个很好的主意，但是对那些目前没有谋到一份好工作的人来说，这个主意会更好。"

这一逻辑对我而言颇有道理，他说服我在做出最终决定之前再考虑 48 小时。那样想来，这个选择确实很艰难，但是最终，我决定拼一次。我认为自己不会为尝试过后悔，为失败遗憾，倒是有所决定但完全不付诸行动会一直煎熬着我。在深思熟虑之后，我选择了那条不安全的道路，去追随我内心的热情。我为那个决定感到骄傲。

明天，非常现实地说，你们的人生——你们从零塑造自己的人生——即将开启。

你们将如何运用自己的天赋？你们又将做出怎么的抉择？

你们是被惯性所引导，还是追随自己内心的热情？

你们会墨守成规，还是勇于创新？

你们会选择安逸的生活，还是会选择一个奉献和冒险的生活？

你们会掩饰错误，还是会坦诚道歉？

你们会因害怕被拒绝而掩饰内心，还是会在面对爱情时勇往直前？

你们想要波澜不惊，还是想要搏击风浪？

你们会在严峻的现实之下选择放弃，还是会义无反顾地前行？

你们要做愤世嫉俗者，还是踏实的建设者？

你们要不计一切代价地展示聪明，还是选择善良？

我要冒险做一个预测。在你们 80 岁时，只有你一个人静静对内心诉说着你的人生故事，其中最为充实、最有意义的那段讲述，会被你们做出的一系列决定所填满。最终，是选择塑造了我们的人生。为你自己塑造一个伟大的人生故事。

谢谢，祝你们好运！

选自《影响你一生的名人励志演讲》，
海豚出版社 2011 年版，选入教材有改动

导读

杰夫·贝索斯，1964 年出生在美国新墨西哥州阿尔布奎克，是全球最大的互联网书店——亚马逊网络购物中心的缔造者。本文是贝索斯 2010 年回母校时，为母校毕业生所作的演讲。

作者通过讲述孩童时祖父的教导，以及成年后创业的抉择等经历告诉我们：在我们的日常生活中，一些才干平庸之辈能够很成功的一个原因在于他们选对了发挥才干的舞台，找对了人生发展的方向。选择比天赋重要，坚持自己的选择更加重要。

思考与讨论

1. 学习了《郑伯克段于鄢》，简单谈一谈写作语言对作品风格的影响。
2. 魏晋之际的诗歌，都表现出一种什么样的人生态度？为什么会这样？
3. 请你谈一谈对食指《相信未来》的理解。
4. 能否以具体文学家的作品为例，阐述一下一个人的身世遭遇会对其写作产生哪些影响？

拓展阅读

节妇吟[1]·寄东平李司空师道[2]

张籍

君知妾有夫[3]，赠妾双明珠。感君缠绵意[4]，系在红罗襦[5]。妾家高楼连苑起[6]，良人执戟明光里[7]。知君用心如日月[8]，事夫誓拟同生死[9]。还君明珠双泪垂，恨不相逢未嫁时。

选自《张籍集系年校注》，［唐］张籍著，徐礼节、余恕诚注，中华书局 2011 年版

注释

［1］节妇：能守住节操的妇女，特别是对丈夫忠贞的妻子。吟：一种诗体的名称。

［2］李司空师道：李师道，时任平卢淄青节度使。

［3］妾：古代妇女对自己的谦称，这里是诗人的自喻。

［4］缠绵：情意深厚。

［5］罗：一类丝织品，质薄、手感滑爽而透气。襦：短衣、短袄。

［6］高楼连苑起：耸立的高楼连接着园林。苑，帝王及贵族游玩和打猎的风景园林。起，矗立着。

［7］良人：旧时女人对丈夫的称呼。执戟：指守卫宫殿的门户。戟，一种古代的兵器。明光：本汉代宫殿名，这里指皇帝的宫殿。

［8］用心：动机目的。如日月：光明磊落。

［9］事：服侍、侍奉。拟：打算。

导读

张籍（约 766—约 830 年），字文昌，郡望苏州吴（今江苏苏州），先世移居和州（今安徽和县乌江镇），世称“张水部”“张司业”。张籍为韩门大弟子，其乐府诗与王建齐名，并称“张王乐府”，著名诗篇有《塞下曲》《征妇怨》《采莲曲》《江南曲》《秋思》等。

这首诗是张籍自创的乐府，全诗以比兴手法委婉地表明态度，语言极富民歌风味，人物刻画细腻传神，为唐诗中的佳作。

回答

北岛

卑鄙是卑鄙者的通行证，
高尚是高尚者的墓志铭，

看吧，在那镀金的天空中，
飘满了死者弯曲的倒影。

冰川纪过去了，
为什么到处都是冰凌？
好望角发现了，
为什么死海里千帆相竞？

我来到这个世界上，
只带着纸、绳索和身影，
为了在审判前，
宣读那被判决的声音：

告诉你吧，世界
我——不——相——信！
纵使你脚下有一千名挑战者，
那就把我算作第一千零一名。

我不相信天是蓝的，
我不相信雷的回声，
我不相信梦是假的，
我不相信死无报应。

如果海洋注定要决堤，
就让所有的苦水都注入我心中，
如果陆地注定要上升，
就让人类重新选择生存的峰顶。

新的转机和闪闪星斗，

正在缀满没有遮拦的天空，
那是五千年的象形文字，
那是未来人们凝视的眼睛。

选自《北岛作品精选》，北岛著，长江文艺出版社 2011 年版

导读

北岛，原名赵振开，祖籍浙江湖州，1978 年前后，他和诗人芒克创办诗刊《今天》，成为朦胧诗歌的代表性诗人。

《回答》是一首杰出的抒情诗，在概括现实、表现怀疑精神和英雄气概的时候，诗人用“通行证”展现卑鄙者的畅通无阻，“墓志铭”表明高尚者被摧残被葬送，“镀金”暗示粉饰的虚假，“弯曲的倒影”暗指无数死者的冤屈。这些经过变形处理的意象，充分表现了诗人奇异的联想。清醒的思辨与直觉思维产生的隐喻、象征意象相结合，形成了北岛诗显著的艺术特征和具有高度概括力的格言式警句，赋予了北岛诗独有的振聋发聩的艺术力量。

裘力斯·凯撒（节选）

莎士比亚

剧中人物
裘力斯·凯撒
玛克·安东尼
玛克斯·勃鲁托斯
凯歇斯
元老、市民、卫队、侍从等

第三幕第二场

同前。大市场

勃鲁托斯、凯歇斯及一群市民上。

众市民 我们一定要得到满意的解释；让我们得到满意的解释。

勃鲁托斯 那么跟我来，朋友们，让我讲给你们听。凯歇斯，你到另外一条街上去，把听众分散分散。愿意听我的留在这儿；愿意听凯歇斯的跟他去。我们将要公开宣布凯撒致死的原因。

市民甲 我要听勃鲁托斯讲。

市民乙 我要听凯歇斯讲；我们各人听了以后，可以把他们两人的理由比较比较。（凯歇斯及一部分市民下；勃鲁托斯登讲坛。）

市民丙 尊贵的勃鲁托斯上去了；静！

勃鲁托斯 请耐心听我讲完。各位罗马人，各位亲爱的同胞们！请你们静静地听我解释。为了我的名誉，请你们相信我；尊重我的名誉，这样你们就会相信我的话。用你们的智慧批评我；唤起你们的理智，给我一个公正的评断。要是在今天在场的群众中间，有什么人是凯撒的好朋友，我要对他说，勃鲁托斯也是和他同样地爱着凯撒。要是那位朋友问我为什么勃鲁托斯要起来反对凯撒，这就是我的回答：并不是我不爱凯撒，可是我更爱罗马。你们宁愿让凯撒活在世上，大家作奴隶而死呢，还是让凯撒死去，大家作自由人而生？因为凯撒爱我，所以我为他流泪；因为他是幸运的，所以我为他欣慰；因为他是勇敢的，所以我尊敬他；因为他有野心，所以我杀死他。我用眼泪报答他的友谊，用喜悦庆祝他的幸运，用尊敬崇扬他的勇敢，用死亡惩戒他的野心。这儿有谁愿意自甘卑贱，做一个奴隶？要是有这样的人，请说出来；因为我已经得罪他了。这儿有谁愿意自居化外，不愿做一个罗马人？要是有这样的人，请说出来；因为我已经得罪他了。这儿有谁愿意自处下流，不爱他的国家？要是有这样的人，请说出来；因为我已经得罪他了。我等待着答复。

《凯撒之死》（*The Death of Caesar*），
让 - 莱昂 · 杰罗姆（Jean-Léon Gérôme）

众市民 没有，勃鲁托斯，没有。

勃鲁托斯 那么我没有得罪什么人。我怎样对待凯撒，你们也可以怎样对待我。他的遇害的经过已经记录在议会的案卷上，他的彪炳的功绩不曾被抹杀，他的错误虽使他伏法受诛，也不曾过分夸大。

安东尼及余人等抬凯撒尸体上。

勃鲁托斯 玛克·安东尼护送着他的遗体来了。虽然安东尼并不预闻凯撒的死，可是他将要享受凯撒死后的利益，他可以在共和国中得到一个地位，正像你们每一个人都是共和国中的一分子一样。当我临去之前，我还要说一句话：为了罗马的好处，我杀死了我的最好的朋友，要是我的祖国需要我的死，那么无论什么时候，我都可以用那同一把刀子杀死我自己。

众市民 不要死，勃鲁托斯！不要死！不要死！

市民甲 用欢呼护送他回家。

市民乙 替他立一座雕像，和他的祖先们在一起。

市民丙 让他做凯撒。

市民丁 让凯撒的一切光荣都归于勃鲁托斯。

市民甲 我们要一路欢呼送他回去。

勃鲁托斯 同胞们——

市民乙 静！别闹！勃鲁托斯讲话了。

市民甲 静些！

勃鲁托斯 善良的同胞们，让我一个人回去，为了我的缘故，留在这儿听安东尼有些什么话说。你们应该尊敬凯撒的遗体，静听玛克·安东尼赞美他的功业的演说；这是我们已经允许他的。除了我一个人以外，请你们谁也不要走开，等安东尼讲完了他的话。（下。）

市民甲 大家别走！让我们听玛克·安东尼讲话。

市民丙 让他登上讲坛；我们要听他讲话。尊贵的安东尼，上去。

安东尼 为了勃鲁托斯的缘故，我感激你们的好意。（登坛。）

市民丁 他说勃鲁托斯什么话？

市民丙 他说，为了勃鲁托斯的缘故，他感激我们的好意。

市民丁 他最好不要在这儿说勃鲁托斯的坏话。

市民甲 这凯撒是个暴君。

市民丙 嗯，那是不用说的；幸亏罗马除掉了他。

市民乙 静！让我们听听安东尼有些什么话说。

安东尼 各位善良的罗马人——

众市民 静些！让我们听他说。

安东尼 各位朋友，各位罗马人，各位同胞，请你们听我说；我是来埋葬凯撒，不是来赞美他。人们做了恶事，死后免不了遭人唾骂，可是他们所做的善事，往往随着他们的尸骨一齐入土；让凯撒也这样吧。尊贵的勃鲁托斯已经对你们说过，凯撒是有野心的；要是真有这样的事，那诚然是一个重大的过失，凯撒也为了它付出惨酷的代价了。现在我得到勃鲁托斯和他的同志们的允许——因为勃鲁托斯是一个正人君子，他们也都是正人君子——到这儿来在凯撒的丧礼中说几句话。他是我的朋友，他对我是那么忠诚公正；然而勃鲁托斯却说他是有野心的，而勃鲁托斯是一个正人君子。他曾经带许多俘虏回到罗马来，他们的赎金都充实了公家的财库；这可以说是野心者的行径吗？穷苦的人哀哭的时候，凯撒曾经为他们流泪；野心者是不应当这样仁慈的。然而勃鲁托斯却说他是有野心的，而勃鲁托斯是一个正人君子。你们大家看见在卢柏克节的那天，我三次献给他一顶王冠，他三次都拒绝了；这难道是野心吗？然而勃鲁托斯却说他是有野心的，而勃鲁托斯的的确确是一个正人君子。我不是要推翻勃鲁托斯所说的话，我所说的只是我自己所知道的事实。你们过去都曾爱过他，那并不是没有理由的；那么什么理由阻止你们现在哀悼他呢？唉，理性啊！你已经遁入了野兽的心中，人们已经失去辨别是非的能力了。原谅我；我的心现在是跟凯撒一起在他的棺木之内，我必须停顿片刻，等它回到我自己的胸腔里。

市民甲 我想他的话说得很有道理。

市民乙 仔细想起来，凯撒是有点儿死得冤枉。

市民丙 列位，他死得冤枉吗？我怕换了一个人来，比他还不如哩。

市民丁 你们听见他的话吗？他不愿接受王冠；所以他的确一点没有野心。

市民甲 要是果然如此，有几个人将要付重大的代价。

市民乙　可怜的人！他的眼睛哭得像火一般红。

市民丙　在罗马没有比安东尼更高贵的人了。

市民丁　现在听看；他又开始说话了。

安东尼　就在昨天，凯撒的一句话可以抵御整个的世界；现在他躺在那儿，没有一个卑贱的人向他致敬。啊，诸君！要是我有意想要激动你们的心灵，引起一场叛乱，那我就要对不起勃鲁托斯，对不起凯歇斯；你们大家知道，他们都是正人君子。我不愿干对不起他们的事；我宁愿对不起死人，对不起我自己，对不起你们，却不愿对不起这些正人君子。可是这儿有一张羊皮纸，上面盖着凯撒的印章；那是我在他的卧室里找到的一张遗嘱。只要让民众一听到这张遗嘱上的话——原谅我，我现在还不想把它宣读——他们就会去吻凯撒尸体上的伤口，用手巾去蘸他神圣的血，还要乞讨他的一根头发回去作纪念，当他们临死的时候，将要在他们的遗嘱上郑重提起，作为传给后嗣的一项贵重的遗产。

市民丁　我们要听那遗嘱；读出来，玛克·安东尼。

众市民　遗嘱，遗嘱！我们要听凯撒的遗嘱。

安东尼　耐心吧，善良的朋友们；我不能读给你们听。你们不应该知道凯撒多么爱你们。你们不是木头，你们不是石块，你们是人；既然是人，听见了凯撒的遗嘱，一定会激起你们心中的火焰，一定会使你们发疯。你们还是不要知道你们是他的后嗣；要是你们知道了，啊！那将会引起一场什么乱子来呢？

市民丁　读那遗嘱！我们要听，安东尼；你必须把那遗嘱读给我们听，那凯撒的遗嘱。

安东尼　你们不能忍耐一些吗？你们不能等一会儿吗？是我一时失口告诉了你们这件事。我怕我对不起那些用刀子杀死凯撒的正人君子；我怕我对不起他们。

市民丁　他们是叛徒；什么正人君子！

众市民　遗嘱！遗嘱！

市民乙　他们是恶人、凶手。遗嘱！读那遗嘱！

安东尼　那么你们一定要逼迫我读那遗嘱吗？好，那么你们大家环绕在凯撒尸体的周围，让我给你们看看那写下这遗嘱的人。我可以下来吗？你们允许我吗？

众市民 下来。

市民乙 下来。（安东尼下坛。）

市民丙 我们允许你。

市民丁 大家站成一个圆圈。

市民甲 不要挨着棺材站着；不要挨着尸体站着。

市民乙 留出一些地位给安东尼，最尊贵的安东尼。

安东尼 不，不要挨得我这样紧；站得远一些。

众市民 退后！让出地位来！退后去！

安东尼 要是你们有眼泪，现在准备流起来吧。你们都认识这件外套；我记得凯撒第一次穿上它，是在一个夏天的晚上，在他的营帐里，就在他征服纳维人的那一天。瞧！凯歇斯的刀子是从这地方穿过的；瞧那狠心的凯斯卡割开了一道多深的裂口；他所深爱的勃鲁托斯就从这儿刺了一刀进去，当他拔出他那万恶的武器的时候，瞧凯撒的血是怎样汩汩不断地跟着它出来，好像急于涌到外面来，想要知道究竟是不是勃鲁托斯下这样无情的毒手；因为你们知道，勃鲁托斯是凯撒心目中的天使。神啊，请你们判断判断凯撒是多么爱他！这是最无情的一击，因为当尊贵的凯撒看见他行刺的时候，负心，这一柄比叛徒的武器更锋锐的利剑，就一直刺进了他的心脏，那时候他的伟大的心就碎裂了；他的脸给他的外套蒙着，他的血不停地流着，就在庞贝像座之下，伟大的凯撒倒下了。啊！那是一个多么惊人的殒落，我的同胞们；我、你们，我们大家都随着他一起倒下，残酷的叛逆却在我们头上耀武扬威。啊！现在你们流起眼泪来了，我看见你们已经天良发现；这些是真诚的泪滴。善良的人们，怎么！你们只看见我们凯撒衣服上的伤痕，就哭起来了吗？瞧这儿，这才是他自己，你们看，给叛徒们伤害到这个样子。

市民甲 啊，伤心的景象！

市民乙 啊，尊贵的凯撒！

市民丙 啊，不幸的日子！

市民丁 啊，叛徒！恶贼！

市民甲 啊，最残忍的惨剧！

市民乙 我们一定要复仇。

众市民 复仇！——动手！——捉住他们！——烧！放火！——杀！——杀！不要让一个叛徒活命。

安东尼 且慢，同胞们！

市民甲 静下来！听尊贵的安东尼讲话。

市民乙 我们要听他，我们要跟随他，我们要和他死在一起。

安东尼 好朋友们，亲爱的朋友们，不要让我把你们煽起这样一场暴动的怒潮。干这件事的人都是正人君子；唉！我不知道他们有些什么私人的怨恨，使他们干出这种事来，可是他们都是聪明而正直的，一定有理由可以答复你们。朋友们，我不是来偷取你们的心；我不是一个像勃鲁托斯那样能言善辩的人；你们大家都知道我不过是一个老老实实、爱我的朋友的人；他们也知道这一点，所以才允许我为他公开说几句话。因为我既没有智慧，又没有口才，又没有本领，我也不会用行动或言语来激动人们的血性；我不过照我心里所想到的说出来；我只是把你们已经知道的事情向你们提醒，给你们看看亲爱的凯撒的伤口，可怜的、可怜的无言之口，让它们代替我说话。可是假如我是勃鲁托斯，而勃鲁托斯是安东尼，那么那个安东尼一定会激起你们的愤怒，让凯撒的每一处伤口里都长出一条舌头来，即使罗马的石块也将要大受感动，奋身而起，向叛徒们抗争了。

众市民 我们要暴动！

市民甲 我们要烧掉勃鲁托斯的房子！

市民丙 那么去！来，捉那些奸贼们去！

安东尼 听我说，同胞们，听我说。

众市民 静些！——听安东尼说——最尊贵的安东尼。

安东尼 唉，朋友们，你们不知道你们将要去干些什么事。凯撒在什么地方值得你们这样爱他呢？唉！你们还没有知道，让我来告诉你们吧。你们已经忘记我对你们说起的那张遗嘱了。

众市民 不错。那遗嘱！让我们先听听那遗嘱。

安东尼 这就是凯撒盖过印的遗嘱。他给每一个罗马市民七十五个德拉克马[1]。

市民乙 最尊贵的凯撒！我们要为他的死复仇。

市民丙 啊，伟大的凯撒！

安东尼 耐心听我说。

众市民 静些！

安东尼 而且，他还把台伯河这一边的他的所有的步道、他的私人的园亭、他的新辟的花圃，全部赠给你们，永远成为你们世袭的产业，供你们自由散步游息之用。这样一个凯撒！几时才会有第二个同样的人？

市民甲 再也不会有了，再也不会有了！来，我们去，我们去！我们要在神圣的地方把他的尸体火化，就用那些火把去焚烧叛徒们的屋子。抬起这尸体来。

市民乙 去点起火来。

市民丙 把凳子拉下来烧。

市民丁 把椅子、窗门——什么东西一起拉下来烧。（众市民抬尸体下。）

安东尼 现在让它闹起来吧；一场乱事已经发生，随它怎样发展下去吧！

选自《莎士比亚全集》，［英］莎士比亚著，朱生豪等译，
人民文学出版社 1994 年版

注释

［1］德拉克马：古希腊货币名。

导读

公元前 44 年，凯撒在元老院遇刺身亡。

勃鲁托斯是凯撒非常信任的人，但是他也参加了行刺；安东尼是凯撒的心腹爱将，凯撒党人。二人都在罗马市民面前进行了演讲。勃鲁托斯的名言

“并不是我不爱凯撒，可是我更爱罗马”一时打动了市民，此时安东尼的处境非常不妙，然而他通过这段演讲，欲擒故纵，力挽狂澜。

思考与讨论

一位年迈的老者教导后辈儿孙们人生的真谛。

他说：“在我内心深处，一直在进行着一场鏖战。交战是在两只狼之间展开的。一只狼是邪恶的——它代表恐惧、生气、悲伤、悔恨、贪婪、傲慢、自怜、怨恨、自卑、谎言、妄自尊大、自私和背叛。另外一只狼是善良的——它代表喜悦、宁静、谦逊、仁慈、宽容、友谊、同情、慷慨、真理和忠贞。同样，这样的交战也发生在你们的内心深处，在所有人内心深处。”

听完他的话，孩子们思潮涌动，一个孩子问：“那么，哪一只狼能获胜呢？”

老者回答道：“你喂给它食物的那一只。”大家听后，静默不语，若有所思。

请结合这段小故事，谈谈你的看法。

推荐阅读

杨绛《我们仨》

略萨《文学与人生》

萧伯纳《贝多芬百年祭》

马丁·路德·金《我有一个梦想》

第五章　士之不遇

居庙堂之高则忧其民，处江湖之远则忧其君。

——［宋］范仲淹《岳阳楼记》

追求功名、一展宏图，几乎是每一位士人的终极目标，然而更多的人面临的却是四处碰壁、命运坎坷的悲惨境地。仕途蹭蹬，跌宕的心境却激发起更多的创作灵感，士人们纷纷将不遇的悲愤发泄在文学的创作中，所谓“文章憎命达”，命运的不济令人唏嘘，以愁见工却勾勒出不少千古流传的名作。让我们来品味一下鲍参军“自古圣贤尽贫贱，何况我辈孤且直”的感慨，陈子昂“芳意竟何成”的凄凉，张九龄晚年遭谗、忠而被贬的哀怨，李白空叹“美人”难及的执着与悲恸，苏轼自我安慰的澄明心镜，辛弃疾“却将万字平戎策，换得东家种树书”的夙愿难偿。

拟行路难

鲍照

对案不能食[1]，拔剑击柱长叹息。丈夫生世会几时[2]？安能蹀躞垂羽翼[3]？弃置罢官去，还家自休息。朝出与亲辞，暮还在亲侧[4]。弄儿床前戏，看妇机中织。自古圣贤尽贫贱，何况我辈孤且直[5]！

选自《鲍参军集注》，［南朝宋］鲍照著，钱仲联增补集说校，上海古籍出版社 1979 年版

注释

［1］案：放食器的小几，此处指酒食。
［2］会：当。一作“能”。
［3］蹀躞（dié xiè）：小步走路的样子。垂羽翼：比喻失意丧气的样子。
［4］在：原作“往”。
［5］孤且直：孤寒而又正直。

导读

《拟行路难》共 18 首，大概不是一时所作，内容大都歌咏人世的种种忧患和抒发被压制的不平之感。本篇表现了诗人怀才不遇和被压制的激愤心情，以及对当时社会的强烈不满。

感遇

陈子昂

其二

兰若生春夏[1]，芊蔚何青青[2]。幽独空林色，朱蕤冒紫茎[3]。迟迟白日晚[4]，袅袅秋风生。岁华尽摇落[5]，芳意竟何成。

其二十三

翡翠巢南海，雄雌珠树林[6]。何知美人意，骄爱比黄金。杀身炎州里，委羽玉堂阴。旖旎光首饰[7]，葳蕤烂锦衾[8]。岂不在遐远，虞罗忽见寻[9]。多材固为累，嗟息此珍禽。

选自《陈子昂集》，［唐］陈子昂著，徐鹏校点，中华书局 1960 年版

注释

［1］兰：兰草。若：杜若，杜衡，生于水边的香草。

《墨兰图》［南宋］赵孟坚，
手卷，纸本，水墨，34.5cm × 90.2cm，北京故宫博物院藏

［2］芊蔚：草木茂盛状。
［3］朱：红花。蕤：花下垂状。
［4］迟迟：徐行貌。
［5］岁华：草木一年一度开花。摇落：凋零。
［6］珠树：三珠树，古代传说中的树名。
［7］旖旎：本为旌旗随风飘扬貌，引申为柔美貌，犹言婀娜。
［8］葳蕤：草木茂盛枝叶下垂貌。
［9］虞：虞人（周礼执掌打猎的官名）。罗：罗网。

导读

陈子昂（约 659—约 700 年），字伯玉，梓州射洪（今四川射洪县）人，因曾任右拾遗，后世称陈拾遗，初唐诗文革新人物之一。其诗风骨峥嵘，寓意深远，苍劲有力，其中最有代表性的有组诗《感遇》38 首、《蓟丘览古》7 首和《登幽州台歌》《登泽州城北楼宴》等。

《感遇》是抒发生活感受的一组诗篇的总标题，未必成于一时一地，所选两首托物寓意，借香花、香草、翡翠等反映政治上失意、不能有所作为的苦闷。

感遇

张九龄

兰叶春葳蕤，桂华秋皎洁。欣欣此生意，自尔为佳节。谁知林栖者[1]，闻风坐相悦[2]。草木有本心[3]，何求美人折[4]？

选自《张九龄集校注》，［唐］张九龄著，熊飞校注，中华书局 2008 年版

注释

［1］林栖者：隐士。
［2］坐：因而。
［3］本心：天性。
［4］美人：喻指理想中的同道者或统治者。

导读

张九龄（678—740 年），字子寿，一名博物，谥文献，唐朝韶州曲江（今广东省韶关市）人，世称“张曲江”或“文献公”，唐玄宗开元年间任尚书丞相。其诗词采富艳、情致深婉，晚年遭受馋毁，感慨加深，诗歌风格转趋朴质简劲。有《张曲江集》二十卷。

《感遇》为张九龄遭谗被贬后所作的组诗，共 12 首。这组诗托物寓意，抒发了作者的身世感慨，表现了作者的理想操守，是其五言古诗的代表作。

长相思[1]

李白

长相思，在长安。络纬秋啼金井阑[2]，微霜凄凄簟色寒[3]。孤灯不明思欲绝，卷帷望月空长叹。美人如花隔云端，上有青冥之高天，下有渌水之

《举杯邀月图》，［南宋］马远，
绢本，设色，24.1cm×24.6cm，克里夫兰艺术博物馆藏

波澜[4]。天长路远魂飞苦，梦魂不到关山难[5]。长相思，摧心肝。

选自《李太白全集》，[唐]李白著，[清]王琦注，中华书局 1977 年版

注释

[1] 长相思：属乐府《杂曲歌辞》，常以“长相思”三字开头和结尾。

[2] 络纬：昆虫名，又名莎鸡，俗称纺织娘。金井阑：精美的井栏。

[3] 簟：供坐卧用的竹席。

[4] 渌：清澈。

[5] 关山难：关山难渡。

导读

李白（701—762 年），字太白，号青莲居士，又号谪仙人，伟大的浪漫主义诗人，被后人誉为“诗仙”，与杜甫并称为“李杜”。他所作的诗，总体风格豪放俊迈、清新飘逸、大气磅礴，既反映了唐代的繁荣景象，也揭露了统治阶级的荒淫和腐败，表现了蔑视权贵、反抗传统束缚、追求自由和理想的积极精神，极具浪漫主义情怀。

这首诗是李白离开长安后回忆往日情绪时所作，豪放飘逸中兼有含蓄。诗人通过对秋虫、秋霜、孤灯等景物的描写抒发了感情，表现出诗人求而不得的痛苦。

记承天寺夜游[1]

苏轼

元丰六年十月十二日夜[2]，解衣欲睡，月色入户[3]，欣然起行。念无与为乐者[4]，遂至承天寺寻张怀民[5]。怀民亦未寝，相与步于中庭[6]。庭下如积水空明[7]，水中藻荇交横，盖竹柏影也[8]。何夜无月，何处无竹柏，

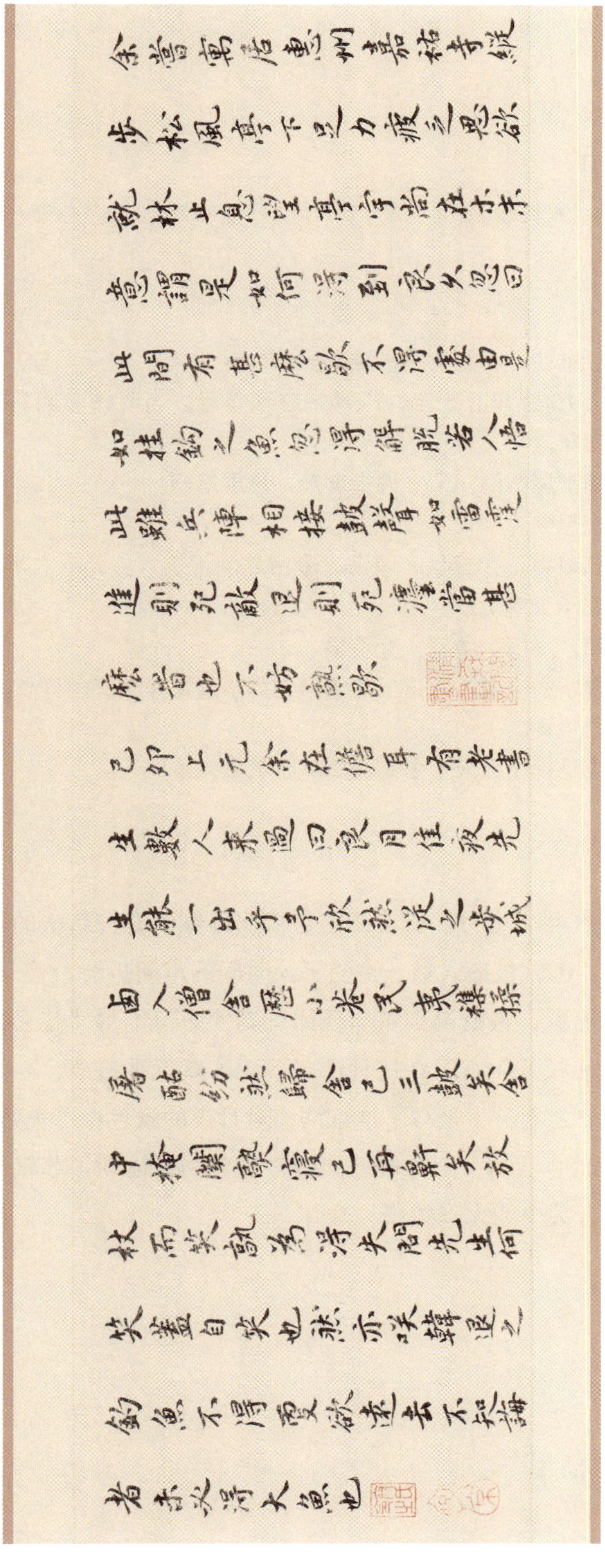

《东坡记游卷》（局部）
[明]祝允明，手卷，纸本，墨书，13.4cm×269.6cm，
辽宁省博物馆藏

但少闲人如吾两人耳[9]。

选自《东坡志林》，［宋］苏轼撰，王松龄点校，中华书局 1981 年版，

注释

［1］承天寺：故址在今湖北黄冈市城南。

［2］元丰六年：1083 年。元丰，宋神宗赵顼年号。当时作者因乌台案被贬黄州已经四年。

［3］户：一说指堂屋的门，又一说指窗户，这里指门。

［4］念：考虑，想到。

［5］张怀民：名梦得，字怀民，清河（今河北清河）人。元丰六年也被贬到黄州，寓居承天寺。

［6］相与：共同，一同。中庭：庭院里。

［7］空明：形容水的澄澈。在这里形容月色如水般澄净明亮的样子。

［8］盖：句首语气词。

［9］闲人：这里是指不汲汲于名利而能从容流连光景的人。

导读

元丰二年（1079 年）七月，御史李定等摘出苏轼的有关新法的诗句，说他以诗讪谤。八月，苏轼被捕入狱，遭受了长时间的审问折磨，差一点被杀。十二月，苏轼获释出狱，被贬谪到黄州任团练副使，但不得“签书公事”，也就是说做着有职无权的闲官。在这种情况下，苏轼近乎流放，心情忧郁；但是，他仍然有进取之心，于是写了这首词，对月夜的景色作了美妙的描绘，真实地记录了他当时生活的一个片段。同时，这首词也体现了苏轼与张怀民的深厚友谊与对知音甚少的无限感慨。

鹧鸪天[1]

辛弃疾

有客慨然谈功名，因追念少年时事[2]，戏作。

壮岁旌旗拥万夫[3]，锦襜突骑渡江初[4]。燕兵夜娖银胡䩮[5]，汉箭朝飞金仆姑[6]。　追往事，叹今吾，春风不染白髭须[7]。却将万字平戎策[8]，换得东家种树书[9]。

选自《稼轩词编年笺注（增订本）》，[宋]辛弃疾撰，邓广铭笺注，上海古籍出版社 1993 年版

注释

[1] 鹧鸪天：词牌名。双调五十五字，押平声韵。

[2] 少年时事：年轻时期的事情。

[3] “壮岁”句：指作者领导起义军抗金时正二十岁出头。他在《美芹十论》里说：“臣尝鸠众二千，隶耿京，为掌书记，与图恢复，共籍兵二十五万，纳款于朝。”壮岁，少壮之时。

[4] “锦襜”句：指作者南归前统帅部队和敌人战斗之事。锦襜突骑，穿锦绣短衣的快速骑兵。襜，战袍。衣蔽前曰“襜”。

[5] “燕兵”句：意谓金兵在夜晚枕着箭袋小心防备。燕兵，此处指金兵。娖（chuò），整理的意思。银胡䩮：银色或镶银的箭袋。一说娖为谨慎貌，胡䩮是一种用皮制成的测听器，军士枕着它，可以测听三十里内外的人马声响，见《通典》。

[6] “汉箭”句：意谓清晨宋军便万箭齐发，向金兵发起进攻。汉，代指宋。金仆姑，箭名，见《左传·庄公十一年》。

[7] 髭（zī）须：胡子。唇上曰髭，唇下为须。

[8] 平戎策：平定当时入侵者的策略。此指作者南归后向朝廷提出的《美芹十论》《九议》等在政治上、军事上都很有价值的抗金意见书。

[9] 东家：东邻。种树书：表示退休归耕农田。

导读

辛弃疾（1140—1207 年），字幼安，号稼轩，山东人，少年抗金归宋，

曾任江西安抚使、福建安抚使等职。追赠少师，谥忠敏，豪放派词人，人称“词中之龙”，与苏轼合称“苏辛”，与李清照并称“济南二安”。

有词集《稼轩长短句》，现存词600多首，这首词以短短的55个字，深刻地概括了一个抗金名将的悲惨遭遇。上阕回忆青年时代杀敌壮举和抗敌的战斗，气势恢宏，下阕感慨不被宋高宗重用壮志沉埋的无奈，悲凉如冰，心伤透骨。

思考与讨论

1. 中国传统的儒家思想对中国文人的人生理想有哪些直接或间接的影响？

2. 为什么说李白的魅力就是盛唐的魅力？

3. 当你也遭受了怀才不遇的命运，你当如何处理？请你写一段文字。

拓展阅读

重赠卢谌[1]

刘琨

握中有玄璧，本自荆山璆[2]。惟彼太公望，昔在渭滨叟[3]。邓生何感激，千里来相求[4]。白登幸曲逆，鸿门赖留侯[5]。重耳任五贤，小白相射钩[6]。苟能隆二伯，安问党与仇[7]？中夜抚枕叹，相与数子游[8]。吾衰久矣夫，何其不梦周[9]？谁云圣达节，知命故不忧[10]？宣尼悲获麟，西狩涕孔丘[11]。功业未及建，夕阳忽西流。时哉不我与，去乎若云浮[12]。朱实陨劲风，繁英落素秋[13]。狭路倾华盖，骇驷摧双辀[14]。何意百炼刚，化为绕指柔[15]。

选自《先秦汉魏晋南北朝诗》，逯钦立辑校，中华书局1983年版

注释

[1] 卢谌（chén）：曾为刘琨主簿，转从事中郎，后为段匹磾别驾，与刘琨有诗歌赠答。

[2] 玄璧：用玄黎（即悬黎，美玉名）做成的璧。玄，通“悬”。璧是平圆形而中间有孔的玉。荆山璆（qiú）：春秋时楚人卞和曾在荆山得璞玉，世称和氏璧。璆，美玉。

[3] 惟：思。太公望：姜尚。《史记·齐太公世家》载，姜尚隐于渭水之滨，周文王出猎时遇到他，非常高兴，说：“自吾先君太公曰，当有圣人适周，周以兴，子真是邪？吾太公望子久矣。”因以太公望为号。叟：老头。

[4] 邓生：邓禹。东汉人，他听说刘秀安抚河北，从南阳北渡黄河到邺城投奔刘秀。感激：感奋激动。

[5] 白登：山名，在今大同东。曲逆：汉陈平封曲逆侯。《史记·陈丞相世家》载，刘邦曾被匈奴围于白登山七天七夜，幸得陈平用奇计解围。鸿门：地名，在今陕西临潼东。赖：依靠。留侯：汉张良封留侯。项羽在鸿门宴请刘邦，范增想在席中让项庄舞剑时借机杀害刘邦，幸亏张良事先谋划防备，使项庄无法下手，刘邦才得以脱险（见《史记·项羽本纪》）。

[6] 重耳：晋文公。五贤：曾随他出逃，帮他复国称霸的五位贤士：赵衰、狐偃、贾佗、先轸、魏犫。小白：齐桓公的名。相射钩：指任管仲为相。管仲先辅佐公子纠，公子纠与小白兄弟争夺君位，管仲用箭射小白，射中带钩。后来，小白即位，不记前仇，任管仲为相，终成霸业。

[7] 隆：使……兴盛，作动词用。二伯：晋文公和齐桓公，“伯”，同“霸”。党：同党。指赵衰辈。仇：指射钩之仇。

[8] 数子：指姜尚至管仲等人。

[9] “吾衰”二句：感叹自己年老力衰，不能成就功业。《论语·述而》：“子曰：‘甚矣吾衰也，久矣，吾不复梦见周公。’”

[10] 圣达节：通达事理，不拘常礼。《左传·成公二十五年》：“圣达节，次守节，下失节。”知命故不忧：《周易·系辞》：“乐天知命故不忧。”这两句说，谁说圣人因为达节知命而能够没忧愁呢？

[11] 宣尼：孔丘，汉成帝追谥孔子为褒成宣尼公。获麟、西狩：鲁哀公十四年冬在鲁国西面狩猎，捕获麒麟，孔子认为此兽出现得不是时候，“反袂拭面，涕沾袍”，因而感叹：“吾道穷矣。”（事见《春秋》）

[12] 与：待。云浮：指时光流逝之快。

[13] 朱实：红的果实。陨：落。劲风：强风。意谓自己已到暮年，不能经

受时间的打击，就像繁花和成熟的果实坠落于秋天劲风之中一样。

[14] 华盖：华丽的车盖。辀（zhōu）：车辕。这两句说在狭路上翻了车子，马受惊把车辕折断。喻世途险恶。

[15] 何意：怎么会想到。绕指柔：能缠绕手指的柔软之物。这两句感叹自己经历失败变得无能为力，好像经过千锤百炼的坚钢，如今却变为可以缠绕在手指上的柔软之物。

导读

刘琨（271—318年），字越石，中山魏昌（今河北无极县）人，在西晋后期长期参与捍卫北方边疆的斗争，和好友祖逖一起留下了“闻鸡起舞”的故事。他所存诗作很少，但都表露了豪迈气概和悲凉感情，风格刚健清新。

此诗借典故向友人倾诉了胸怀大志而无法实现的遗憾和忧愤，抒发了自己为国出力的志愿和事业经受挫折的痛苦，揭示了英雄失路，志士受困，悲壮凄凉。

东下三旬苦于风土马上戏作[1]

李商隐

路绕函关东复东，身骑征马逐惊蓬[2]。天池辽阔谁相待，日日虚乘九万风[3]。

选自《李商隐诗歌集解》，刘学锴、余恕诚著，中华书局1988版

注释

[1] 东下：指东赴徐州。苦于风土：苦于大风扬尘。

[2] 函关：函谷关。汉函谷关在今河南新安东北。

[3]《庄子·逍遥游》：（鲲鹏）“海运则徙于南冥，南冥者，天池也。”又：“鹏之徙于南冥也，水击三千里，抟（tuán）扶摇而上者九万里。”

《溪山行旅图页》，［南宋］朱锐，绢本，26.5cm × 27.2cm，
上海博物馆藏

导读

李商隐（约813—约858年），字义山，号玉溪生，又号樊南生、樊南子，晚唐著名诗人，他和杜牧合称“小李杜”，与温庭筠合称为“温李”。其诗构思新奇、风格浓丽，尤其是一些爱情诗写得缠绵悱恻，为人传诵。

这首诗作于李商隐大中三年冬自长安东赴徐州卢弘止幕途中。

八声甘州

柳永

对潇潇暮雨洒江天[1]，一番洗清秋[2]。渐风霜凄惨[3]，关河冷落[4]，残照当楼[5]。是处红衰翠减[6]，苒苒物华休[7]。惟有长江水，无语东流。　不忍登高临远，望故乡渺邈[8]，归思难收[9]。叹年来踪迹，何事苦淹留[10]。想佳人[11]、妆楼颙望[12]，误几回[13]、天际识归舟[14]。争知我[15]、倚阑干处，正恁凝愁[16]。

选自《乐章集校注》，[宋]柳永著，薛瑞生校注，中华书局1994年版

注释

[1] 潇潇，下雨声。一说雨势急骤的样子。一作“萧萧”，义同。
[2] 清秋：清冷的秋景。
[3] 风霜：指秋风。凄惨：凄凉紧迫。
[4] 关河：关塞与河流，此指山河。
[5] 残照：落日余光。当：对。
[6] 是处：到处。红衰翠减：指花叶凋零。红，代指花。翠，代指绿叶。
[7] 苒（rǎn）苒：同“荏苒”，形容时光消逝，渐渐（过去）的意思。物华：美好的景物。休：衰残。
[8] 渺邈：远貌，渺茫遥远。一作“渺渺”，义同。
[9] 归思（旧读：sì，心绪愁思）：渴望回家团聚的心思。

《木末孤亭图》，［南宋］佚名，团扇，绢本，设色，23.3cm × 24.6cm，
北京故宫博物院藏

[10] 淹留：长期停留。
[11] 佳人：美女。古诗文中常用来代指自己所怀念的对象。
[12] 颙（yóng）望：抬头凝望。颙，一作“长”。
[13] 误几回：多少次错把远处驶来的船只当作心上人的归舟。语意出温庭筠《望江南》词：“过尽千帆皆不是，斜晖脉脉水悠悠，肠断白蘋洲。”
[14] 天际：目力所能达到的极远之处。
[15] 争（zěn）：怎。处：这里表示时间。
[16] 恁（nèn）：如此。凝愁：愁苦不已，愁恨深重。

导读

柳永（约984—约1053年），原名三变，字景庄，后改名柳永，字耆卿，因排行第七，又称柳七，福建崇安人，北宋著名词人，婉约派代表人物。柳永是第一位对宋词进行全面革新的词人，也是两宋词坛上创用词调最多的词人，他大力创作慢词，将敷陈其事的赋法移植于词，同时充分运用俚词俗语，以适俗的意象、淋漓尽致的铺叙、平淡无华的白描表达独特的艺术个性，对宋词的发展产生了深远影响。

这首词写于作者浪迹楚天、秋风萧瑟之时，通过对登高望远之所见的描写，展示了羁旅行役之苦，表达了强烈的思归情绪，融写景抒情于一体，语浅而情深。

踏莎行·郴州旅舍[1]

秦观

雾失楼台[2]，月迷津渡[3]。桃源望断无寻处[4]。可堪孤馆闭春寒[5]，杜鹃声里斜阳暮。　驿寄梅花[6]，鱼传尺素[7]。砌成此恨无重数[8]。郴江幸自绕郴山[9]，为谁流下潇湘去[10]？

选自《淮海词笺注》，[宋]秦观著，杨世明笺，四川人民出版社1984年版

注释

[1] 郴州：今属湖南。

[2] 雾失楼台：暮霭沉沉，楼台消失在浓雾中。

[3] 月迷津渡：月色朦胧，渡口迷失不见。

[4] 桃源望断无寻处：拼命寻找也看不见理想的桃花源。

[5] 可堪：怎堪，哪堪，受不住。

[6] 驿寄梅花：陆凯有《赠范晔诗》："折梅逢驿使，寄与陇头人。江南无所有，聊寄一枝春。"这里作者将自己比作范晔，表示收到了来自远方的问候。

[7] 鱼传尺素：这里表示接到朋友问候的意思。汉东府《饮马长城窟行》："客从远方来，遗我双鲤鱼。呼儿烹鲤鱼，中有尺素书。"

[8] 砌：堆积。无重数：数不尽。

[9] 幸自：本自，本来是。

[10] 为谁：为什么。潇湘：潇水和湘水，是湖南境内的两条河流，合流后称湘江，又称潇湘。

导读

此词大约作于绍圣四年（1097年）春三月作者初抵郴州之时。词人因党争遭贬，远徙郴州（今属湖南），精神上倍感痛苦。此词写客居旅舍的感慨：上阕写谪居中寂寞凄冷的环境；下阕由叙实开始，写远方友人殷勤致意、安慰。全词以委婉曲折的笔法，抒写了失意人的凄苦和哀怨的心情，流露了对现实政治的不满。

《潇湘图卷（画心）》，［五代十国］董源，绢本，50cm×141cm，
北京故宫博物院藏

满江红

刘克庄

夜雨凉甚忽动从戎之兴。

金甲雕戈[1]，记当日辕门初立[2]。磨盾鼻一挥千纸[3]，龙蛇犹湿[4]。铁马晓嘶营壁冷，楼船夜渡风涛急[5]。有谁怜猿臂故将军[6]，无功级[7]？　　平戎策[8]，从军什[9]。零落尽，慵收拾。把茶经香传[10]，时时温习。生怕客谈榆塞事[11]，且教儿诵花间集[12]。叹臣之壮也不如人，今何及？

选自《刘克庄集笺校》，［宋］刘克庄著，辛更儒注，中华书局 2011 年版

注释

［1］金甲雕戈：金饰的铠甲；刻镂过的戈。形容武装的壮丽。

［2］辕门：军门，指李珏帅府。

［3］磨盾鼻：齐梁之际荀济入北，说当在盾鼻上磨墨作檄讨伐梁武帝萧衍。后以“磨盾鼻”喻军中作檄。盾鼻，盾鼻是盾的纽。

［4］龙蛇：原指草书飞动圆转的笔势和飞动的草书，后泛指书法、文字。

［5］楼船：战舰。

［6］猿臂故将军：李广。《史记·李将军列传》：“广为人长猿臂，其善射亦天性也。”李广曾为骁骑将军，因事降为庶人，所以称“故将军”。

［7］无功级：古代杀敌以首级的数目计功，故称功级。李广平生与匈奴大小七十余战而不得封侯。

［8］平戎策：平定外族的策略。这里指作者屡有奏疏陈述抗敌恢复方略。

［9］从军什：记录军中生活的诗篇。

［10］茶经：这里指记茶叶的品种及烹茶方法的书籍。香传：即香谱，记香的品种、烧香的方法、器具等。

［11］榆塞：《汉书·韩安国传》：“后蒙恬为秦侵胡，辟数千里，以河为竟。累石为城，树榆为塞，匈奴不敢饮马于河 。”后以“榆塞”泛称边关、边塞。

[12] 花间集：五代十国时期编纂的一部词集，也是中国文学史上的第一部文人词选集，由后蜀人赵崇祚编辑。

导读

刘克庄（1187—1269 年），字潜夫，号后村居士，莆田（今属福建）人。初名灏，后改名灼，于嘉定二年（1209 年）以荫入仕，更名为克庄，官至工部尚书兼侍读。他是江湖诗人和辛派词人的重要作家，其诗词多为感慨时事之作，渴望收复中原，振兴国力，反对妥协苟安；词风粗犷豪放，慷慨激越，有明显的散文化、议论化倾向。著有《后村先生大全集》《后村别调》。

这首词作者在自注中说"忽动从戎之兴"，即作者忽然产生从军抗金的念头。情况是这样的：刘克庄曾因"江湖诗案"遭难被黜。到绍定六年（1233 年）蒙古灭金之际，宋师北上谋复回河南，刘克庄尚赋闲在家，宋金之间的这场战争引起了诗人从军抗金的念头。

上阕写过去，正面着笔，风格豪迈雄健；下阕写今日，纯用反笔，风格掩抑沉郁。运用对比手法，极富感染力。

思考与讨论

1. 阅读这首选自《古诗十九首》中的作品，谈谈你对诗歌的理解。

青青河畔草，郁郁园中柳。
盈盈楼上女，皎皎当窗牖。
娥娥红粉妆，纤纤出素手。
昔为娼家女，今为荡子妇。
荡子行不归，空床难独守。

2. 中国古代文学中，有哪些怀才不遇的作家？结合这些作家的代表作品，说一说他们的境遇。

推荐阅读

贾谊《吊屈原赋》

司马迁《悲士不遇赋》

王粲《登楼赋》

李白《玉阶怨》

韩愈《马说》

李商隐《贾生》

贺铸《六州歌头·少年侠气》

第六章　离别之情

直须看尽洛城花，始共春风容易别。

——［宋］欧阳修《玉楼春》

与心爱的人分别，先民吟唱“行行重行行，与君生别离。相去万余里，各在天一涯”；想念亡妻，潘岳低吟“荏苒冬春谢，寒暑忽流易。之子归黄泉，重壤永幽隔”；感慨时移世易，庾信悲题“将军一去，大树飘零。壮士不还，寒风萧瑟”。困顿他乡，你说“遥怜小儿女，未解忆长安”；不忍离别，你说“人生自是有情痴，此恨不关风与月”；思念亡友，你说“君埋泉下泥销骨，我寄人间雪满头”。

看惯人间花开花落，阅尽书中悲欢离合。或许人生就是一首离歌，然而哀伤悲戚中浸透的却是我们生而为人的最深沉，抑或最无奈的情思。

行行重行行

行行重行行[1]，与君生别离[2]。相去万余里，各在天一涯[3]。道路阻且长[4]，会面安可知。胡马依北风[5]，越鸟巢南枝[6]。相去日已远[7]，衣带日已缓[8]。浮云蔽白日[9]，游子不顾返[10]。思君令人老，岁月忽已晚[11]。弃捐勿复道[12]，努力加餐饭[13]。

选自《先秦汉魏晋南北朝诗》，逯钦立辑校，中华书局 1983 年版

注释

[1] 重行行：是说行而不已。

[2] 生别离：活着分开。

[3] 天一涯：天一方。

[4] 阻：艰险。

[5] 胡马：北方所产的马。这句说，胡马南来后仍然依恋北风。

[6] 越鸟：南方的鸟。越，南方的越族。这句说，越鸟北飞后仍筑巢于南向的树枝。以上两句说禽兽也不忘故乡，暗示物尚有情，何况于人。

[7] 日已远：一天远似一天。已，通“以”。

[8] 缓：宽松。

[9] “浮云”句：这句是比喻游子在外地为人所惑。

[10] 返：还。

[11] “岁月”句：不知不觉地又岁暮了。

[12] 捐：弃。道：谈说。

导读

《古诗十九首》是汉代无名氏作品，原非一时一人所为，梁代萧统因各篇风格相近，合在一起，收入《文选》，题为《古诗十九首》，后世遂沿用这一名称。诗歌内容大多写夫妇朋友间的离愁别绪和士子彷徨失意的消极情绪，语言朴素自然，表现委婉曲折，是早期文人五言诗的重要作品，对后代产生很大的影响。

本篇表现女子思念远行异乡的情人。首句叙初别，次说路远难会，再叙相思之苦，最后以勉强宽慰之词作结。

与朝歌令吴质书[1]

曹丕

五月十八日，丕白：季重无恙。涂路虽局[2]，官守有限[3]，愿言之怀，良不可任[4]。足下所治僻左[5]，书问致简[6]，益用增劳[7]。每念昔日南皮之游[8]，诚不可忘。既妙思六经[9]，逍遥百氏[10]；弹棋闲设[11]，终以六博，高谈娱心，哀筝顺耳[12]。驰骋北场[13]，旅食南馆[14]，浮甘瓜于清泉，沉朱李于寒水。白日既匿，继以朗月，同乘并载，以游后园，舆轮徐动[15]，参从无声[16]，清风夜起，悲笳微吟[17]，乐往哀来，怆然伤怀。余顾而言，斯乐难常[18]，足下之徒，咸以为然。今果分别，各在一方。元瑜长逝[19]，化为异物[20]，每一念至，何时可言！

方今蕤宾纪时[21]，景风扇物[22]，天气和暖，众果具繁。时驾而游[23]，北遵河曲[24]，从者鸣笳以启路[25]，文学托乘于后车[26]。节同时异，物是人非，我劳如何[27]！今遣骑到邺[28]，故使枉道相过[29]。行矣自爱[30]。丕白。

选自《文选》，［梁］萧统编，［唐］李善注，
上海古籍出版社 1986 年版

注释

［1］吴质：字季重，因爱好文学而成为曹丕的好友。后官至振威将军，假节都督河北诸军事，封列侯。当时任朝歌（今河南淇县）令。

［2］涂：通“途”。局：近。

［3］官守：官位。有限：有一定的职责纪律的限制。

［4］“愿言”二句：要（向朋友）倾吐的心声，实在抑制不住。愿，动词词头。任，当。

［5］所治：指吴质担任县令的朝歌。僻左：偏远。

［6］书问致简：问候的书信很少。简，少。

［7］益用增劳：更增加了（思念）之苦。

［8］南皮：地名，在今河北省。

［9］六经：儒家的六部经典《诗》《书》《礼》《乐》《易》《春秋》，总称“六经”。

［10］百氏：指诸子百家的学说。

[11] 弹棋：和下文的“六博”都是棋类游戏。
[12] 哀筝：指筝奏出的悲哀的音乐。筝，一种乐器。
[13] 驰骋：奔驰，此处指游猎。
[14] 旅食：寄人篱下，此处指游乐、食宿。
[15] 舆（yú）轮：车轮。
[16] 参从：泛指随从。参，参乘，亦作骖乘，陪同乘车的人。
[17] 笳（jiā）：胡笳，一种乐器，从西域传入。
[18] 斯乐：这种快乐，指南皮之游。
[19] 元瑜：阮瑀字元瑜，“建安七子”之一，卒于建安十七年（212 年）。
[20] 异物：指人死后存在的状态。
[21] 蕤（ruí）宾纪时：指五月。蕤宾，一种律管，仲夏之季感应这种律管发出振动，就知是五月。
[22] 景风：五月的风。扇物：促使万物生长。
[23] 驾而游：坐着车驾出游。
[24] 遵：沿着。
[25] 启路：在前面引路。
[26] 文学：官名，一般由擅长文词和有学问的人担任。托乘：跟随着乘车。托，依附。
[27] 劳：忧愁思念之苦。
[28] 邺（yè）：地名，今河南临漳县西，当时是魏王曹操的都城。
[29] 枉道：绕道。
[30] 行矣自爱：祝福语，犹如今之“请多保重”之类。

导读

曹丕（187—226 年），字子桓，沛国谯（今安徽省亳州市）人。三国时期著名的政治家、文学家。他的《典论·论文》是一篇开文学批评风气的重要论文。他的诗学习民歌的各种体裁，形式多样，语言简明自然，但作品很少接触当时动乱的社会现实。

这篇作品是曹丕写给吴质的一封书信，信中回忆了曾与吴质、阮瑀畅游南皮、纵论诗书、设局博棋的美好生活，对文人学友间的感情表示无限的珍惜。全文抚今追昔，怀旧悼亡，娓娓叙来，情意恳切。词语平淡自然，朴素整齐，骈散兼施，直抒胸臆，不用典故，具有极强的感染力。

悼亡诗

潘岳

荏苒冬春谢[1]，寒暑忽流易[2]。之子归穷泉[3]，重壤永幽隔[4]。私怀谁克从[5]，淹留亦何益[6]。僶俛恭朝命[7]，回心反初役[8]。望庐思其人[9]，入室想所历[10]。帏屏无仿佛[11]，翰墨有余迹。流芳未及歇，遗挂犹在壁。怅怳如或存[12]，回惶忡惊惕[13]。如彼翰林鸟[14]，双栖一朝只。如彼游川鱼，比目中路析[15]。春风缘隙来[16]，晨霤承檐滴[17]。寝息何时忘[18]，沉忧日盈积[19]。庶几有时衰[20]，庄缶犹可击[21]。

选自《先秦汉魏晋南北朝诗》，逯钦立辑校，中华书局1983年版

注释

[1] 荏苒：逐渐。谢：去。

[2] 流易：消逝、变换。冬春寒暑节序变易，说明时间已过去一年。古代礼制，妻子死了，丈夫服丧一年。这首诗应作于其妻死后一周年。

[3] 之子：那个人，指亡妻。穷泉：深泉，指地下。

[4] 重壤：层层土壤。永：长。幽隔：被幽冥之道阻隔。

[5] 私怀：私心，指悼念亡妻的心情。谁克从：即克从谁，能跟谁说？克，能。从，随。

[6] 淹留：久留，指滞留在家不赴任。亦何益：又有什么好处。

[7] 僶俛（mǐn miǎn）：勉力。朝命：朝廷的命令。

[8] 回心：转念。初役：原任官职。

[9] 庐：房屋。其人：那个人，指亡妻。

[10] 室：里屋。所历：指亡妻过去的生活。历，经过。

[11] 帏屏：帐帏和屏风。仿佛：相似的形影。

[12] 怅怳（huǎng）：恍惚。如或存：好像还活着。

[13] 回惶：惶恐。忡（chōng）：忧。惕：惧。这一句五个字，表现他怀念亡妻的四种情绪。

[14] 翰林：鸟栖之林，与下句“游川”相对。

[15] 比目：鱼名，成双即行，单只不行。析：一本作拆，分开。

[16] 缘：循。隙：门窗的缝。

［17］霤（liù）：屋上流下来的水。承檐滴：顺着屋檐流。

［18］寝息：睡觉休息。

［19］盈积：众多的样子。

［20］庶几：但愿。表示希望。衰：减。

［21］庄：指庄周。缶：瓦盆，古时一种打击乐器。《庄子·至乐》："庄子妻死，惠子吊之，庄子则方箕踞鼓盆而歌。"庄子认为死亡是自然变化，何必悲伤。

导读

潘岳（247—300年），字安仁，西晋著名文学家。巩县（今河南巩义）人，祖籍河南郑州中牟县大潘庄。潘岳美姿仪，工于诗赋，才名远播，被称为"潘才如江"，与其侄潘尼并称为"两潘"。他性轻躁，趋于世利，与石崇等谄事贾谧，孙秀当政，遂夷三族。

《悼亡诗》共三首，这是第一首，写离家赴任前对亡妻的悼念，情感真挚，是潘岳的代表作品。

哀江南赋序

庾信

粤以戊辰之年[1]，建亥之月[2]，大盗移国[3]，金陵瓦解。余乃窜身荒谷[4]，公私涂炭[5]。华阳奔命[6]，有去无归[7]。中兴道销[8]，穷于甲戌[9]。三日哭于都亭，三年囚于别馆。天道周星[10]，物极不反[11]。傅燮之但悲身世[12]，无处求生；袁安之每念王室[13]，自然流涕。昔桓君山之志事[14]，杜元凯之平生[15]，并有著书，咸能自序[16]。潘岳之文采，始述家风[17]；陆机之辞赋[18]，先陈世德。信年始二毛[19]，即逢丧乱，藐是流离[20]，至于暮齿[21]。《燕歌》远别[22]，悲不自胜；楚老相逢[23]，泣将何及[24]！畏南山之雨[25]，忽践秦庭[26]；让东海之滨[27]，遂餐周粟[28]。

下亭漂泊[29]，高桥羁旅[30]。楚歌非取乐之方[31]，鲁酒无忘忧之用[32]。追为此赋，聊以记言，不无危苦之辞，惟以悲哀为主。

日暮途远[33]，人间何世！将军一去，大树飘零[34]；壮士不还，寒风萧瑟[35]。荆璧睨柱，受连城而见欺；载书横阶，捧珠盘而不定[36]。钟仪君子，入就南冠之囚[37]；季孙行人，留守西河之馆[38]。申包胥之顿地，碎之以首[39]；蔡威公之泪尽，加之以血[40]。钓台移柳，非玉关之可望[41]；华亭鹤唳，岂河桥之可闻[42]！

孙策以天下为三分[43]，众才一旅；项籍用江东之子弟[44]，人惟八千。遂乃分裂山河，宰割天下。岂有百万义师，一朝卷甲，芟夷斩伐[45]，如草木焉？江、淮无涯岸之阻，亭壁无藩篱之固。头会箕敛者，合从缔交；锄櫌棘矜者，因利乘便。将非江表王气[46]，终于三百年乎[47]？是知并吞六合，不免轵道之灾[48]；混一车书，无救平阳之祸[49]。呜呼！山岳崩颓[50]，既履危亡之运；春秋迭代，必有去故之悲。天意人事，可以凄怆伤心者矣！况复舟楫路穷，星汉非乘槎可上[51]；风飙道阻，蓬莱无可到之期[52]。穷者欲达其言，劳者须歌其事。陆士衡闻而抚掌，是所甘心[53]；张平子见而陋之，固其宜矣[54]。

选自《庾子山集注》，[北周]庾信撰，[清]倪璠注，许逸民校点，中华书局1980年版

注释

[1] 粤：语助词，无实意。以戊辰之年：在梁武帝太清二年（548年）。
[2] 建亥之月：农历十月。
[3] 大盗移国：指侯景窃国篡权。
[4] 窜身荒谷：逃匿至江陵。荒谷，荒野的山谷，这里借指江陵。
[5] 公私涂炭：公室与私门均如陷入泥土炭火之中，谓均遭难了。
[6] 华阳奔命：从华阳出使西魏。华阳，指江陵，在华山之阳。奔命：奉皇帝之命奔走。
[7] 有去无归：庾信被西魏扣留。
[8] 中兴：指梁元帝萧绎即位江陵，平侯景之乱，复国有望。道销：希望消失。
[9] 穷于甲戌：甲戌年西魏攻下江陵，元帝投降，中兴之路顿又消失。
[10] 天道周星：天理象周而复始之岁星。

[11] 物极不反：背离“物极必反”之常规，南朝的梁朝始终不能复兴。

[12] 傅燮：东汉人，被叛将围攻，兵少粮尽，其子劝他弃郡归乡，他慨叹道：“世乱不能养浩然之气，食禄又欲避其难乎？吾行何之？必死于此。”于是战殁。

[13] 袁安：东汉司徒，以天子幼弱，外戚专权，每朝会进见，及与公卿言国家之事，未尝不呜咽流涕。

[14] 桓君山：东汉桓谭，著有《新论》十九篇。

[15] 杜元凯：西晋杜预，著有《春秋左氏经传集解》三十卷。

[16] 自序：杜预《自序》曰：“少而好学，在官则观于吏治，在家则滋味典籍。”

[17] 家风：潘岳早年作有《家风诗》。

[18] 陆机：西晋文学家，曾著《祖德》《述先》二赋。

[19] 二毛：头发有黑白二色，常指老年人。

[20] 藐是：如此孤弱。

[21] 暮齿：晚年。

[22] 《燕歌》：王褒作《燕歌》，妙尽塞北苦寒之言。

[23] 楚老相逢：西汉末，楚地人龚胜以名节著称。王莽遣使征胜，胜不忍事二姓（胜原为汉臣），绝食而死。庾信为楚人，为西魏、北周所逼处境与此相似，故引此事，深惭楚龚，伤其身事异姓。

[24] 泣将何及：汉桓帝时党锢祸起，守外黄令陈留张升弃官归乡，路逢友人相抱而泣。某老父趋而过之，言曰：“网罗高悬，去将安所？虽泣何及乎！”

[25] 畏南山之雨：《列女传》载，陶答子贪图禄位，不修明节，其妻厌之曰：“南山有玄豹，雾雨七日而不下食者，何也？欲以泽其毛而成文章，故藏而远害。”此处取“藏而远害”之意。

[26] 忽践秦庭：指自己出使西魏。

[27] 让东海之滨：谓田常曾孙田和废齐康公，迁之于海上。喻北周、西魏禅让。

[28] 遂餐周粟：此反用伯夷、叔齐不食周粟、饿死首阳之事，谓自己转任于西魏、北周。

[29] 下亭漂泊：后汉时孔嵩被辟，之京师时，道宿下亭，盗窃其马。喻自己漂泊异域，处境危殆。

[30] 高桥羁旅：后汉梁鸿适吴，依大家皋伯通，居庑下。高桥，在吴地阊门之内。此句谓自己寄迹他乡。

[31] 楚歌非取乐之方：刘邦欲立戚夫人之子赵王如意为太子，不成，戚夫人涕泣。刘邦安慰她：“为我楚舞，吾为若楚歌。”引此典谓自己听

到楚歌更引起乡关之思，故下云“非取乐之方”。

[32] 鲁酒：相传楚王会诸侯，鲁侯所献之酒味薄。

[33] 日暮途远：途程尚远，而日已薄暮，难以达成目标。

[34] 大树飘零：后汉冯异当诸将争功时，独倚大树之下，被称作“大树将军”。飘零，谓名存实亡。喻故国沦亡。

[35] 寒风萧瑟：荆轲刺秦王离开燕国时，众人送至易水上，歌曰：“风萧萧兮易水寒，壮士一去兮不复还。”

[36] 捧珠盘而不定：战国时赵相平原君与楚订立盟约联合抗秦，毛遂捧着珍珠装饰的盘子进给楚王，请楚王与平原君歃血。此句谓自己未能与西魏订立盟约。

[37] “钟仪”二句：春秋时楚人钟仪被晋国囚禁在军府，因他头戴南国之冠，故以“南冠”相称。他不忘故国，所以当晋人要他弹琴时，他弹了南音，晋人因此称他为“君子”，并用隆礼待他，送他回国。此二句是说自己像钟仪一样，不忘故国。

[38] “季孙”二句：季孙意如随鲁昭公参加平丘之盟，邾、莒等国告发鲁侵伐其地，晋侯便不让鲁君与盟，并扣押了季孙意如，把他留在西河（今陕西东部），此二句喻自己如季孙意如被北国扣留。

[39] “申包胥”二句：楚大夫申包胥至秦求救兵以打退入侵楚国的吴军，秦王为赋《无衣》，申乃“九顿首”而坐。此二句意为自己出使西魏，做了很多艰苦的工作。

[40] “蔡威公”二句：春秋时，蔡威公已知国家将亡，闭门而泣，三日三夜，泪尽而出。此二句意为自己在梁国灭亡时无比悲痛。

[41] “钓台”二句：钓台在武昌，玉关即玉门关，在甘肃，距离遥远，很难看见。

[42] “华亭”二句：华亭在上海松江，河桥在河南孟县，陆机被司马颖杀害时，叹曰：“华亭鹤唳，岂可复闻乎？”此二句意为自己很难回到故乡。

[43] 孙策：三国时孙坚之子，孙权之兄，《三国志·吴书·陆逊传》：“昔桓王（孙策谥号）创业，兵不一旅，而开创大业。”

[44] 项籍：项羽，随其叔项梁起兵反秦，“举吴中兵，使人收下县，得精兵八千”。

[45] 芟夷：削平。

[46] 江表：江外，长江以南地区。

[47] 三百年：自孙权在江南称帝，历东晋、宋、齐、梁四朝，约三百年。

[48] 轵道之灾：灭亡的灾祸。轵道，秦子婴投降刘邦的地方。

[49] 平阳之祸：皇帝被杀的灾难。平阳，地名，今山西临汾，晋怀帝被刘聪杀死的地方，也是晋愍帝被刘曜杀死的地方。

[50] 山岳崩颓：大山崩塌，喻王朝灭亡。

[51] 星汉：银河。乘槎可上：坐着木筏可以到达。

[52] “风飙”二句：传说渤海中有三座神山：蓬莱、方丈、瀛洲，春秋以来，帝王多遣人入海求之，“望之如云。及至，三神山乃居水下。临之，患且至；风辄引船去，终莫能至云”（见于《史记·秦始皇本纪》）。

[53] 陆士衡：陆机，他听说左思欲作《三都赋》，便“抚掌而笑……谈其成，当以覆酒瓮耳”。此二句表示了蔑视的态度。

[54] 张平子：张衡，他曾写过《二京赋》等作。陋之：以之为陋。此二句意为自己的赋虽将见笑于大方之家，但也不肯放弃。

导读

庾信（513—581年），字子山，南阳新野（今河南新野县）人。少聪敏好学，有才名。初仕梁，为昭明太子伴读，曾任尚书度支郎中、东宫领直等官。后奉命由江陵出使西魏，值西魏灭梁，被留。历仕西魏、北周，官至骠骑大将军、开府仪同三司，故世又称“庾开府”。在梁时出入宫禁，为文绮艳，与徐陵并为宫廷文学代表，时称“徐庾体”。留北后虽居高位，却常怀故国之思，作品风格亦由早期的轻靡华丽变为苍劲沉郁。他的《哀江南赋》和《拟咏怀》诗可为代表，虽有堆砌典故、用意曲深之弊，但总的成就集六朝诗、赋、文创作之大成，对唐代文学影响甚巨，有《庾子山集》。

《哀江南赋》是庾信最杰出的作品，据《北史》本传载，庾信留北，“虽位望显通，常作乡关之思，乃作《哀江南赋》以致其意”。“哀江南”三字语出《楚辞·招魂》“魂兮归来哀江南”句。作品概括了梁朝由盛至衰的历史，凝聚着对故国和人民遭受劫乱的哀伤，具有史诗般的规模和气魄，在辞、赋和整个文学发展史上都占有重要的地位。

本序依次叙写了作者由金陵进驻江陵，出使西魏却被扣留的经过；写作《哀江南赋》的缘由；又抚今追昔，抒发了自己极度悲愤的情怀；回忆了梁朝的败亡，悲叹统治者的昏聩无能；并阐明了“穷者欲达其言，劳者须歌其事”的创作动机。全篇以骈文写成，多用典故来暗喻时世和表达自己悲苦欲绝的隐衷，体现了庾信在辞赋和骈文创作中的特色。

月夜

杜甫

今夜鄜州月[1]，闺中只独看[2]。遥怜小儿女[3]，未解忆长安[4]。香雾云鬟湿，清辉玉臂寒[5]。何时倚虚幌[6]，双照泪痕干[7]？

选自《杜诗详注》，［唐］杜甫著，［清］仇兆鳌注，
中华书局 1979 年版

注释

［1］鄜（fū）州：今陕西省富县。当时杜甫的家属在鄜州的羌村，杜甫在长安。

［2］闺中：内室。看：读平声。

［3］怜：怜爱。

［4］未解：尚不懂得。

［5］“香雾”二句：写想象中妻子独自久立，望月怀人的形象。香雾，雾本来没有香气，因为香气从涂有膏沐的云鬟中散发出来，所以说“香雾”。云鬟，古代妇女的环形发饰。清辉，阮籍诗《咏怀·其十四》：“明月耀清晖。”望月已久，雾深露重，故云鬟沾湿，玉臂生寒。

［6］虚幌：透明的窗帷。幌，帷幔。

［7］双照：与上面的“独看”对应，表示对未来团聚的期望。泪痕：隋宫诗《叹疆场》：“泪痕犹尚在。”

导读

本诗是作者被禁于长安，望月思家的有感之作。借助想象，作者抒写了妻子对自己的思念，也写出自己对妻子的思念。全诗构想新奇，情真意切，深婉动人。

《澄江寒月图》，[元] 赵雍，团扇，绢本，设色，25.4cmx24.8cm
辽宁省博物馆藏

踏莎行

欧阳修

候馆梅残[1]，溪桥柳细。草薰风暖摇征辔[2]。离愁渐远渐无穷，迢迢不断如春水[3]。　寸寸柔肠[4]，盈盈粉泪[5]。楼高莫近危阑倚[6]。平芜尽处是春山[7]，行人更在春山外。

选自《欧阳修词笺注》，［宋］欧阳修撰，黄畬笺注，中华书局 1986 年版

注释

［1］候馆：迎宾候客之馆舍。《周礼·地官·遗人》："五十里有市，市有候馆。"

［2］草薰：小草散发的清香。薰，香气侵袭。征辔（pèi）：行人坐骑的缰绳。辔，缰绳。此句化用南朝梁江淹《别赋》"闺中风暖，陌上草薰"而成。

［3］迢迢：形容遥远的样子。

［4］寸寸柔肠：柔肠寸断，形容愁苦到极点。

［5］盈盈：泪水充溢眼眶之状。粉泪：泪水流到脸上，与粉妆和在一起。

［6］危阑：也作"危栏"，高楼上的栏杆。

［7］平芜：平坦地向前延伸的草地。芜，草地。

导读

欧阳修（1007—1072 年），字永叔，号醉翁、六一居士，吉州永丰（今江西省吉安市永丰县）人，官至翰林学士、枢密副使、参知政事，谥号文忠，世称欧阳文忠公。后人又将其与韩愈、柳宗元和苏轼合称"千古文章四大家"。与韩愈、柳宗元、苏轼、苏洵、苏辙、王安石、曾巩被世人称为"唐宋散文八大家"。

本词上阕从远行人着眼，用春水喻愁，下阕从闺中人着眼，用春山喻远，全词以写柔情胜。

《春郊回雁图页》，［南宋］马麟，绢本，25.5cmx26.1cm
克利夫兰艺术博物馆藏

玉楼春

欧阳修

尊前拟把归期说[1]。未语春容先惨咽[2]。人生自是有情痴，此恨不关风与月。　离歌且莫翻新阕[3]。一曲能教肠寸结。直须看尽洛城花[4]，始共春风容易别。

选自《欧阳修词笺注》，［宋］欧阳修撰，黄畬笺注，中华书局 1986 年版

注释

［1］尊前：樽前，饯行的酒席前。

［2］春容：如春风妩媚的颜容。此指别离的佳人。

［3］离歌：饯别宴前唱的流行的送别曲。翻新阕：按旧曲填新词。阕，乐曲终止。

［4］洛城花：洛阳盛产牡丹，欧阳修有《洛阳牡丹记》。

导读

此词咏叹离别，于伤别中蕴含平易而深刻的人生体验。上阕，樽前伤别，芳容惨咽，而转入人生的沉思："人生自是有情痴，此恨不关风与月。"中天明月、楼台清风原本无情，与人事了无关涉，只因情痴人眼中观之，遂皆成伤心断肠之物，所谓"情之所钟，正在我辈"。下阕，离歌一曲，愁肠寸结，离别的忧伤极哀极沉，却于结处扬起："直须看尽洛城花，始共春风容易别。"只有饱尝爱恋的欢娱，分别才没有遗憾，正如同赏看尽洛阳牡丹，才容易送别春风归去，将人生别离的深情转为放怀遣性的疏放。当然，这豪宕放纵仍难托尽悲沉，花毕竟有"尽"，人终是要"别"，词人只是以遣玩的意兴暂时挣脱伤别的沉重罢了。此词上、下两收拍皆为传诵的名句。

满庭芳

秦观

山抹微云，天连衰草[1]，画角声断谯门[2]。暂停征棹，聊共引离尊[3]。多少蓬莱旧事[4]，空回首、烟霭纷纷[5]。斜阳外，寒鸦万点，流水绕孤村。

销魂[6]。当此际，香囊暗解，罗带轻分。谩赢得[7]、青楼薄幸名存[8]。此去何时见也，襟袖上、空惹啼痕。伤情处，高城望断，灯火已黄昏。

选自《淮海词笺注》，［宋］秦观著，杨世明笺，

四川人民出版社 1984 年版

注释

［1］连：一作“黏”。

［2］谯门：城门。

［3］引：举。尊：即“樽”，酒杯。

［4］蓬莱旧事：男女爱情的往事。

［5］烟霭：指云雾。

［6］销魂：形容因悲伤或快乐到极点而心神恍惚不知所以的样子。

［7］谩：徒然。

［8］薄幸：薄情。

导读

此词是秦观的代表词作之一。此词虽写艳情，却能融入仕途不遇、前尘似梦的身世之感。上阕写景，引出别意，下阕用白描直抒伤心恨事，展示自己落拓江湖不得志的感受。全词写景、抒情汇为一气，错综变化，脍炙人口。

思考与讨论

1.“离别”是古代诗歌常用的题材之一，你都知道哪些作品是描写离别的？

2.《古诗十九首》中的作品，有离愁别恨，有人生无常，你最喜欢哪种类型？

拓展阅读

别赋

江淹

黯然销魂者[1]，唯别而已矣！况秦吴兮绝国[2]，复燕宋兮千里[3]；或春苔兮始生，乍秋风兮暂起。是以行子肠断，百感凄恻。风萧萧而异响，云漫漫而奇色。舟凝滞于水滨，车逶迟于山侧[4]；棹容与而讵前[5]？马寒鸣而不息。掩金觞而谁御[6]？横玉柱而沾轼[7]。居人愁卧，恍若有亡[8]。日下壁而沉彩[9]，月上轩而飞光；见红兰之受露，望青楸之离霜[10]；巡曾楹而空掩[11]，抚锦幕而虚凉[12]。知离梦之踯躅，意别魂之飞扬[13]。

故别虽一绪，事乃万族[14]。至若龙马银鞍[15]，朱轩绣轴[16]，帐饮东都[17]，送客金谷[18]。琴羽张兮箫鼓陈[19]，燕赵歌兮伤美人[20]，珠与玉兮艳暮秋，罗与绮兮娇上春[21]。惊驷马之仰秣[22]，耸渊鱼之赤鳞[23]。造分手而衔涕[24]，感寂寞而伤神。

乃有剑客惭恩[25]，少年报士[26]，韩国赵厕[27]，吴宫燕市[28]；割慈忍爱，离邦去里；沥泣共诀[29]，抆血相视[30]。驱征马而不顾，见行尘之时起。方衔感于一剑[31]，非买价于泉里[32]。金石震而色变[33]，骨肉悲而心死[34]。

或乃边郡未和，负羽从军[35]；辽水无极[36]，雁山参云[37]。闺中风暖，陌上草薰；日出天而曜景[38]，露下地而腾文[39]；镜朱尘之照烂[40]，袭青气之烟煴[41]。攀桃李兮不忍别，送爱子兮沾罗裙[42]。

至于一赴绝国，讵相见期[43]？视乔木兮故里，决北梁兮永辞[44]。左右兮魄动，亲宾兮泪滋。可班荆兮赠恨[45]，唯尊酒兮叙悲[46]。值秋雁兮飞日，当白露兮下时；怨复怨兮远山曲，去复去兮长河湄。

又若君居淄右[47]，妾家河阳[48]，同琼珮之晨照，共金炉之夕香。君结绶兮千里[49]，惜瑶草之徒芳[50]，惭幽闺之琴瑟，晦高台之流黄[51]。春宫闷此青苔色[52]，秋帐含兹明月光，夏簟清兮昼不暮[53]，冬釭凝兮夜何长[54]！织锦曲兮泣已尽，回文诗兮影独伤[55]。

傥有华阴上士[56]，服食还山[57]，术既妙而犹学，道已寂而未传[58]；守丹灶而不顾[59]，炼金鼎而方坚[60]；驾鹤上汉，骖鸾腾天[61]，暂游万里，少别千年[62]。唯世间兮重别，谢主人兮依然[63]。

下有芍药之诗[64]，佳人之歌[65]，桑中卫女[66]，上宫陈娥[67]；春草碧色，春水渌波[68]，送君南浦[69]，伤如之何！至乃秋露如珠，秋月如珪[70]，明月白露，光阴往来；与子之别，思心徘徊。

是以别方不定[71]，别理千名[72]。有别必怨，有怨必盈[73]；使人意夺神骇，心折骨惊[74]。虽渊、云之墨妙[75]，严、乐之笔精[76]，金闺之诸彦[77]，兰台之群英[78]；赋有凌云之称[79]，辩有雕龙之声[80]，谁能摹暂离之状，写永诀之情者乎？

选自《汉魏六朝赋选注》，裴晋南、何凤奇、李孝堂、郭清津选注，
上海古籍出版社 1983 年版

注释

[1] 黯然：心神沮丧，形容惨戚之状。销魂：丧魂落魄。

[2] 秦吴：古国名。秦国在今陕西一带，吴国在今江苏、浙江一带。绝国：相隔极远的邦国。

[3] 燕宋：古国名。燕国在今河北一带，宋国在今河南一带。

[4] 逶迟：徘徊不行的样子。

[5] 棹（zhào）：船桨，这里指代船。容与：缓慢荡漾不前的样子。讵前：滞留不前。此处化用屈原《九章·涉江》中“船容与而不进兮，淹回水而疑滞”的句意。

[6] 掩：覆盖。觞：酒杯。御：进用。

《烟江待渡图》（局部），［元］钱选，长卷，纸本，设色，21.6cmx111.2cm
台北故宫博物院藏

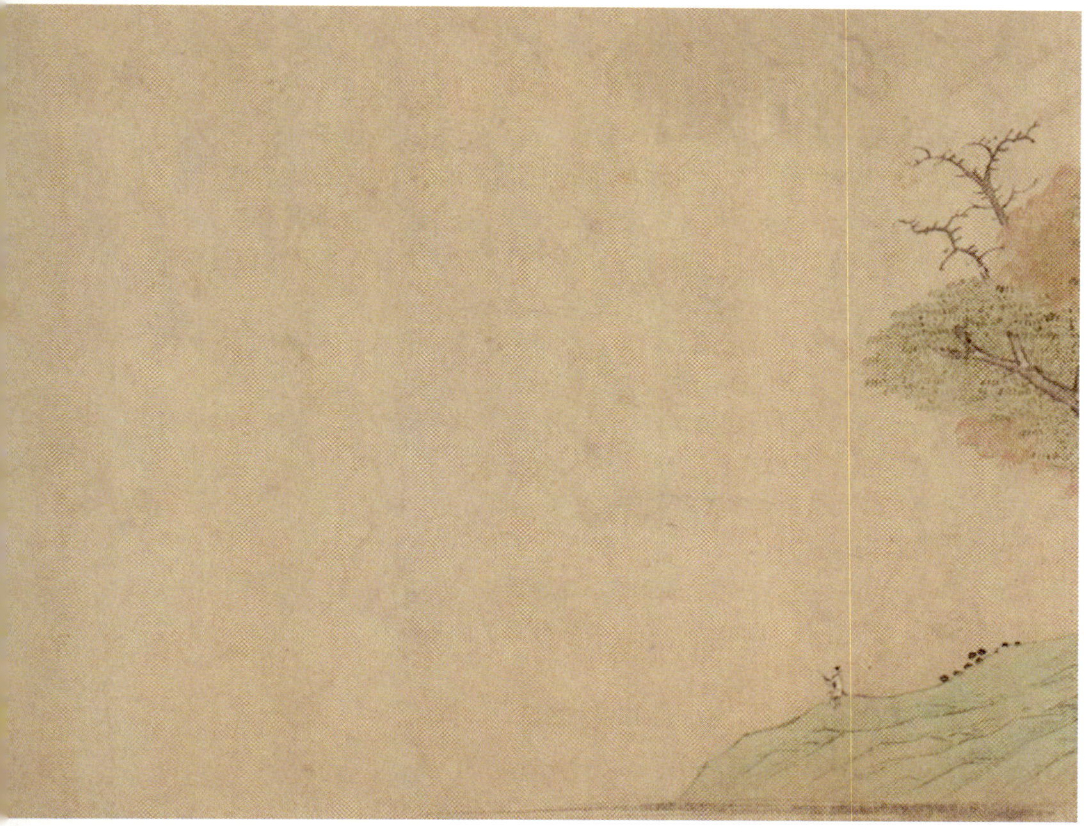

[7] 横：横持，搁置。玉柱：琴瑟上的系弦之木，这里指琴。

[8] 恍：丧神失意的样子。

[9] 沉彩：日光西沉。

[10] 楸（qiū）：落叶乔木。枝干端直，高达三十米，古人多植于道旁。离：通“罹”，遭受。

[11] 曾楹（yíng）：高高的楼房。曾，通“层”。楹，屋前的柱子，此指房屋。

[12] 锦幕：锦织的帐幕。

[13] 意：料想。飞扬：心神不安。

[14] 万族：不同的种类。

[15] 龙马：据《周礼・夏官・廋人》载，马八尺以上称“龙马”。

[16] 朱轩：贵者所乘之车。绣轴：绘有彩饰的车轴。此指车驾之华贵。

[17] 帐饮：古人设帷帐于郊外以饯行。东都：指东都门，长安城门名。《汉书・疏广传》记载疏广告老还乡时，“公卿大夫故人邑子设祖道供帐东都门，送者车数百辆，辞决而去”。

[18] 金谷：晋代石崇在洛阳西北金谷所造金谷园。史载石崇拜太仆，出为征虏将军，送者倾都，曾帐饮于金谷园。

[19] 琴羽：指琴中弹奏出羽声。羽，五音之一，声最细切，宜于表现悲戚之情。张：调弦。

[20] 燕赵：《古诗》有“燕赵多佳人，美者颜如玉”句。

[21] 上春：初春。

[22] 驷马：古时四匹马拉的车驾称驷，马称驷马。仰秣（mò）：抬起头吃草。语出《淮南子・说山训》：“伯牙鼓琴，驷马仰秣。”原形容琴声美妙动听，此处反其意。

[23] 耸：因惊动而跃起。鳞：指渊中之鱼。

[24] 造：等到。衔涕：含泪。

[25] 惭恩：自惭于未报主人知遇之恩。

[26] 报士：心怀报恩之念的侠士。

[27] 韩国：指战国时侠士聂政为韩国严仲子报仇，刺杀韩相侠累一事。赵厕：指战国初期，豫让因自己的主人智氏为赵襄子所灭，乃变姓名为刑人，入宫涂厕，挟匕首欲刺死赵襄子一事。

[28] 吴宫：指春秋时专诸置匕首于鱼腹，在宴席间为吴国公子光刺杀吴王一事。燕市：指荆轲与朋友高渐离等饮于燕国街市，因感燕太子恩遇，藏匕首于地图中，至秦献图刺秦王未成，被杀。高渐离为了替荆轲报仇，又一次入秦谋杀秦王事。

[29] 沥泣：洒泪哭泣。

[30] 拉血：指眼泪流尽后又继续流血。拉，擦拭。

[31] 衔感：怀恩感遇。衔，怀。

[32] 买价：指以生命换取金钱。泉里：黄泉。

[33] 金石震：钟、磬等乐器齐鸣。

[34] "骨肉"句：语出《史记・刺客列传》，聂政刺杀韩相侠累后，剖腹毁容自杀，以免牵连他人。韩国当政者将他暴尸于市，悬赏千金。他的姐姐聂嫈说："妾其奈何畏殁身之诛，终灭贤弟之名！"于是宣扬弟弟的义举，伏尸而哭，最后在尸身旁边自杀。

[35] 负羽：挟带弓箭。

[36] 辽水：辽河。在今辽宁省西部，流经营口入海。

[37] 雁山：雁门山。在今山西原平县西北。

[38] 曜景：闪射光芒。

[39] 腾文：指露水在阳光下反射出绚烂的色彩。

[40] 镜：照耀。朱尘：红色的尘霭。照：日光。烂：光彩明亮而绚丽。

[41] 袭：扑入。青气：春天草木上腾起的烟霭。烟煴（yīn yūn）：同"氤氲"，云气笼罩弥漫的样子。

[42] 爱子：爱人，指征夫。

[43] 讵：岂有。

[44] "决北"句：语出《楚辞・九怀》。

[45] 班：铺设。荆：树枝。据《左传・襄公二十六年》记载，楚国伍举与声子相善。伍举将奔晋国，在郑国郊外遇到声子，"班荆相与食，而言复故"。后来人们就用"班荆道故"形容老朋友途中相遇，共话旧谊。

[46] 尊：即"樽"，酒器。

[47] 淄右：淄水西面。在今山东境内。

[48] 河阳：黄河北岸。

[49] 结绶：出仕做官。绶，系官印的丝带。

[50] 瑶草：仙山中的芳草。这里比喻闺中少妇。徒芳：比喻虚度青春。

[51] 晦：昏暗不明。流黄：黄色丝绢，这里指黄绢做成的帷幕。这一句指为免伤情，不敢卷起帷幕远望。

[52] 春宫：指闺房。闷（bì）：关闭。

[53] 簟（diàn）：竹席。

[54] 釭（gāng）：灯。

[55] "织锦"二句：据武则天《璇玑图序》载："前秦苻坚时，窦滔镇襄阳，

携宠姬赵阳台之任，断妻苏蕙音问。蕙因织锦为回文，五彩相宣，纵横八寸，题诗二百余首，计八百余言，纵横反复，皆成章句，名曰《璇玑图》以寄滔。”一说窦滔身处沙漠，妻子苏蕙就织锦为回文诗寄赠给他（《晋书・列女传》）。以上写游宦别离和闺中思妇的恋念。

[56] 倘（tǎng）：同“倘”。华阴：华山，在今陕西渭南县南。上士：道士；求仙的人。

[57] 服食：道家以为服食丹药可以长生不老。还山：成仙。一作“还仙”。

[58] 寂：进入微妙之境。传：至，最高境界。

[59] 丹灶：炼丹炉。不顾：不过问尘俗之事。

[60] 炼金鼎：在金鼎里炼丹。

[61] 骖（cān）：三匹马驾车称“骖”。鸾：古代神话传说中凤凰一类的鸟。

[62] 少别：小别。

[63] 谢：告辞，告别。

[64] 下：下士。与“上士”相对。芍药之诗：语出《诗经・郑风・溱洧》：“维士与女，伊其相谑，赠之以芍药。”

[65] 佳人之歌：指李延年的“北方有佳人，绝世而独立”。

[66] 桑中：卫国地名。

[67] 上宫：陈国地名。卫女、陈娥：均指恋爱中的少女。《诗经・墉风・桑中》：“云谁之思？美孟姜矣。期我乎桑中，要我乎上宫。”

[68] 渌（lù）波：清澈的水波。

[69] 南浦：泛指送别之地。

[70] 珪：上尖下方的瑞玉。

[71] 别方：别离的双方。

[72] 理：理由。名：种类。

[73] 盈：充盈。

[74] 折、惊：均言创痛之深。

[75] 渊：王褒，字子渊。云：扬雄，字子云。二人都是汉代著名的辞赋家。

[76] 严：严安。乐：徐乐。二人为汉代著名文学家。

[77] 金闺：原指汉代长安金马门，后来为汉代官署名，是聚集才识之士以备汉武帝诏询的地方。彦：有学识才干的人。

[78] 兰台：汉代朝廷中藏书和讨论学术的地方。

[79] 凌云：据《史记・司马相如列传》载，司马相如作《大人赋》，汉武帝赞誉为“飘飘有凌云之气，似游天地之间”。

[80] 雕龙：据《史记・孟子荀卿列传》载，驺奭写文章，善于宏辩。所以

齐人称颂为“雕龙奭”。

导读

江淹（444—505 年），字文通，宋州济阳考城（今河南省商丘市民权县程庄镇江集村）人。南朝政治家、文学家，历仕宋、齐、梁三朝。南朝辞赋史上的名家，在艺术风貌上呈现出悲慨劲健之气，又在古意中流出一股清丽之韵，一扫当时赋坛上流行的靡靡之音，代表了当时辞赋的极高水平。现存辞赋二十八篇，全部为抒情咏物赋，以《恨赋》《别赋》为代表。

此赋以浓郁的抒情笔调，以环境烘托、情绪渲染、心理刻画等艺术方法，描摹了富贵之别、侠客之别、从军之别、绝国之别、夫妻之别、方外之别、情侣之别，生动具体地反映出齐梁时代社会动乱的侧影。全赋用骈偶的句式，绘声绘色，语言清丽，声情婉谐，千百年来，脍炙人口。

与浩初上人同看山寄京华亲故[1]

柳宗元

海畔尖山似剑铓[2]，秋来处处割愁肠。若为化得身千亿[3]，散上峰头望故乡。

选自《柳宗元诗笺释》，［唐］柳宗元著，王国安笺释，
上海古籍出版社 1993 年版

注释

［1］浩初：长沙龙安海禅师弟子。
［2］剑铓：剑锋，剑的顶部尖锐部分。
［3］千亿：极言其多。

《寒江钓雪图》，［北宋］范宽（传），绢本，设色，38.9cm × 80.6cm，
台北故宫博物院藏

导读

此诗表现了作者对故乡的深切思念之情，同时也表达了作者被贬谪的愤慨不平之意。前两句以剑喻山峰，谓其割人愁肠，“割”字照应上句“剑铓”的比喻，突出作者愁苦之深；后两句由峭拔似剑铓的群峰进一步产生出一个奇特的幻想，期望身化千亿，散上诸峰以望故乡。全诗因景生情，融情入景，想象奇特，比喻新颖，具有很强的艺术感染力。

鹊踏枝[1]

晏殊

槛菊愁烟兰泣露[2]。罗幕轻寒[3]，燕子双飞去。明月不谙离恨苦[4]。斜光到晓穿朱户[5]。　昨夜西风凋碧树[6]。独上高楼，望尽天涯路。欲寄彩笺兼尺素[7]。山长水阔知何处。

选自《二晏词笺注》，［宋］晏殊、晏几道著，张草纫笺注，上海古籍出版社 2008 年版，38 页

注释

［1］鹊踏枝：双调，六十字，上下阕各四仄韵。

［2］槛（jiàn）：古建筑常于轩斋四面房基之上围以木栏，上承屋角，下临阶砌，谓之槛。至于楼台水榭，亦多是槛栏修建之所。

［3］罗幕：丝罗的帷幕，富贵人家所用。

［4］不谙（ān）：不了解，没有经验。谙，熟悉，精通。离恨：一作“离别”。

［5］朱户：犹言朱门，指大户人家。

［6］凋：衰落。碧树：绿树。

［7］彩笺：彩色的信笺。尺素：书信的代称。

导读

晏殊（991—1055 年），字同叔，抚州临川（今南昌进贤）人。北宋著名文学家、政治家。晏殊以词著于文坛，尤擅小令，风格含蓄婉丽，与其子晏几道，被称为“大晏”和“小晏”，又与欧阳修并称“晏欧”；亦工诗善文，有《珠玉词》。

此词为深秋怀念远人之作，与《花间》词的镂金错采不同，其风格疏淡，境界较高。

《京江送别图（局部）》，［明］沈周，
纸本，设色，28cm × 159.2cm，北京故宫博物院藏

兰陵王·柳[1]

周邦彦

柳阴直[2]。烟里丝丝弄碧[3]。隋堤上[4]、曾见几番，拂水飘绵送行色[5]。登临望故国[6]。谁识京华倦客[7]。长亭路[8]、年去岁来，应折柔条过千尺[9]。　闲寻旧踪迹[10]，又酒趁哀弦[11]，灯照离席[12]。梨花榆火催寒食[13]。愁一箭风快[14]，半篙波暖[15]，回头迢递便数驿[16]。望、人在天北[17]。　凄恻[18]，恨堆积[19]。渐别浦萦回[20]，津堠岑寂[21]。斜阳冉冉春无极[22]。念、月榭携手[23]，露桥闻笛[24]。沉思前事，似梦里，泪暗滴。

选自《清真集》，［宋］周邦彦撰，吴则虞校点，中华书局 1981 年版

注释

[1] 兰陵王：词牌名，首见于周邦彦词。一百三十字，分三段。

[2] 柳阴直：长堤之柳，排列整齐，其阴影连缀成直线。

[3] 烟：薄雾。丝丝弄碧：细长轻柔的柳条随风飞舞，舞弄其嫩绿的姿色。弄，飘拂。

[4] 隋堤：汴京附近汴河之堤，隋炀帝时所建，故称。是北宋来往京城的必经之路。

[5] 拂水飘绵：柳枝轻拂水面，柳絮在空中飞扬。行色：行人出发前的景象、情状。

[6] 故国：指故乡。

[7] 京华倦客：作者自谓。京华，指京城，作者久客京师，有厌倦之感，故云。

[8] 长亭：古时驿路上十里一长亭，五里一短亭，供人休息，又是送别的地方。

[9] 柔条：柳枝。过千尺：极言折柳之多。

[10] 旧踪迹：指过去登堤饯别的地方。

[11] 又：又逢。趁：逐，追随。哀弦：哀怨的乐声。

[12] 离席：饯别的宴会。

[13] “梨花”句：饯别时正值梨花盛开的寒食时节。唐宋时期朝廷在清明日取榆柳之火以赐百官，故有“榆火”之说。寒食，清明前一天为寒食。

[14] 一箭风快：指正当顺风，船驶如箭。

[15] 半篙波暖：指撑船的竹篙没入水中，时令已近暮春，故曰波暖。

[16] 迢递：遥远。驿：驿站。

[17] “望人”句：因被送者离汴京南去，回望送行人，故曰天北。望人，送行人。

[18] 凄恻：悲伤。

[19] 恨：这里是遗憾的意思。

[20] 渐：正当。别浦：送行的水边。萦回：水波回旋。

[21] 津堠：渡口附近供瞭望、歇宿的守望所。津，渡口。堠，哨所。岑寂：冷清寂寞。

[22] 冉冉：慢慢移动的样子。春无极：春色一望无边。

[23] 念：想到。月榭：月光下的亭榭。榭，建在高台上的敞屋。

[24] 露桥：布满露珠的桥梁。

导读

周邦彦（1056—1121年），字美成，号清真居士，钱塘（今浙江杭州）人。宋神宗元丰初，游京师，献《汴都赋》万余言，由诸生擢为太学正。历任地方官职多年。徽宗时提举大晟府（中央音乐机构）。他精通音乐，能自度曲，其长调善于铺叙，风格富艳，语句精工。所用题材不外羁旅、相思之情，缺少新的意境。有《片玉集》（又名《清真集》）。

这首词的题目是“柳”，内容却不是咏柳，而是伤别。古代有折柳送别的习俗，所以诗词里常用柳来渲染别情。词的开篇写柳阴、柳丝、柳絮、柳条，先借着柳树将离愁别绪渲染了一番。上阕借隋堤柳烘托了离别的气氛，中阕及下阕则抒写自己的别情。统观全词，萦回曲折，似浅实深，有吐不尽的心事流荡其中。

贺新郎·送胡邦衡谪新州[1]

张元干

梦绕神州路。怅秋风、连营画角，故宫离黍[2]。底事昆仑倾砥柱[3]，九地黄流乱注[4]？聚万落、千村狐兔[5]。天意从来高难问，况人情、老易悲如许。更南浦，送君去。　　凉生岸柳催残暑。耿斜河[6]、疏星淡月，断云微度。万里江山知何处？回首对床夜语。雁不到、书成谁与？目尽青天怀今古，肯儿曹、恩怨相尔汝！举大白[7]，听《金缕》。

选自《芦川词》，[宋]张元干著，孟斐校点，上海古籍出版社 1985 年版

注释

[1] 胡邦衡：胡铨。

[2] 离黍：《诗经·王风·黍离》有“彼黍离离”句。后以此表示故国之思。

[3] 底事：言何事。昆仑倾砥柱：传说昆仑山有铜柱，其高入天，称为天柱。

[4] 九地黄流乱注：喻金兵的猖狂进攻。

[5] 聚万落、千村狐兔：形象描写中原经金兵铁蹄践踏后的荒凉景象。

[6] 耿：明亮。

[7] 大白：酒杯名。

导读

此词是张元干词中最著名的一篇。这首词打破历来送别词的旧格调，把个人之间的友情放在了民族危亡这样一个大背景中来咏吟，因此写来境界壮阔，气势开张；既有深沉的家国之感，又有真切的朋友之情；既有悲伤的遥想，又有昂扬的劝勉。这些情绪纠结在一起，形成了悲壮激昂的情调。

想从前我们俩分手

拜伦

想从前我们俩分手，
　　默默无言地流着泪，
预感到多年的隔离，
　　我们忍不住心碎；
你的脸冰凉、发白，
　　你的吻更似冷冰，
呵，那一刻正预兆了
　　我今日的悲痛。

清早凝结着寒露，
　　冷彻了我的额角，
那种感觉仿佛是
　　对我此刻的警告。
你的誓言全破碎了，
　　你的行为如此轻浮；
人家提起你的名字，
　　我听了也感到羞辱。
他们当着我讲到你，
　　一声声有如丧钟；
我的全身一阵颤栗——
　　为什么对你如此情重？
没有人知道我熟识你，
　　呵，熟识得太过了——

我将长久、长久地悔恨，

　　这深处难以为外人道。

你我秘密地相会，

　　我又默默地悲伤，

你竟然把我欺骗，

　　你的心终于遗忘。

如果很多年以后，

　　我们又偶然会面，

我将要怎样招呼你？

　　只有含着泪，默默无言。

（一八〇八年）

选自《穆旦（查良铮）译文集》，查良铮译，人民文学出版社 2005 年版

导读

乔治·戈登·拜伦（1788—1824 年），英国著名的浪漫主义诗人。其代表作有《恰尔德·哈罗尔德游记》《唐·璜》。其中《唐·璜》是一部未完成的作品。

本篇是拜伦年轻时所作的一首抒情散文诗。在这首诗中，感情的创口并没有随时间流逝而愈合。前两节描述的是过去，诗中的爱人即将长久分离，他们伤心欲绝，但他们之间秘密的爱恋却慢慢让他充满难以名状的愧疚。诗的第三节将时间变换为现在，当他听到别人提及她时，他对她的感情又被重新唤起。

思考与讨论

1. 试结合作品分析送别诗中的“杨柳”这一意象。

2. 文学受文化影响极深，请以具体作品为例谈谈中外文学作品中对“离别”的态度，简单讲讲这其中所体现出的文化差异。

推荐阅读

《饮马长城窟行》
曹丕《燕歌行》
元稹《遣悲怀三首·昔日戏言身后意》
贾岛《旅次朔方》
贺铸《鹧鸪天·重过阊门万事非》
朱弁《送春》
李清照《一剪梅·红藕香残玉簟秋》
戴望舒《山行》
博尔赫斯《离别》